T0285093

«Un fascinante viaje hacia el misterio de la belleza a través de una investigación vanguardista. El libro cubre desde las marcas a los cerebros, y llega todavía más allá».
MICHAEL NORTON
Profesor, Universidad de Harvard, coautor de *Happy Money: The Science of Happier Spending*

«Tanto las relaciones humanas como las marcas son afectadas por la belleza percibida; un conocimiento detallado de ellas influye en la capacidad de gestionar ambas. Este magnífico libro suministra una profunda perspectiva sobre la belleza que lo seducirá en numerosas ocasiones, y lo sorprenderá a distintos niveles».
JENNIFER AAKER
Profesora de marketing, Universidad de Stanford

«En este libro, el Profesor Álvarez del Blanco nos proporciona un nuevo y provocador análisis del significado de la belleza. Va más allá de la concepción clásica de la beldad como característica artística, para demostrar que la belleza es un activo de productos y marcas que puede robustecer el valor en el mercado».
RUSS WINER
Profesor de marketing William H. Joyce, Stern School of Business, Universidad de Nueva York

«Este es un libro hermoso. Trata la belleza desde una sorprendente variedad de aspectos, desde lo material, a lo espiritual, mecánico, intelectual, y económico, entre otros. Las ilustraciones que se presentan son fascinantes, convirtiéndolo en un excelente libro desde el más puro fundamento estético. Cada capítulo se inicia con tres citas célebres, a menudo recurriendo a una sorprendente diversidad de fuentes. ¡Un capítulo incluye citas de William Shakespeare, Marilyn Monroe y Phyllis Diller»!
DANIEL HAMERMESH,
Profesor de economía. Royal Holloway University de Londres, y profesor emérito, Universidad de Texas, Austin. Autor de *Beauty Pays: Why Attractive People Are More Successful.*

«En este original libro Roberto Álvarez del Blanco presenta un esmerado y profundo estudio del impacto que la belleza tiene sobre los productos y las marcas, —un factor poco estudiado y que tiene una relevancia significativa en los mercados».
MIGUEL VILLAS BOAS
Profesor de marketing, Haas Shool of Business,
Universidad de California, Berkeley

«Un maravilloso libro, con un extraordinario enfoque que le deleitará. Roberto Álvarez del Blanco analiza el encuentro entre belleza, neurociencias y marketing creando un tour de force que escenifica la nueva belleza en el Siglo XXI. Los lectores se sentirán ampliamente recompensados. El autor es un pionero, y propone de forma eficaz un puente entre los conceptos de belleza y marketing, para demostrar como nuestros creativos cerebros perciben y participan de la belleza».
MARIE-CLAUDE SICARD,
Estratega de marcas de lujo en París y novelista.

«Es imposible pensar que una persona no estará dispuesta a desembolsar un precio primado por algo hermoso. Este provocativo y revelador libro suministra un análisis riguroso de uno de los aspectos más significativos del comportamiento humano: como la belleza afecta a los intercambios en el mercado y a los resultados. BANZAI!»
HIROSHI KUMAKURA
Faculty of Commerce, Chuo University, Japón

«La belleza nos rodea. Es un tema vibrante y multidimensional, analizado en profundidad y presentado por el Autor, quien nos aporta una perspectiva rigurosa sobre la influencia de la belleza y su significado en diversos aspectos de nuestras vidas como individuos y consumidores. Este libro es un viaje asombroso que transporta al lector al reino de la Belleza».
LUCA PETRUZELLIS
Profesor de marketing, Università degli Studi di Bari Aldo Moro, Italia

«Que la belleza surge desde lo más profundo del corazón del ser humano ha quedado claro en todos los tesoros que han inspirado el pensamiento a lo largo de la historia. Confucio, por ejemplo, observó que ˝todo contiene belleza, aunque no todos pueden verla˝; Keats fue el primero en enunciar que ˝la belleza es un júbilo perpetuo˝; Emerson sostuvo que la belleza es ˝la escritura de Dios˝; Einstein creía que el trabajo del hombre ˝es abarcar... la naturaleza en su totalidad... y su belleza˝. Este libro trata a la beldad desde una perspectiva novedosa y relevante. Es una aportación significativa, imperdible para entender y disfrutar, aún más, la belleza».
RICHARD S. MULLER
Profesor, Dept. de EECS, Director de BSAC, Universidad de
California, Berkeley

«Antes de leer este magnífico libro del Profesor Roberto Álvarez del Blanco, la intuición te dice que la belleza es un valor añadido. Después ya no hay intuiciones; hay certezas. Y sorprendentes aprendizajes.»
JOSE MARÍA PIERA
Publicitario, Barcelona

«La belleza, sin duda, es un atributo importante para las marcas, los productos, las personas como marcas y los puntos de venta. Sin embargo, poco es lo que se ha analizado al respecto en nuestra disciplina. El libro del profesor Álvarez del Blanco es una contribución necesaria y bienvenida, especialmente teniendo en cuenta el hecho que se basa en las neurociencias para considerar el impacto de la belleza en los consumidores. La beldad está bien posicionada para constituir una ventaja competitiva en el mercado global, y el profesor Álvarez del Blanco aporta nuevas y fascinantes perspectivas a este debate».
CATHERINE DEMANGEOT
Profesora asociada de marketing, IESEG School of Management
(LEM-CNRS), Paris

«La intersección entre estrategia de marca, neurociencias y belleza está brillantemente razonada y detalladamente expuesta. Este libro es un deslumbrante logro, singular por su visión académica y científica. Roberto Álvarez del Blanco ha creado una obra maestra y sus lectores estarán encantados».
YONGBIN MA
Profesor Asociado de Marketing y Director del Centro de Investigación de Ciencias del Comportamiento en la Academia de Neuroeconomía y Neuromanagement (ANN) en la Universidad Ningbo, China

«Durante mi período en la Universidad de Northwestern fui investigador asociado del profesor Sid Levy. Uno de los temas que nos intrigó fue el papel de la estética en marketing. Juntos, creamos una serie de monografías sobre el tema. Una fue "Estética en Marketing", otra "El Papel de la Estética en Marketing". En este libro el autor ha hecho lo que nosotros soñamos en su momento, y lo ha realizado en forma sobresaliente. Es un gran trabajo y un soberbio análisis. ¡Felicitaciones!»
JOHN CZEPIEL
Profesor Emérito, New York University

«En mis años como diplomática he podido experimentar el poder de las conexiones humanas, que como la belleza aportan un valor agregado intangible. Bien cultivadas, las conexiones humanas inciden directamente en mejorar la calidad de vida de nuestros congéneres. Aquellos quienes honran la belleza de la paz, de las ideas, de la retórica, de la creatividad, de la educación; quienes celebran la belleza en la diversidad, en los intercambios cotidianos... conectan con una energía que hace más feliz al mundo. Este libro, igual que la belleza misma, es una promesa de felicidad».
H.E. LAURA E. FLORES HERRERA
Director for the Americas Division Department of Political and Peace Operations, Naciones Unidas (ONU)

Belleza, neurociencia & marketing

ROBERTO M. ÁLVAREZ DEL BLANCO

BELLEZA, NEUROCIENCIA & MARKETING

Valor de la estética en las experiencias y en las emociones

℘
ALMUZARA

Editorial Almuzara • Colección Economía y empresa
Director editorial: Antonio Cuesta
Editora: Rosa García Perea
Corrección Antonio García Rodríguez
Maquetación: Rosa García Perea

www.editorialalmuzara.com
pedidos@almuzaralibros.com - info@almuzaralibros.com

Editorial Almuzara
Parque Logístico de Córdoba. Ctra. Palma del Río, km 4
C/8, Nave L2, nº 3. 14005 - Córdoba

Imprime: Black Print
ISBN: 978-84-18757-85-3
Depósito: CO-463-2023
Hecho e impreso en España - *Made and printed in Spain*

A María Amelia y a Federico,
quienes renuevan a diario la belleza de mi vida.

Índice

Introducción

¡Bienvenido, querido lector! Aunque acabamos de conocernos, permítame que le proponga resolver una paradoja. Imagine que está caminando por una playa hermosa junto al mar y de pronto encuentra una lámpara, similar a la de Aladino. Sus manos la sacan del agua y entonces aparece un locuaz genio, que con voz entusiasta le dice: «Gracias por liberarme. En reconocimiento, te concederé un deseo que cambiará tu destino. Piensa en aquello hermoso que desearías tener y se hará realidad».

¿Qué considera lo más hermoso, aquello que por su belleza siempre ha deseado poseer o disfrutar y que le pediría al genio? Seguramente resultará en algo misterioso, sorprendente, intrigante, íntegro, auténtico, algo que siempre lo ha atraído, que le apasiona. Incluso puede ser algo familiar, o extravagante. De lo que está seguro es que le otorgará deleite y placer, promesa de amor y de enorme felicidad. Será algo que, sin duda, contribuirá a hacer su vida más extraordinaria aún.

Inspírese, libérese, sonría, estimule su cerebro y eleve su intelecto a la máxima expresión. Aproveche esta fantástica e irrepetible oportunidad y tome una decisión impecable. Cuidado con resultar escéptico, amigo. Usted sabe que cuando las cosas se complican o tuercen, nada mejor que cerrar los ojos y evocar intensamente una cosa bella. Su estado de ánimo se modificará sustancialmente.

La belleza agrada a la vista y hechiza los sentidos. Nada penetra más rápido en nuestra alma que aquello cuya beldad es inteligible sin reflexión. Se asume que la belleza es muy superior al genio ya que no necesita explicación. Además, la vida es una constante búsqueda de belleza y cuando se la encuentra se inicia una hermosa trayectoria. La belleza es algo delicado y esperanzador que impregna el alma.

La belleza importa en la vida y en el arte, y también en la arquitectura del propio cerebro humano. Este libro nace de la inquietud por explorar y descubrir cómo se produce la experiencia y el placer subsecuente cuando estamos expuestos ante la belleza. ¿Cómo la emoción de la experiencia estética se relaciona con las demás emociones de la vida diaria? ¿Cuál es el papel que desempeña nuestro imaginario en los objetos, productos y marcas cotidianos? ¿Cuáles singularidades que nos convierten en individuos son las que moldean las experiencias estéticas? ¿Cómo influyen en nuestra forma de pensar y en el ordenamiento intelectual? ¿Qué tipo de conocimiento propicia la experiencia de la belleza? ¿Cómo afecta a nuestro proceso de toma de decisión? ¿Qué implicaciones económicas y de mercado se originan? ¿Cómo crear la belleza intencionada?

Asimismo, los conocimientos y los desarrollos de las neurociencias en los últimos años han propiciado un mejor entendimiento de cómo la beldad afecta a las emociones y a las relaciones entre sistemas neuronales complejos; incluso cómo impactan en la memoria, la identidad, los placeres y los afectos. Todo ello da origen a una fluida y nueva frontera de conocimientos, con dinámicas interrelaciones para las actividades económicas y de marketing.

Indudablemente, la experiencia estética tiene características especiales de persistencia, incluso si el acontecimiento o el objeto hermoso después de un tiempo se convierten en historia pasada. La beldad y su familiaridad crean nuevos niveles y medidas del poder estético mediante la representación de un valor nuevo, inesperado, fundamental para esa experiencia estética.

La exposición ante la belleza, lo sublime o incluso ante experiencias de difícil definición suele producir acontecimientos efímeros, pero la relación de valor que evoca produce nuevas posibilidades, debido a que dan acceso a extraordinarias actividades neuronales y a funciones cognitivas singulares.

Pueden cambiar la forma en que pensamos y sentimos e impactar en el sistema emocional, en el de recompensas, en nuestro imaginario, en la memoria, e incluso modificar ideas y sentimientos en el futuro. Por lo tanto, los efectos de la experiencia de la belleza pueden ser críticos, tanto al instante de percibirla como a largo plazo, en las predicciones de futuro (esperanzas y creencias sobre lo que nos rodea).

Hay quienes sostienen que la belleza es signo de algo eterno, verdadero o perfecto; sin embargo, la evaluación que produce el cerebro y la recompensa que vislumbra reconfiguran el valor de aquello percibido como hermoso. La belleza descansa en el cerebro de quien la percibe.

Este libro es el resultado de más de cuatro años de elaborada investigación, trabajo que ha sido realizado en la Rockefeller University de Nueva York y en la Stern School of Business de la New York University (NYU).

En los distintos capítulos de la obra se analizan diversos aspectos de la experiencia estética, las emociones que provoca, los placeres que suscita, el enamoramiento que alimenta, y la necesidad de comprender sus implicancias para favorecer el camino de la creatividad e innovación basado en la belleza intencionada.

Espero con optimismo que el libro constituya una aportación valiosa e inteligente para este propósito. Comencemos a explorar, descubrir y entender mejor esta sofisticada y maravillosa materia.

Roberto M. Álvarez del Blanco
Profesor visitante, Stern School of Business
Universidad de Nueva York (NYU)

Agradecimientos

Escribir sobre el hermoso misterio de la belleza y tratar de descifrarlo es, sin ninguna duda, un trabajo de ensueño. Investigar sobre este tema es tan placentero e interesante que hace olvidar el esfuerzo para encontrar las palabras adecuadas, permitir que las ideas inunden la mente y que luego fluyan hasta quedar volcadas en el texto.

La tarea se hizo aún más estimulante, debido a la colaboración recibida de diversas personas. Por ello estoy muy agradecido. Gracias a todos.

En el reconocimiento de la colaboración para hacer las cosas más sencillas, y por las sugerencias aportadas, agradezco especialmente a Marcelo Magnasco, director del laboratorio de Integrative Neuroscience de Rockefeller University, donde he vivido una de las experiencias científicas más interesantes de mi vida, y que posibilitó iniciar esta investigación. También por el constante apoyo de Russell Winer de la Universidad de Nueva York, donde he realizado la mayor parte del trabajo. Gracias a Ana Valenzuela de Baruch College, quien aportó ideas en los primeros manuscritos, y a Ivana del Blanco, que contribuyó con valiosos comentarios. Marissa Winkler de Landor en San Francisco realizó oportunas y acertadas sugerencias. También estoy muy agradecido a Robbi Siegel de Art Resource Inc. New York, por sus valiosas recomendaciones.

Además, un agradecimiento muy especial por su vital, valiosa y gentil colaboración que he recibido de Jesús Domínguez en Madrid, y de Nacho Rufín, Luis Cuesta Roca y José María Piera en Barcelona. Asimismo, debo reconocer particularmente al Dr. Stephen Marquard, quien amablemente proyectó la Máscara de Marquard sobre el rostro de la escultura de mármol de Cleopatra, incluida en el capítulo 5.

También debo mi agradecido reconocimiento a Codi Schank, de la Universidad de Texas, Austin; Berd Hopfengartner, en Berlín; Jessica Kingsland, de Patek Philippe en Nueva York, Hiroshi Kumakura, Universidad de Chuo y Takashi Sakuda de Kodansha, Ltd.; Ferran Adrià, de elBulli Archive, Barcelona; Peggy Gugenheim, Media Lab, Massachusetts Institute of Technology (MIT); Nobumichi Asai, Tokio; Jodi Luntz, de Holden Luntz Gallery, y Kimiko Yoshida, París; Sarah Willis, de Gladstone Gallery, Nueva York, y Oleg Dou, Moscú.

Con gran aprecio quisiera agradecer a Barbara Krueger y a Anna Zorina de la Mary Boone Gallery, New York; Lucia Rinolfi de The British Museum, Londres, por su cuidadosa investigación; y a Tokuo Hosokawa de Nestlé Japón, Ltd. También debo mi reconocimiento a Chaya Becker de Hebrew University of Jerusalem; Charles de Lint; Dr. Lachlan Forrow, the Albert Schweitzer Fellowship; Kate Guyonvarch, de Charles Chaplin Office en París; Diane Ackerman and Perry Diller —quienes han sido muy amables al compartir sus citas para ilustrar el libro—.

Gracias a Javier Tulla Mariscal de Gante, buen amigo, enamorado y gran entendido en la belleza de los automóviles de colección. Él me brindó la oportunidad de conocer el libro que su tatarabuelo, Doctor Nicasio Mariscal de Gante, publicó en 1899, titulado *La Ciencia de la Belleza: Datos para la Dirección Higiénica de la Hermosura Humana* (Imprenta de Ricardo Rojas, Madrid). Ilustrado por Juan Comba, constituye un valioso, interesante y singular enfoque que merece ser elogiado y recordado por pionero e inspirador.

Para esta publicación del libro la sugerencia e intervención de Elena Villaizán en Bilbao fue oportuna y eficaz. Muchas gracias, Elena. También por la bienvenida amable e inmediata a este proyecto editorial de Manuel Pimentel, director de Almuzara, y las colaboraciones del director editorial Antonio Cuesta, del corrector de estilo José López Falcon y de la editora Rosa García Perea. Sus talentos, su dedicación y su atención a los detalles en el proceso de producción editorial han resultado decisivas para dar a luz esta edición. A todos ellos mi sincero reconocimiento.

Finalmente, debo agradecer a mi señora, María Amelia, y a nuestro hijo Federico por su constante apoyo, aliento e inspiración.

¡Sois magníficos y gentiles compañeros de viaje!

PARTE I

Belleza como desarrollo supremo

1
Historia de la belleza

Todo contiene belleza, pero no todos la perciben.
CONFUCIO

La belleza es muy superior al genio. No necesita explicación.
OSCAR WILDE

*Los ideales que iluminan mi camino y una y otra vez me
han dado el coraje para enfrentar la vida con alegría
han sido: la amabilidad, la belleza y la verdad.*
ALBERT EINSTEIN

El novelista francés Henri Beyle, considerado uno de los primeros y
más importantes literatos del realismo, conocido por su seudónimo,
Stendhal, visitó Florencia en 1817 para disfrutar de todos los detalles
artísticos y poder reflejarlos en su diario. Pasó todo un día deslumbrán-
dose y admirando iglesias, museos, monumentos, galerías de arte, y se
conmovió a cada paso con el derroche renacentista de sus magníficas
cúpulas, torres, frescos, estatuas, fuentes y fachadas. Pero, de pronto, al
entrar en la majestuosa basílica franciscana de la Santa Croce y ver los
frescos de Giotto se sintió abrumado, aturdido, con palpitaciones, vértigo, angustia y una sensación de ahogo que lo obligó a salir a tomar aire.

El médico que lo examinó le diagnosticó «sobredosis de belleza»,
y desde entonces ese síntoma se conoce como *síndrome de Stendhal*. El

escritor había descubierto un mal que desvela a millones de viajeros en todo el mundo cada vez que pisan Florencia: la ciudad es tan bella que aturde los sentidos. Este tipo de estrés causa un elevado ritmo cardíaco, vértigo, confusión, temblor, palpitaciones, depresiones e incluso alucinaciones cuando el individuo es expuesto ante la acumulación de belleza y la exuberancia del goce artístico. Es, en síntesis, una reacción romántica ante el máximo exponente de la beldad.

Algo especial sucede, también, cuando leemos un libro que nos conmueve y nos hace entrar en un estado mental diferente; la experiencia es idéntica a ingresar en otro mundo. Cuando admiramos una pintura o escuchamos una melodía que toca algo en nuestro ser más íntimo, sucede algo similar. La experiencia es comparable a si lográramos elevarnos por encima de lo material y, por un instante, fuéramos capaces de participar en algo sublime. El erudito filósofo austríaco Rudolf Steiner exploró estos estados en sus ensayos espirituales y explicó sus emociones ante la belleza: «Llegaban a transformar mi estado de espíritu y a crear en el fondo de mi alma un intenso júbilo».

En 1936, Pablo Picasso le confesaba al editor y crítico de arte Christian Zervos: «El arte no es nunca la aplicación de un canon de belleza, sino lo que el instinto y el cerebro pueden concebir independientemente de ese canon». Picasso consagraba la entrada en el arte moderno de un nuevo sentido del lenguaje artístico, de un nuevo sentido de la artisticidad. La belleza ya no era algo dado de antemano, sino algo que se redefinía a cada paso. La belleza no era ya un don heredado, sino el fruto de su búsqueda. Para él, la belleza era el resultado de reinterpretar y transformar la realidad. Picasso, al redefinir el sentido de los lenguajes plásticos, puso en otro lugar el antiguo sentido de la belleza y, al exponerse esta, se manifestaba como múltiple. Picasso heredó un mundo y legó otro mejorado.

El creador de la idea de la inteligencia artificial, Marvin Minsk, sugiere que la experiencia de la belleza es una forma temporal de bloquear la mente ante toda evidencia negativa, siendo esta evidencia negativa el conocimiento de lo que no debe ser. Argumenta que la experiencia de la belleza es una señal al cerebro para que suspenda toda evaluación, selección o crítica.

Recientes investigaciones neurocientíficas han demostrado que las mismas áreas del cerebro que son activadas por hermosas obras de arte o música admirable coinciden con las que los matemáticos activan cuando están en búsqueda de lo que consideran belleza y verdad cuantitativa[1]. Se sabe que la búsqueda de la belleza en las matemáticas, como en otras disciplinas científicas, constituye un principio insoslayable.

Los filósofos generalmente ponderan la belleza y, cuando se preguntan por qué las personas la desean y reverencian tanto, concluyen que se debe a que satisface nuestra imaginación. En otras palabras, nos imbuimos de los sueños que provoca y nos saturamos de emociones. En cierta forma, es un escape de la realidad.

La belleza es un placer básico. Por un momento, imagine que usted es inmune a la beldad. La probabilidad de que considere que está sumergido en un abismo carente de salud física, espiritual o emocional será enorme; de hecho, varios experimentos han demostrado que la ausencia de respuesta a la belleza lleva a una profunda depresión. Nuestro organismo responde visceralmente a la belleza, no como una contemplación racional, sino como respuesta a una urgencia de tipo emocional.

Posicionar a la belleza bajo la perspectiva biológica condiciona el horizonte temporal para su análisis. La historia de la belleza se remonta a tiempos inmemoriales. La habilidad para percibirla y responder a ella ha estado en nosotros desde que nos hemos constituido como especie. El tiempo requerido para construir los circuitos neuronales que la reconocen ha sido de decenas de miles de años.

En síntesis, la beldad constituye un componente universal de la experiencia humana que provoca placer, atrapa la atención y genera acciones que contribuyen a asegurar la supervivencia genética. Nuestra sensibilidad extrema a la belleza está grabada en el cerebro, gobernada por circuitos neuronales que han evolucionado a lo largo de la historia.

INICIO DE TODA BELDAD

Desconocemos quién fue el primer ancestro humano en trazar una línea, realizar un dibujo, tallar un hueso o esculpir una piedra con cierto criterio estético; o quién fue el primero en dibujar líneas en la arena percatándose de que parecía un animal. Ha sido un largo proceso histórico el que ha permitido que la belleza, como esplendor de la verdad, evolucione hasta nuestros días, y en esta trayectoria ha habido abundancia de protagonistas anónimos. Nunca sabremos quién fue la primera persona en crear el primer *bosquejo*, pero quien haya sido abrió el camino para nuestra cultura visual entera.

Para poder comprender este proceso se han de sobrevolar, por fuerza, diferentes épocas. El recorrido de esta panorámica es crucial, no solo para desentrañar el espíritu de cada una de ellas, sino para poder comprender con claridad qué es lo que se ha considerado belleza hasta llegar a nuestra era, y así poder visualizar hacia dónde se dirige el divergente concepto contemporáneo. Su futuro, como se analiza en el capítulo 15, es fascinante.

Allí donde se haya manifestado la humanidad, ha existido la belleza. Durante miles de años nuestros ancestros han incorporado belleza al lenguaje para expresar sus creencias, valores o aspiraciones. Asimismo, han destacado la apariencia física de los objetos y del ser en distintos momentos y lugares. El resultado ha producido un enorme impacto en lo que en la actualidad observamos como belleza y significamos o entendemos como tal.

La búsqueda de la belleza ha sido una obsesión constante de la Humanidad durante más de 100.000 años, tanto para destacar la belleza del cuerpo con inimaginable variedad de opciones (ornamentos, cambios en el color natural, tatuajes) como en otorgar a objetos y artefactos una cierta singularidad artística, más allá de la simple utilidad. Indudablemente, cada período se ha caracterizado por métodos y técnicas que reflejan distintos legados culturales, eras, edades y progreso social.

El análisis desarrollado por historiadores, antropólogos, filósofos, sociólogos y artistas de 35 países ha demostrado que, aunque la belleza se haya manifestado en toda sociedad, su búsqueda es el resultado de ciertos imperativos biológicos, sociales y psicológicos[2]. En este proceso evolutivo se pueden identificar cinco eras.

— Prehistoria – Orígenes: *ficción y clichés, Homo estético, el cuerpo como fantasía.* La búsqueda de la belleza se ha sustentado desde los primeros grupos sociales humanos. Nuestros primeros ancestros desarrollaron colores, usaron ornamentos y reprodujeron arte en sus propios cuerpos. Ello produjo el surgimiento de sistemas sociales con separación de sexos y estableció una jerarquía social reflejada por manifestaciones visuales de belleza. El *Homo sapiens* dedicó considerable tiempo y energía a la búsqueda de la belleza, indicando su importancia tanto en la tierra como en el más allá.

— Antigüedad – Civilizaciones: *Babilonia, Egipto, Grecia, Roma, China, India, olmecas y descendientes.*

Los rituales de belleza alcanzaron su manifestación cumbre en decorados, pinturas, ornamentos, esculturas, monumentos, edificios, ropajes, peinados, perfumes y hasta elaborados objetos de lujo, como joyas o utensilios diversos. Desde Egipto a Grecia, Roma y demás culturas, las sociedades humanas desarrollaron una fascinación constante por la belleza, cuya significada influencia ha perdurado hasta nuestros días.

— Época clásica – Confrontaciones: *mundo islámico, Europa medieval, Japón (desde el periodo Heian al periodo Edo), China (desde la dinastía Ming hasta la dinastía Ching), África, Renacimiento italiano, Imperio mogol, España (Siglo de Oro), Países Bajos (Siglo de Oro), Francia (desde el Rey Sol hasta el Siglo de las Luces o Ilustración).*

Los períodos medieval y moderno fueron testigos de extendidas tendencias en el mundo del arte y las modas, que reflejaban una creatividad humana ilimitada. La ciencia comenzó a jugar un papel incremental en la búsqueda de la belleza, aunque en ocasiones se vio condicionada por ideas religiosas. Las modas comenzaron a trasladarse desde una cultura a otra y, a medida que el comercio internacional se intensificaba, los diferentes cánones de belleza comenzaron a globalizarse.

— Modernidad – Globalización: *tecnología, individualismo, narcisismo, mitos, conformidad y rebeldía, lo universal y lo particular.*

La edad moderna ha constituido la era del individualismo, a medida que las personas comenzaron a valorar significativamente la propia calidad de vida. En diversos aspectos la igualdad social produjo un impacto significativo (antirracismo, liberación de la mujer e ingreso masivo en el mercado de trabajo, y derechos humanos). Estos fenómenos han tenido una influencia sociológica y psicológica importantísima en la búsqueda de la belleza. Mientras algunos sectores industriales democratizan la beldad y su consumo, la cultura occidental inventa las celebridades cinematográficas.

—El futuro – Predicciones: *cosmopolitismo, inmortalidad, tercer sexo, hipernarcisismo, Ciber sapiens.*

El auge de la era digital ha provocado un nuevo tipo de belleza. Somos cada vez más libres para poder manipular las expectativas sociales y nuestra propia edad biológica o género. La belleza es un desafío para las investigaciones rupturistas tanto médicas como biotecnológicas. La sociedad está inventando nuevos estilos de vida y formas virtuales de interacción humanas. ¿A dónde nos llevará esta evolución? Independientemente de este progreso, hay un elemento que se cumplirá: sea cual sea el formato que adquiera la sociedad, el mundo ya no será lo que fue. El cambio se plantea muy profundo. Artistas y filósofos se cuestionan los fundamentos de la verdad biológica tanto como los de la estética y el de su significado e impacto en el futuro de la beldad. El próximo trayecto se vislumbra fascinante.

La belleza ha emergido en el espacio y, constantemente, se ha visto renovada en el tiempo. Constituye una parte universal del aprendizaje y la cultura humana a lo largo de la historia, desde el comienzo de la hominización. Incluso, cuando nos exponemos a un objeto hermoso de miles de años de antigüedad nos sorprendemos y admiramos de la originalidad de su estilo, disfrutamos de la respuesta emocional y la seducción que nos provoca. La belleza es el vínculo extraordinario y vital entre el ser humano, la curiosidad y la aventura exploratoria para desarrollar nuevos conceptos de belleza a lo largo de los siglos.

CÓDIGO DE BELLEZA

La belleza nunca es superficial: se construye culturalmente y es útil para garantizar la cohesión del grupo. En algunos casos refleja incluso la codificación de pensamientos simbólicos de la sociedad, por lo que no se encuentra disociada de las representaciones culturales. Su búsqueda tiene un significado. Por ejemplo, las personas que dedican tiempo, dinero y talento en modificar su apariencia esperan obtener beneficios con ello, tanto en términos de éxito reproductivo como de logro social. Mejoran su apariencia siguiendo la imagen que tienen de sí mismos, pero también aquella que desean comunicar a los demás para seducirlos o manipularlos, lo que demuestra pensamientos simbólicos y cierta complejidad[3]. Lo mismo sucede con la propiedad de objetos hermosos, que en algunos casos sugieren estatus, poder e influencia. La belleza de los signos transforma al individuo, al que convierte en humano.

Figura 1.1 Búsqueda de la Belleza por el grupo de la Escuela Bauhaus (1930). Bauhaus fue uno de los movimientos más influyentes del Siglo XX. Según su conceptualización de la estética, la forma precede a la función en arte, arquitectura y en todo lo demás.

Tanto se trate de la transformación física para seducir o de la posesión de elementos físicos o de atributos sociales, incluyendo aquellos propios del poder, la humanidad requiere de la belleza. Aunque los fundamentos naturales de la beldad sean consecuencia de un largo proceso evolutivo, los juegos de seducción, estatus y poder son comunes a multitud de especies. El surgimiento de nuestra humanidad es inseparable de la creación de belleza.

Pero ¿dónde se originó la búsqueda de la belleza? ¿Fue en los primeros reconocimientos de los imponentes paisajes naturales? ¿Fue en los amaneceres o los atardeceres? ¿En las formas de las nubes en el cielo o de las olas del mar? ¿En rocas de apariencia singular, brillantes guijarros o minerales coloristas? ¿En el imaginario, vinculando el paisaje de la naturaleza con el cuerpo humano? Independientemente del origen, la conceptualización de la belleza solo pudo producirse en una sociedad ordenada bajo ciertos códigos, capaz de pensar en las relaciones individuales con su entorno tanto físico como humano. A lo largo de los siglos, estos códigos han construido nuestra idea de belleza.

Los actuales métodos cuantitativos de imagen por resonancia magnética funcional se han empleado recientemente para correlacionar la actividad del cerebro con experiencias visuales subjetivas de la belleza y de la estética. Los resultados de las investigaciones suministran un enfoque empírico para probar las bases neuronales de la percepción de beldad que afectan las emociones y al comportamiento.

El cerebro decodifica la belleza y prefiere la variedad equilibrada, o lo que es lo mismo, las personas son atraídas por lo que conocen y les agrada; debe existir suficiente variedad para que mantengan el interés. En función del estilo, las personas prefieren ciertos tipos de belleza:

— Objetos con toque de originalidad, basados en formas clásicas.
— Objetos grandes, más que pequeños.
— Formas redondeadas, más que formas afiladas o irregulares.
— Simetría y diseños complejos, más que interpretaciones simples.
— Prototipos atractivos; los ejemplos estándares fácilmente aburren.
— Novedad en aquellas áreas donde hay relativa experiencia para los menos especializados.
— Apariencia, aunque el aspecto visual se convierte en menos relevante al cabo de un tiempo.
— Colores, aromas, sonidos o cualidades hápticas, también importan.

Hay ciertos aspectos de la belleza que son universales, independientemente del entorno o la cultura en la cual nos hemos desarrollado. La simetría es ampliamente considerada como hermosa. En la naturaleza, algo simétrico significa vida. Los animales y las flores, por ejemplo, tienen figuras simétricas, y esta natural circunstancia provoca que, basados en nuestro sistema neuronal, consideremos la simetría artísticamente atractiva, lo que nos alerta e informa de la presencia de vigor, de savia, de existencia.

La simetría, la proporcionalidad y la familiaridad son códigos compartidos constitutivos de beldad. Armonía y equilibrio son faros-guía para reconocerla y poder calificar aquello que nos gusta como «maravilloso», «bonito» o «soberbio». Pero si juzgamos en función de nuestra experiencia, tenderemos a considerar hermoso aquello que no solo nos embelesa, sino que además desearíamos poseer.

Figura 1.2 La escalera más hermosa del mundo. Firenze,
Biblioteca Medicea Laurenziana, Escalera de Miguel Ángel.
Cortesía: Biblioteca Medicea Laurenziana Firenze.

ÓPTICAS DE BELLEZA

Desde una perspectiva social, la belleza puede diferenciarse en dos partes: por un lado, la belleza interior, que se refiere a cómo es o se manifiesta la personalidad, y que será analizada en detalle en el capítulo 11; por otro lado, la belleza externa referida al aspecto físico. Si nos enfocáramos ahora solo en el aspecto de la belleza externa, que incluso constituye un concepto subjetivo, se comprueba cómo muchas personas sienten la necesidad de alinearse y conformar con determinados ideales externos. Cuando, por ejemplo, se observa a la mujer en la sociedad (especialmente a las más jóvenes) parecería que la necesidad de sentirse hermosas constituye una de las principales prioridades en sus vidas.

Ante esta reacción, la industria de la belleza se desarrolla proponiendo fantasías e imágenes ideales. Sectores como la cosmética, la perfumería, los ropajes, el calzado, las joyas o hasta la extrema especialidad de la cirugía plástica, crecen por doquier con sus propuestas para alcanzar los estándares soñados. La sociedad reconoce una serie de procedimientos para perfeccionar la imagen ante los ojos de los demás, conocida como *la presentación del ser*, con el objetivo de impresionar a otros. Es la búsqueda de la belleza mediante la dramática del ser, asumiendo la metáfora de la teatralización en la vida social. La imaginería social favorece luego el captar historias o biografías y las relaciones entre las personas y la sociedad.

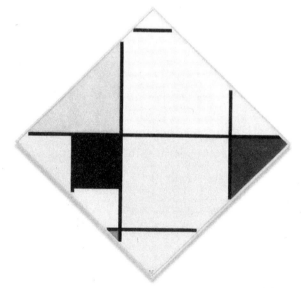

Figura 1.3 Belleza de las líneas rectas. Composición romboidal con Amarillo, Negro, Azul, Rojo, and Gris. Piet Mondrian, 1921. Cortesía: The Art Institute of Chicago.

La belleza incluso juega un papel importante en la construcción de amistades. Una investigación ha demostrado que la mujer tiende a amigarse con personas de atractivo similar. Los hallazgos demuestran que, tanto en términos perceptivos de belleza como de juicios independientes, el atractivo femenino se correlaciona muy bien entre amigas. Universalmente, las personas que se profesan amistad tienden a compartir algún tipo de vínculo o similitud genéticos[4].

Hay evidencia de que las personas que son percibidas como más atractivas parecen ser más competentes y exitosas, ya que hay una fuerte dimensión aprendida y cultural en esos aspectos; incluso se sabe que el atractivo físico puede influir positivamente en los niveles de retribución salarial. La percepción de la belleza física se compone de tres aspectos: factores genéticos, apariencia y un tercer aspecto debido a las reacciones de los demás durante la etapa de crecimiento. Este último punto es relevante, ya que las reacciones de los padres durante la infancia influyen enormemente en el sentimiento de la propia imagen a lo largo de la vida.

En el caso de los niños, la percepción de la belleza se impone socialmente desde temprana edad. Tanto en la literatura infantil como en las películas o la publicidad, el bien y la felicidad se asocian con la beldad, en un claro contraste con la fealdad, que representa el mal y la desdicha. Incluso se vincula a los buenos pensamientos con personas hermosas. Asimismo, los estándares sociales de belleza se refuerzan en los niños a través de los juguetes y de la vestimenta. En su proceso de desarrollo, los niños alimentan su ideal de belleza y construyen su imaginario y sus rituales, como en los cuentos de hadas o en los de épicos y mágicos héroes, y aprenden subconscientemente. El proceso puede ocurrir vía observación y emulación, afectando su nivel de interrelación social, e incluso en los tipos de juegos y diversión. De esta manera estereotipan y construyen su ideal de belleza, la percepción de sí mismos y su autoestima.

En paralelo y evidentemente con otra perspectiva, es interesante observar cómo se manifiesta la percepción de la belleza en el reino animal en su hábitat natural. Bajo este enfoque, la percepción de la estética carece de valor cognitivo; el placer y el reconocimiento se producen solo a nivel rudimentario y primario. El sentido de la belleza en algunos animales se reduce a un puro valor de supervivencia o de orientación, constituyendo una manifestación de adecuación y adaptabilidad.

El despliegue de ciertos plumajes de colores de algunas aves, o los sonidos y posturas de algunas especies, requieren solo del desarrollo de sentidos perceptivos y no necesariamente del sentido estético. Esta sensibilidad normalmente se despliega durante el apareamiento, por lo que adquiere un contenido ocasional para la selección sexual.

A pesar de que existe un cierto reconocimiento de la belleza en el reino animal, el placer de su disfrute carece de los goces emocionales de los humanos cuando están expuestos a ella. Aunque debe reconocerse que algunos animales en ocasiones experimentan una cierta trascendencia, por ejemplo, cuando el macho danza en trance para seducir a la hembra durante el periodo de apareamiento. Por el contrario, el ser humano experimenta estas transferencias emocionales constantemente, actúa y sobrevive a ellas en una dispar serie secuencial.

La belleza es un estado de la felicidad. Habría que reconocerla para darle un significado. La búsqueda de la beldad no se detiene por la diferencia de clases; aun en los grupos más bajos se detecta su búsqueda, y ello en todas las culturas del planeta. Su universalidad se basa en un reconocimiento extendido en todo el mundo y a lo largo de la historia, desde los mismos inicios de la humanización. La belleza moviliza. Estamos programados para sentir en lo más profundo de las entrañas una atracción inmediata, significativa y memorable.

BELLEZA A GOGÓ

Nuestra categorización de la hermosura es infinita. Esta puede variar: un amor correspondido, una obra de arte admirada, un algoritmo inteligente, un descubrimiento científico exitoso, un rostro de bebé sonriendo, la gloria deportiva, la amistad entrañable, una cena romántica… y así *ad infinitum*. En todos los casos emerge el deseo de disfrute o de posesión. Asimismo, cuando juzgamos una acción virtuosa desearíamos que fuera obra nuestra o ambicionamos llegar a realizar una obra similar, emulando al ejemplo que consideramos impecable, íntegro[5]. Por otro lado, si se reflexiona sobre la postura del distanciamiento, aquella que permite disfrutar de la belleza de un objeto que no suscita el deseo de posesión, se puede comprender la belleza más allá de la posible propiedad aspiracional.

Es hermoso aquello que, si nos perteneciera, nos haría felices; pero sigue siendo maravilloso, aunque su propietario sea otro. Naturalmente, no es el caso de alguien que, ante un objeto maravilloso, como un cuadro de un renombrado pintor, desea poseerlo por el orgullo de ser su dueño, para poder disfrutarlo a diario, o porque es una buena inversión económica. Estas formas de pasión, celos, deseo de posesión, envidia o avidez surgen ante la belleza, aunque no la influyen; la hermosura debe ser valorada independientemente del deseo. Podemos juzgar bellísimas a ciertas personas, aunque no las deseemos sexualmente o sepamos que nunca podremos poseerlas o, incluso, conocerlas personalmente.

Figura 1.4 Belleza de las líneas curvas. (Mesa inspirada en Star Wars, por Zaha Hadid). Cortesía: Leblon Delienne.

A menudo, el despliegue de belleza causa el contagio de la emulación o de la imitación. Es evidente, por ejemplo, cuando legiones de admiradores adoptan un nuevo estilo para emular a una celebridad que ha puesto de moda una nueva tendencia. Aunque esta beldad puede resultar un tanto disparatada, Cupido actúa rápidamente para favorecer la posesividad.

Lo cierto es que, tan pronto como la persona se expone a lo que considera hermoso, se manifiesta un acto de bienvenida; el estímulo encaja perfectamente con la percepción y los buenos deseos del consentimiento se activan aceleradamente.

¿Cuáles son los secretos de la belleza? ¿Cuál es su poder? ¿Qué emociones se precipitan cuando nos enfrentamos a ella? ¿Qué provoca que una persona juzgue como bello un producto o una marca mientras que otras ni siquiera se inmuten? ¿Qué comportamientos económicos genera? ¿Continuará su impacto siendo el mismo en los próximos años y en el futuro lejano? Los siguientes capítulos intentan dar una respuesta a estas cuestiones, entre otras, e invitan a una reflexión útil e inspiradora para propiciar adecuadas acciones capaces de articularla.

PLANIFICACIÓN DEL LIBRO

El libro tiene como objetivo analizar la belleza desde una perspectiva económica y de mercado. Hasta la fecha los análisis se han centrado en la belleza desde el punto de vista artístico y se la ha observado básicamente en su influencia sobre la pintura, la escultura, la literatura y la música. También se ha considerado su ascendiente en la arquitectura, pero no bajo el influjo en los objetos cotidianos. El enfoque de la belleza en los productos y las marcas hace que este trabajo sea pionero.

La belleza es un activo relevante; aun a sabiendas de que sea imposible reducirla a una simple transacción económica, debería considerársela como tal. Algunas personas durante años han sido coleccionistas de obras y objetos que valoran por su estética más que por razones económicas o financieras. Es importante, por lo tanto, reconocer (al menos para esas personas entre las que quizás usted, amigo lector, también esté incluido) que la belleza es algo más que una típica clase de activo.

El segundo objetivo del libro es observar, además, los últimos hallazgos neurocientíficos sobre cómo el cerebro procesa la beldad. Apoyándonos en ellos, el libro pretende reflexionar sobre las implicaciones que los hallazgos tienen para el marketing y la gestión de marcas.

Asimismo, el tercer objetivo del libro es vislumbrar la evolución que la belleza experimentará y las implicaciones que tendrá en distintos campos, tanto artísticos como tecnológicos y de mercado.

El libro se divide en tres partes:

Parte I. *Belleza como desarrollo supremo.* Comprende desde los aspectos históricos de la belleza hasta sus características, y presenta los distintos tipos de belleza, analiza la sofisticada y compleja diferenciación entre la belleza y lo sublime, para luego observar la belleza desde diferentes perspectivas. Finaliza con las proporciones y simetrías que caracterizan a la belleza intencionada.

Parte II. *Belleza y cerebro.* Profundiza en la nueva conceptualización de la neuroestética y sus fronteras. Trata asimismo los conceptos de valor de la belleza, y de cómo gestionarla en una economía de experiencias y de relaciones entre productos (o marcas) y sus clientes.

Parte III. *Belleza que atrae y enamora.* Considera la visión de la belleza intencionada desde sectores relevantes como el de la moda y la cosmética, el de la cinematografía de Hollywood o el de las nuevas tecnologías de la información y de la robótica. Asimismo, analiza los aspectos económicos derivados de la belleza y *conversa* con el futuro, presentando aquellas tendencias que dan la bienvenida y pronostican una nueva beldad.

BIBLIOGRAFÍA

1. Alec Wilkinson (2015): «The Pursuit of Beauty Yitang Shang Solves a Pure-Math Mystery». *The New Yorker*, 2 de febrero, Profiles.
2. L'Oréal Foundation (2009): *100.000 ans de beauté.* Editions Babylone, París.
3. Michael Bisson (2009): *The Beauty Code.* En: *100.000 Ans de Beauté.* Editions Babylone, Tomo I, París.
4. Bleske-Rechek y Melissa Lighthall (2010): «Atractiveness and Rivalry in Women's Friendship with Women». Human Nature, 9 de marzo, volumen 21, nº 1, p. 82-97.
5. Umberto Eco (2007): *Historia de la belleza,* Lumen, Barcelona.

2
Tipologías de belleza

La belleza incita para que el alma actúe.
DANTE ALIGHIERI

*Algo hermoso nunca produce más dolor que cuando
se imposibilita verlo y escucharlo.*
MIGUEL ÁNGEL

*Escultores, poetas, pintores, músicos, ellos son los típicos
creadores de la belleza. Pero también puede ser fácilmente
creada por jardineros, agricultores, plomeros, sanitarios.*
CHARLES DE LINT

La belleza es un valor real y universal, enraizada en nuestra naturaleza emocional. El sentido de beldad juega un papel indispensable en la configuración de nuestro mundo. La belleza es una noción abstracta, ligada a numerosos aspectos de la existencia humana. La disciplina que estudia la belleza es la disciplina filosófica de la estética, aunque también es abordada por otras disciplinas como la historia, la sociología, la psicología social y, recientemente, por las nuevas disciplinas de las neurociencias y del neuromarketing. Vulgarmente, la belleza se define como la característica de una cosa que, a través de una experiencia sensorial (percepción), produce una sensación de placer o un sentimiento de satisfacción. En este sentido, la belleza proviene de manifestaciones tales como la forma, el aspecto visual, el movimiento y el sonido, aunque también se la asocia, en menor medida, a los sabores y olores.

En esta línea, y haciendo hincapié en el aspecto visual, Tomás de Aquino define lo bello como aquello que agrada a la vista (*quae visa placet*). La percepción de la belleza a menudo implica la interpretación de alguna entidad que está en equilibrio y armonía con la naturaleza, y puede conducir a sentimientos de atracción y bienestar emocional. Debido a que constituye una experiencia subjetiva, a menudo se dice y asume que «la belleza está en el ojo del observador». En su sentido más profundo, la belleza puede engendrarse a partir de una experiencia de reflexión positiva sobre el significado de la propia existencia. Científicamente, como se analizará en el capítulo 4, los resultados recientes de investigaciones neurocientíficas permiten asumir la noción de que «la belleza ocurre en el cerebro del perceptor».

Los juicios sobre beldad tienen que ver con el gusto; quizás el gusto carezca de fundamentos racionales. ¿Cómo podemos explicar la exaltación que provoca la belleza y el lamento cuando desaparece en nuestras vidas? ¿Qué estándar sobre el gusto debe ser usado para juzgar a distintas personas? ¿Cómo puede determinarse que un tipo de música o un reloj, por ejemplo, sean superiores o inferiores a otro cuando los juicios comparativos se basan en el gusto de solo una persona?

Este relativismo tan conocido y familiar ha llevado a algunos a considerar la belleza como puramente subjetiva. Sobre el gusto no podría ejercerse la crítica. Otros, por el contrario, la asocian con trascendencia y verdad, considerando estas idénticas. Así podríamos discernir entre la hermosura y la fealdad, e incluso identificar bellezas peligrosas, corruptas e inmorales. La belleza es una consecuencia de apariencias y en su exploración se la debería vincular a los sentimientos emocionales humanos.

Una serie de principios y aspectos comunes a la belleza que podrían considerarse definitivos, como el atractivo y el disfrute o el deseo de armonía, orden y adecuación, pueden sintetizarse en:

— La belleza agrada y satisface.

— Una cosa puede ser más hermosa que otra.

— La belleza es motivo de atención para aquello que la contenga.

— La hermosura es un juicio vinculado al gusto.

— La descripción de la hermosura siempre se refiere a lo que la posee, y no al estado mental o carácter del descriptor.

— La belleza se experimenta o enjuicia en forma personal, y significa el éxito de cierta estética.

Cuando Kant escribió en su obra *Crítica del juicio* que la belleza es aquello que nos complace «inmediatamente» y «sin prejuicios», suministró un rico concepto filosófico a la idea sensorial de la beldad, y a que los sentidos siempre deben estar involucrados en su apreciación[1]. Enfoca la belleza desde el punto de vista estético más que desde la lógica, es decir, desde una base totalmente subjetiva y dependiente de la valoración sensorial del observador. La satisfacción de la representación del objeto no requiere de su conocimiento en sí. Por ejemplo, a alguien puede gustarle un capitel corintio sin saber que se trata de un capitel corintio, ni siquiera que forma parte de una columna.

La belleza, más que resultar externa al sujeto, supone una interacción con él. Es el sujeto quien decide que algo es bello al tomar contacto con el estímulo. Kant supone que, si todo el mundo fuese igualmente desinteresado, no habría diferencia en la valoración de lo bello. La experiencia de la belleza, igual que los juicios que la describen, puede manifestarse en distintos ámbitos. Con el lenguaje, la autoconsciencia, las razones prácticas y los juicios morales se puede observar el mundo, los objetos, y obtener placer por ello.

En este capítulo se analizará la belleza desde diversas perspectivas. Se comenzará por la belleza humana, luego se considerarán la belleza natural, la belleza cotidiana, la artística, la científica, la belleza vacía y la belleza temporal.

BELLEZA HUMANA

La belleza humana se vincula a estados de interés de la mente: predilección en la forma en que las personas se prefieren o atraen mutuamente («apetito mutuo»). Las personas reconocidas como bellas son descritas como hermosas, encantadoras, atractivas o agradables. Más allá de la descripción concreta, lo que se anhela es obtener una reacción. La respuesta a la belleza personal suele originar una cierta urgencia apasionada. Esta belleza inspira el deseo, y también la intención de agradar al otro. Es consecuencia de nuestra singular naturaleza humana, aunque esta idea no implique un reduccionismo desde lo racional a lo instintivo.

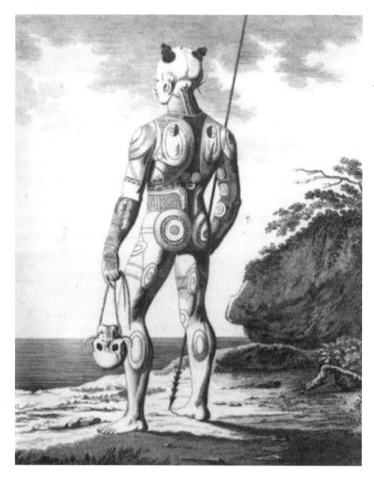

Figura 2.1 Hombre joven totalmente tatuado, Nukahivan (Hombre de la Polinesia): algo más que una simple ornamentación. (Langsdorff 1813: Plate VI, fp.119).

Cierto es que la actividad estética humana es compleja e intrincada. El hombre no solo ha usado plumas, ornamentaciones o tatuajes, sino que también pinta, escribe poesía o canta canciones. Todos estos son signos de fortaleza, ingenuidad y coraje, y por lo tanto constituyen índices confiables de aptitud reproductiva[2]. La mujer se impacta, asombra, sorprende, maravilla y desea como consecuencia de los gestos artísticos. Así la naturaleza orienta y contribuye a abrir el camino del triunfo mutuo.

EL ESPEJO HABLA A LA BELLEZA FÍSICA

Los chinos poseen una característica general, un remarcable talento para la imitación, que ejercitan, además de en su vida cotidiana, en las actividades artísticas o empresariales. Intentan tener éxito en representar la beldad como belleza. En la actualidad en su sociedad se ha puesto de moda la cirugía estética para aumentar el tamaño de los ojos hasta occidentalizarlos, así como evitar su caída y realizar cirugía estética de nariz para que sea más recta.

En los países desarrollados aumenta aceleradamente la cantidad de personas descontentas con su belleza y con su figura, al mismo tiempo que se incrementan la demanda por cirugías plásticas, los desórdenes por hábitos alimenticios (bulimia y anorexia) y la ansiedad por la autoaceptación. El deseo de belleza física y de juventud es una consideración eterna, independientemente de la edad, y se acelera cuando crece el desarrollo económico. Su búsqueda es omnipresente y se extiende por todos los segmentos sociales. Aproximadamente el 91% de las mujeres están insatisfechas con su figura corporal y siguen algún tipo de dieta para alcanzar su ideal. Asimismo, más del 40% de las mujeres y alrededor del 20% de los hombres están dispuestos a considerar algún tipo de cirugía estética en el futuro[3].

El advenimiento de la fotografía y del cine ha incrementado sensiblemente el concepto de belleza aspiracional (en la antigua Grecia, por ejemplo, nadie había visto una imagen de la bella y atractiva Helena de Esparta). Las imágenes se distorsionan por una perspectiva irreal, lo que nos conduce a una sublimación de la belleza y a convertirnos en expertos de la búsqueda de defectos.

En Occidente la belleza suele representarse a través del desnudo. Algo impensable en la cultura oriental o árabe, donde el cuerpo se cubre. La belleza está en la imaginación.

También suele ser frecuente que utilicemos el concepto de belleza para describir la dimensión moral de las personas. Igual que en el caso del interés sexual, el juicio de beldad tiene un irreductible componente contemplativo. La belleza espiritual es perceptible por la naturaleza moral, que no es un simple *agente* sino una *presencia* moral constatada, con la caracterización de valores y virtudes provocadoras de la observación contemplativa.

Se puede experimentar en presencia de alguien que accione fuertes dotes de solidaridad o de sentimientos nobles por los demás y también cuando se comparten estas ideas. En estos casos, la apreciación moral y los sentimientos de belleza están intrínsecamente entrelazados, y ambos se vinculan a la individualidad de la persona.

BELLEZA NATURAL

Numerosos ejemplos de belleza natural se refieren a organismos vivos: plantas, flores, aves, animales o criaturas marinas, cuya perfección de formas e intrincada armonía de detalles nos hablan de un orden que descansa en lo más profundo de nosotros mismos. Asimismo, como resultado de los trabajos de Joseph Addison y Francis Hutcheson, quienes consideraron la belleza natural como tema central de la estética, los paisajes, las escenas o las vistas comenzaron a tener un lugar destacado[4]. Aunque los paisajes son atractivos, no por la simetría, la unidad y la forma, sino por su amplitud, su grandiosidad y por la extensa posibilidad descriptiva e imaginativa en la que nos sumergen.

Pintores impresionistas como Claude Monet, Edgar Degàs, Paul Cézanne, Pierre-Auguste Renoir, o músicos como Debussy y literatos como los hermanos Edmond y Jules de Goncourt, introdujeron particulares rasgos definitorios a sus obras, interesándose por el significado de la naturaleza. La experiencia de la belleza natural no es el sentido de ¡qué hermoso! o ¡qué placentero!; por el contrario, contiene el reaseguro de que este mundo constituye el lugar correcto donde encajar, el sitio donde estar, el hogar en el que verdaderamente se confirman el poder, la felicidad y todas las posibilidades humanas.

Cuando se comprende el significado, entonces surge el interés estético con efectos transformadores. Esta experiencia puede alcanzar una resonancia metafísica y racionalmente transformar el mundo exterior en algo propio, en algo que vivirá en el recuerdo como idea. Nociones de encaje, adorno, decorado, orden y compartir, unir o serenidad surgen como atributos de belleza natural.

Figura 2.2 Belleza de las formas. Desde Euclides a Salvador Dalí, grandes personajes históricos han asociado a la belleza con diversos objetos.

En síntesis, la belleza de un paisaje despierta el interés estético y la emoción por explorar aquello que vemos, lo que completa el acto apreciativo iniciado en la experiencia de la beldad. La naturaleza ofrece la posibilidad de una percepción totalmente libre. Podemos sumergirnos hasta perdernos en sus detalles, disfrutarla desde una posición ventajosa, y no desde de una visión externa, a partir de una descripción previa o desde la influencia ajena. La naturaleza es generosa, tiene su propio y auténtico contenido, carente de un marco externo que la confine o la modifique.

BELLEZA COTIDIANA

Una forma apropiada de analizar la belleza cotidiana es a través del ejemplo del jardín, donde entretenimiento, aprendizaje y belleza se conjugan en una experiencia doméstica liberadora. Aunque sean espacios confinados, en contraste con la grandiosidad de la naturaleza, los jardines siempre han tenido un significado especial y transformador: satisfacen la necesidad humana de orden visual. La academia de Platón era un jardín, y Epicuro afirmó que no se puede conocer sino desde el jardín.

Todo lo que crece o está presente en el jardín rodea al observador. Un árbol en un jardín no es como el de un bosque o el de un monte. No solo no está allí casualmente, nacido de una semilla silvestre y accidental, sino que desde su sitio entra en una relación con los visitantes, se vincula en una especie de conversación. Adquiere su lugar como extensión del mundo humano, mediando entre el entorno creado y el mundo natural. Esta interrelación facilita el disfrute y sugiere que la idea de belleza es la consecuencia de tomarse la vida seriamente, con plena consciencia de los acontecimientos.

El tradicional jardín zen japonés representa seguramente el más notable ejemplo en el que la estética cotidiana se enfoca en lo fugaz, lo simbólico y en la animación de una conmovedora ansiedad. Su belleza depende totalmente del trabajo de los jardineros (normalmente los jardineros son monjes), tanto en el cuidado del suelo como de las plantas, las flores, las fuentes, los senderos y las piedras que forman parte integral de su armonía. Si bien su uso fue sagrado y reservado a los sacerdotes, en él se representa un profundo vínculo con la naturaleza, idóneo para la meditación.

TRASCENDENCIA ESTÉTICA DEL JARDÍN JAPONÉS

El diseño del jardín japonés se traspasó tradicionalmente de forma oral de generación en generación, y poco es lo que se ha escrito sobre el significado de esta transmisión de conocimiento tan valioso. Sus orígenes se remontan a más de 1.000 años. En la actualidad el significado se traspasa en términos de estética, trascendencia, conocimiento, salud y necesidades personales. El secreto del jardín japonés es que se construye sobre espacios reducidos. Mucho más importante es la cualidad que el jardín tiene para inspirar sentimientos de moralidad mediante creencias filosóficas y sobre patrones de agradable reconocimiento. Estos sentimientos impactan en los sentidos y en la respuesta emocional al entorno. Es general a todas las personas que lo visitan, a través de la necesidad universal de sentir la naturaleza y experimentar la belleza.

Sus diseñadores tienen en cuenta no solo la fisonomía de la escena, sino la experiencia individual que cada uno experimentará cuando pasee por él. El tipo y textura de los senderos, el sonido y crujidos al caminar en contraste con la serenidad del espacio son cuidadosamente cuantificados y controlados por sus creadores, aunque el resultado final parezca totalmente espontáneo, creado por la propia naturaleza.

La perfección de su presentación y la extraordinaria sofisticación hacen que estos jardines ofrezcan experiencias hermosas y memorables. Pueden parecer minimalistas, aunque su diseño es complejo. Cada elemento ha sido cuidadosamente diseñado, seleccionado y localizado para crear una sensación de belleza perfecta que refleje el mundo de la naturaleza. Requiere tiempo y dedicación, ya que el verdadero jardín japonés nunca está finalizado, igual que el microcosmos de la naturaleza está permanentemente cambiando. Una de sus cualidades es que su belleza se mantiene inalterable en todas las estaciones del año: cuando caen las hojas, cuando se cubre de nieve o en la primavera, y en verano cuya hermosura es conmovedora, gloriosa, con la exuberancia cromática.

La decoración es otra área donde las personas realizan constantes evaluaciones estéticas considerando las alternativas de cómo debe lucir el propio entorno. Además de un ejercicio de las facultades racionales constituye una parte integral en el proceso de toma de decisión. Desde cómo diseñar la distribución de la casa hasta amueblar un ambiente, la iluminación o decorar la mesa para la cena de invitados, lo que motiva el deseo de que las cosas estén bien y luzcan hermosas, tanto para uno mismo como para los demás. Igual que cuando se elige cómo vestir para una fiesta o para asistir a una reunión profesional, o cuando se ordenan los objetos en la oficina o en el hogar, para que todo luzca mejor. Es la estética diaria, que se ejercita con la idea de la belleza cotidiana, para lograr un orden en la vida social, y donde se manifiesta una cierta relación entre la forma en que se percibe el ser y el cuerpo humano.

Continuamente dependemos de juicios sobre hábitos estéticos para comunicar significados. Y una herramienta importante que se emplea para ello es el *estilo*. Implica la explotación de determinadas normas sociales: flores en la sala de estar, mantelería en la mesa, vino en decantador frente a vino en botella, velas aromáticas o música ambiental. Todos elementos experienciales y de reconocimiento por terceros, quienes ven significados específicos en precisos detalles vinculados a la belleza y al orden. El estilo alude a una cierta forma de vida y al encaje personal en el mundo; a la proyección del ser en el mundo de los demás.

En toda organización social la belleza y estética cotidiana suelen autoexpresarse mediante modas, a través de la adopción común del estilo. La moda es una especie de guía para las alternativas estéticas que ofrece una cierta garantía de que los demás la valoren y respalden. Permite a las personas jugar con la apariencia, enviar mensajes reconocibles a la sociedad y contar con la propia apariencia en un mundo donde formas, aspecto e imagen importan. La moda se produce por imitación y contagio social, lo que valida el concepto de que, cuando las personas piensan en términos de belleza cotidiana, pretenden alcanzar algún tipo de *acuerdo tácito* con terceras partes.

Una acción virtuosa puede también ser indicadora de belleza cotidiana. Incluso podría serlo aquello que se ajuste a un principio ideal pero que produce dolor, como la muerte gloriosa de un héroe, el espíritu de servicio de voluntarios que cuidan a enfermos, el sacrificio de la vida de los padres por salvar a un hijo o la bondad de un donante de órganos para ayudar a un familiar o amigo. En estos casos reconocemos la trascendencia y magnitud de la obra, pero, ya sea por egoísmo o por temor, nos desagradaría vernos involucrados en una experiencia similar. Se reconoce el hecho como un bien, pero como un bien ajeno, que se observa emocionadamente desde la distancia, y sin sentirnos arrastrados por el deseo. Cuando nos referimos a estos hechos los distinguimos como «acción hermosa». Se los admira más que se desea realizarlos. El disfrute de esta belleza es desde la distancia y ajeno al deseo de posesión.

BELLEZA ARTÍSTICA

Habría una marcada tendencia a asociar en demasía belleza y arte. Esta relación, sin embargo, se ha planteado de una cierta manera ambigua a lo largo de los siglos, porque, aun privilegiando la belleza de la naturaleza, se admitía que el arte podía representarla de una forma bella, incluso cuando esta naturaleza representada fuese en sí misma peligrosa o repugnante. Si bien ciertas teorías estéticas modernas solo han reconocido la belleza del arte, subestimando la belleza de la naturaleza, en otros periodos históricos ha sucedido lo contrario: la belleza era una cualidad que podían poseer los elementos de la naturaleza (un hermoso atardecer, un hermoso cielo estrellado, un hermoso campo de flores), mientras que la función del arte era hacer bien las cosas que hacía. Este cambio de criterio se debió en parte al gran impacto que ejerció la educada opinión de lo que se conoce como *movimiento romántico*, que puso énfasis en el individuo.

Fue en el siglo XVIII cuando se popularizó y se elaboró la noción de *bellas artes* para referirse a las principales formas de arte que se desarrollaban principalmente por el uso de la estética, la idealización de la belleza y el buen uso de la técnica. El primer libro que se conoce que clasifica las bellas artes es *Les Beaux-Arts réduits à un même principe* (Las bellas artes reducidas a un único principio), publicado en 1746 por el francés Charles Batteux, quien pretendió unificar las numerosas teorías sobre belleza y gusto. Batteux incluyó en las bellas artes originalmente a la danza, la escultura, la música, la pintura y la poesía, añadió posteriormente la arquitectura y la elocuencia. El arte recibió la antorcha de la belleza, corrió con ella por un tiempo y luego la dejó temporalmente en el olvido.

El arte nos moviliza por su belleza, y es hermoso en parte porque significa algo. Podría ser significativo sin ser hermoso, pero ser bello implica significancia. La belleza de una pintura, de una escultura, de un poema o de una pieza musical surge de su expresión: aunque haya dos cualidades (belleza y expresión), ambas constituyen un todo.

La obra de arte puede presentarse en diversas formas, puede ser movilizadora, trágica, melancólica o alegre, equilibrada, melodiosa, elegante, provocadora, inquietante, sobrenatural o emocionante. Aunque la belleza y el significado en el arte están vinculados, algunos trabajos recientes han sido cuestionados por distintos críticos a los que han calificado como desagradables, e incluso ofensivos (la novela *El tambor de hojalata*, de Günter Grass, la composición musical *El superviviente de Varsovia*, de Arnold Schoenberg, o la famosa pintura surrealista de Meret Oppenheim *Servicio de mesa para cuatro*, son claros ejemplos).

Al apreciar el arte desarrollamos un juego, y el artista también lo ejecuta al crearlo. El resultado puede ser que no surja siempre la belleza, al menos en una forma predecible. Pero esta actitud lúdica está plena de belleza y por el tipo de orden que atrae el interés, motivando la búsqueda de significado en el mundo sensorial. La búsqueda de orden estará siempre presente en el primer impulso de la creación artística y el ímpetu para imponerlo; junto al significado de la vida a través de la experiencia de algo precioso, encantador, es el motivo fundamental de toda expresión artística.

La consideración de lo bello depende de la época y de las culturas. En la actualidad, a la belleza artística en todas sus manifestaciones se incorpora la beldad de imágenes cinematográficas, belleza personal, diseño arquitectónico, estilo de productos, propuestas comerciales de marcas, campañas de publicidad o de innovaciones tecnológicas y hasta diseño de webs. En general, se concede el mismo valor a las grandes obras de arte que a los objetos o documentos de escaso valor estético, siempre que ayuden a comprender cuál es el ideal de belleza en un determinado momento.

La mayor forma de belleza, como la que logran las obras de arte renombradas, constituye uno de los mejores disfrutes de la vida. Es el verdadero valor del arte, y que solo el arte puede brindar.

BELLEZA CIENTÍFICA

En ciencias hay una verdadera alianza entre belleza y verdad. Aunque no significa que todo lo hermoso sea verdadero. Por cierto, hay objetos en los que la beldad y la verdad no convergen como en la fórmula «1 + i = 1 + i». Sin embargo, Albert Einstein, el físico Paul Dirac y el matemático Herman Weyl perpetuaron su juramento de lealtad a la noción de belleza y verdad. En conferencias o en trabajos de laboratorio de matemáticas, astrofísica, química, bioquímica, biomedicina o neurociencias, es común escuchar a los participantes sobre problemas que son «hermosos», teorías que son «bellas», soluciones que son «maravillosas», o enfoques que resultan «elegantes», «simples», «extraordinarios». Aunque en ocasiones suelen manifestarse algunas diferencias de criterio entre que lo «hermoso» sea predictivo, o resulte independiente, de lo «verdadero».

El mundo científico es único porque cada día se descubre algo nuevo, o se cuestionan viejas teorías. La ciencia, sea cual sea su campo, acapara secretos inconmensurables que emergen a diario. Cada nuevo descubrimiento decodifica noveles conceptos y abre caminos infinitos para otras ideas frescas. Su belleza radica en que representa al pasado, el presente y el futuro; siempre habrá algo nuevo que descubrir.

Figura 2.3 Masivo Árbol de la Vida. Maravillosa construcción científica del mapa de las 9.993 especies conocidas de aves, usando la secuencia de ADN para crear un árbol filogenético, localizando el lugar geográfico en el que habitan.

Es aparente que para un químico la belleza resida en la visualización de una estructura química. Una cadena molecular y su representación proteínica en 3D son reconocidas como hermosas aun por los que no son químicos. Aunque los trabajos científicos iluminen una belleza que no siempre está disponible en forma cotidiana, producen con sus símbolos y fórmulas una belleza eterna: desde descifrar el universo hasta descubrir los infinitesimales cristales en el interior de una gota de agua congelada. La nueva tendencia científica de *conversar* sobre belleza con los artistas, además de peculiar, articula un nuevo lenguaje y una fresca y rica perspectiva conceptual[5].

El científico ve la belleza de forma singular. Cuando observa la beldad de una flor, por ejemplo, la ve en otra dimensión: a través de su estructura biológica, de sus procesos, colores para atraer insectos y otros aspectos del misterio de las flores. El científico vive con la duda de no saber. Vive con la incertidumbre del desconocimiento, aunque es más interesante vivir con las dudas de la ignorancia que con la seguridad de respuestas incorrectas.

¿Se adapta el mundo científico al mundo real? La naturaleza suele contestar a esta paradoja con un rotundo NO. De hecho, se asume que a la naturaleza le encanta decir NO, ya que solo con ciertas condescendencias revela sus secretos. Por esta razón, la vida del científico no es fácil. Sin embargo, en esas raras ocasiones en las que su mundo se adapta al real arrojando luz sobre todos nosotros, el resultado compensatorio y la satisfacción obtenida justifican las mayores y amargas decepciones[6].

Todo descubrimiento científico pone de manifiesto ciertas tensiones entre la duda científica y la certeza, y en la relación entre afirmación y prueba. Es un momento de comprensión de la naturaleza de gran magnitud, que contiene una enorme belleza. Crea, sin autocomplacencia, la aspiración de la certeza firme, perdurable, como resultado de un trabajo gigante.

BELLEZA VACÍA

Hay consenso al admitir que, cuando el contenido es insuficiente o nulo, no existe belleza. En todo lo bello debe haber siempre *vida* o atributos internos que pudieran expresarse, y es esa expresión lo que se siente y reconoce como bello. La belleza formal debe ser un tipo de belleza con contenido. De lo contrario se asemejaría a las pompas de jabón, que con sus películas muy finas de jabón y agua forman una esfera hueca, duran solo unos segundos y estallan por sí solas o por contacto con otros objetos. Son atractivas, pero huecas y efímeras.

Una obra de arte, o incluso un objeto, se afirmará como verdadero solo cuando contenido y forma se presenten como idénticos. En principio, parecería que lo fundamental podría ser el contenido, mientras que los aspectos formales son puramente anecdóticos. Sin embargo, ambos aspectos necesitan conjuntarse; son tan necesarios el uno como el otro, de modo que hay entre ellos una relación absoluta de dependencia.

Aunque últimamente lo banal y superficial haya ganado espacios en el gusto de las personas que tienen como referente a ciertos aspectos frívolos de la vida, todo indica que el vacío de contenido no crearía belleza, sino algo carente de su *vellocino de oro*.

BELLEZA TEMPORAL

Existe una belleza temporal o efímera que se configura y efectiviza en el tiempo, tiene poca vida y desaparece al poco. La hermosura de la amapola cortada de la planta tiene breve duración; ciertas amistades, aunque interesantes, suelen ser pasajeras. La belleza física es efímera y por lo tanto imperfecta. Lo bello, auténticamente bello, no muere, sino que se convierte en otra cosa bella.

Algunas experiencias artísticas suelen concebirse con el concepto de fugacidad en el tiempo, de no permanencia como objeto artístico material y conservable. Pero, sin duda, el gran valor de estas piezas reside en su efímera idiosincrasia. Y es que, una vez engendradas, comienza la cuenta atrás para que sean destruidas por la acción indeterminada de los distintos fenómenos que pueden ser desde atmosféricos hasta por el uso constante. Es algo pasajero, momentáneo, concebido para su consumición instantánea.

Este tipo de belleza también puede manifestarse en aquellas expresiones cuya naturaleza cambia o fluctúa constantemente. Expresiones como la moda, la peluquería, la perfumería, la gastronomía y la pirotecnia, así como diversas manifestaciones de arte corporal como el *piercing*, son claros ejemplos. O el *body art* y el *land art*. Decoraciones corporales con alheña o *henna* como las que se realizan en India y en el norte de África normalmente son usadas como ritual antes del matrimonio, en el que se pintan la pareja, sus amigos y familiares (unos días antes) para su felicidad, atraer la fertilidad y contra el mal de ojo.

Figura 2.4 Recreación artística de una vista general del ambicioso plan para rediseñar la sede central del gigante tecnológico Google en la localidad de Mountain View en California. Las instalaciones se basan en el concepto de arquitectura efímera, por lo que serán flexibles y fácilmente modificables para adaptarlas a nuevas necesidades y usos. Cortesía Google: Google y su logo son marcas registradas de Google LLC, usadas con autorización.

Ciertas expresiones culturales populares como el grafiti, o determinadas tipologías de construcciones, se suelen expresar como arquitectura efímera, ya que son concebidas como edificaciones transitorias que cumplen una función determinada en un plazo de tiempo. Estas soluciones constructivas se han desarrollado con éxito en las recientes ciudades sedes de los Juegos Olímpicos o de grandes eventos deportivos para construir instalaciones de competición que, una vez han cumplido su cometido, son desmanteladas.

Google planea construir una ciudad actualizable para sus empleados basada en nuevos edificios con espacios abiertos, techos transparentes e interiores modulares que se pueden reconfigurar. En lugar de construir edificios de cemento inamovibles, crearán estructuras ligeras que se pueden mover fácilmente para adaptarlas a las inversiones en nuevos productos.

La belleza temporal inspiró a Fyodor Dostoievsky a manifestar: «Se siente tanto porque se desvanezca tan rápidamente, tan irremediablemente, que se evapore ante los ojos, que entristece la imposibilidad de enamorarse de ella».

BIBLIOGRAFÍA

1. Kant, Immanuel (1790): *Crítica del juicio.* Trad. de Manuel García Morente, Espasa-Calpe, Madrid, 1999, 8ª ed.

2. Scruton, Roger (2011): *Beauty: A Very Short Introduction.* Oxford University Press, p. 31.

3. Palmer, Mario (2014): «*5 Facts About Body Image*», Amplify, febrero 24.

4. Budd, Malcolm (2005): *The Aesthetic Appreciation of Nature.* Oxford Press.

5. Jogalekar, Ashutosh (2014): «Truth and beauty in science», Scientific American, mayo 21, 2.

6. Hauptman, Herbet A. (2008): *On the Beauty of Science: A Nobel Laureate Reflects on the Universe, God, and the Nature of Discovery.* Hardcover, Bargain Price.

3
Belleza y sublime

La belleza es la promesa de la felicidad.
STENDHAL

El alma que ve la belleza puede caminar en solitario.
JOHAN WOLFGANG VON GOETHE

Mientras que la belleza tiene límites, lo sublime es ilimitado, por lo que la mente en su presencia intenta imaginar lo imposible, teme frustrarse, pero siente placer al contemplar semejante aspiración.
IMMANUEL KANT, *Crítica de la razón pura*

Las ideas sobre la belleza en la antigüedad se expresaban en términos absolutos. Safo sostenía: «Lo que es bello es bueno, y lo que es bueno pronto se convertirá en bello». John Keats aseveraba en *Oda a una urna griega:* «La belleza es verdad, y la verdad es bella: eso es cuanto sabemos —y debemos saber— sobre la Tierra». En el mundo postmoderno todo «parece ser» relativo; para algunos la belleza descansa «en los ojos del observador» *y es* construida según la cultura, o modelada mediante preferencias idiosincráticas.

Sin duda, hay una realidad de la belleza que existe en los constructos culturales y mitos. Toda cultura es bella y, en todas ellas, la belleza ha constituido una fuerza poderosa y subversiva, provocadora de emociones, atrayendo la atención y dirigiendo la acción. Cada civilización ha reverenciado la belleza y lo ha logrado asumiendo costes enormes, perpetuándola más allá de las consecuencias trágicas o amables de su realidad.

La belleza es una de las formas en que la vida se perpetúa, y la pasión por ella está arraigada profundamente en nuestra biología. Hay algo en nuestro amor por la belleza que es heroico, esperanzador y humano. Es un placer disfrutarla, así como una necesidad ponerla en un pedestal y reverenciarla.

El postulado de los griegos clásicos sobre la belleza a la que conceptualizaron como un ideal ha constituido la inspiración guía tanto del arte como de la filosofía de la estética europea durante siglos. El deseo natural humano de expresar en el arte la relación con *lo absoluto*, y con el absolutismo de la creación perfecta, ha originado una disputa moral entre las nociones de belleza y el deseo de lo sublime.

Indudablemente, en la actualidad se buscan reafirmar los deseos naturales de elevación humanos, manifestándose un interés por consolidar las relaciones con emociones absolutas. Así, por ejemplo, se crean imágenes cuyas realidades son más que evidentes y que evocan asociaciones tanto con la belleza como con lo sublime.

MÁS ALLÁ DE LA BELLEZA

Lo sublime ha constituido una categoría estética muy fértil en los últimos 30 años y mucho es lo que se ha escrito sobre ella. A finales del siglo XVIII, escritores como Kant y Burke subdividieron el ámbito de la estética (al que se había reconocido como belleza) en dos campos: lo sublime y la belleza. Los primeros ensayos de Immanuel Kant en 1764, *Observaciones sobre el sentimiento de lo bello y lo sublime*, con un contenido variado y de fácil lectura (algo excepcional en la obra de Kant), constituyen la primera obra donde introduce el concepto de lo sublime, que más tarde aparecería con más detalle en su *Crítica del juicio*, la tercera de sus críticas. En estos ensayos tempranos Kant suministra en ocho capítulos unos listados que pueden recitarse e incluso verbalizarse con total facilidad, lo que constituye una excepción a la gran dificultad que rodea a las obras posteriores sobre el asunto.

En este campo subdividido de la estética, lo sublime es masculino y la belleza resulta femenino. Lo sublime es el español, el inglés y el alemán, y lo hermoso el francés y el italiano. Lo sublime reside en las montañas y en los robles y secuoyas gigantes del bosque, mientras que la belleza se encuentra en las flores y en las praderas. Lo sublime es la noche, lo bello es el día. Lo sublime moviliza (uno se convierte en circunspecto, rígido, asombrado); la belleza atrae, hechiza. Lo sublime es atardecer, oscuridad, eternidad; la belleza es alegría y ánimo. Lo sublime es grande; lo bello puede ser incluso pequeño. Lo sublime es simple; lo hermoso es múltiple. Lo sublime es ejemplar, probo, noble; lo bello es piadoso y bienintencionado. Lo sublime logra que uno se eleve sobre el caos, y no significa una simple respuesta, sino que es el paso fundamental que permite reconocer la conexión con fuerzas superiores.

Considerando esta bifurcación de conceptos, la belleza en términos comparativos adquiere una dimensión menor, diminuta, además de resultar marginal y menos poderosa. La belleza sería una conceptualización idealizada. Según Edmund Burke, habría dos instintos: uno para lo sublime y otro para la belleza. El instinto para lo sublime sería la supervivencia; el instinto para la belleza sería la socialización. La idea de Newman de conectar la idea de belleza con *la perfección* es totalmente correcta. La señal de identidad de lo sublime, por el contrario, es el éxtasis o los «entusiasmos»[1].

El elemento vital de lo sublime es que siempre contiene al temor, al estupor, lo doloroso y lo terrible. Habría implícito un cierto terror: el pánico en la idea de que hay un cielo esperando, pero también la posibilidad de la tragedia del infierno, que en la naturaleza siempre se confronta la muerte, que en el amor hay fin y agonía, o que en la inspiración puede haber descomposición y peligros. No obstante, el acento se pone en el proceso de catarsis purificadora por la que el espectador se libera de esas pasiones que por sí mismas no proporcionan placer.

Las fuentes de lo sublime se asocian con el gusto por lo exótico, lo interesante, lo curioso, lo diferente, lo sorprendente, lo arriesgado, la exploración, la aventura y el descubrimiento, con las experiencias al límite. En lo sublime predomina lo no finito, la dificultad, la aspiración a algo cada vez mayor. Por lo tanto, el sentimiento por lo sublime es mixto. Se compone de pena o escalofrío, y de alegría o entusiasmo. Si bien no es placer, las personas con gustos refinados lo prefieren a cualquier deleite. Esta confluencia de emociones contradictorias demuestra la independencia moral humana que nos caracteriza.

Lo sublime es más que un sentimiento (en el sentido banal del término), es la emoción del sujeto al límite. El sujeto de lo sublime, si existiera, es un sujeto totalmente movilizado. Es una cuestión absolutamente emocional, productora de un sentimiento que ni la filosofía de la subjetividad de la belleza ni la estética de la ficción o del deseo son capaces de concebir. Su disfrute y satisfacción son de tal magnitud que dejan empequeñecidas las emociones.

SUBLIME METAFÓRICO Y SUBLIME INTERPRETATIVO

Una de las principales vías para comprender lo sublime es mediante el uso de metáforas. La asociación de significados desde siempre ha contribuido a transformarnos a nosotros mismos y a modificar nuestros mundos. La producción imaginativa de afinidades relacionadas posibilita crear nuevas normas y acciones compartidas[2].

El entendimiento de la noción de sublime surge del vínculo entre la indeterminada unidad estética y las visiones compartidas de nuestros mundos. La indeterminación estética pone de manifiesto la separación tradicional entre las esferas estética y cognitiva. La metáfora posibilita que se manifiesten tanto la respuesta estética genuina como que se produzca el funcionamiento conceptual cognitivo.

Lo sublime propone experiencias complejas, actividades o ideas cuyas riquezas de contenido superan a la propia comprensión. También en este sentido los esfuerzos metafóricos contribuyen a elevar los sentidos por el misterio de lo sublime. Así es posible *desenterrar* la indeterminación del rico significado de lo sublime y alimentar el ejercicio y goce de la sublimidad supuesta. Es un tránsito favorecedor desde el entendimiento o comprensión metafórica hacia la conexión interpretativa.

Distinguir los momentos dedicados al entendimiento de lo sublime permite acceder a la experiencia estética con el precedente de una fórmula validada, favoreciendo las respuestas emocionales del asombro, de la sorpresa y de lo inesperado. Asimismo, el legitimar su alternativa contribuye a darle sentido y adquirir, en situaciones de incertidumbre, consciencia situacional.

La reflexión sobre la sublimidad admite descubrir (o inventar) nuevas reglas en la *naturaleza secundaria* de las ideas estéticas, que no solo suministrarán nuevas reglas conceptuales, sino que sugerirán ordenar nuevas realidades; y es sabido que el resultado no será mucho más natural que aquello que transforma. La comprensión de lo sublime siempre aceptará la desunión de su sugerente oferta, la naturaleza provisional de su comprensión parcial, las perspectivas múltiples que engendra, y la permanente derivación de su total conceptualización. Y esto es válido tanto para el arte como para la ciencia, el marketing, o todo aquello que contribuya a la construcción de los mundos compartidos.

La interpretación metafórica de lo sublime expone tanto a las relaciones de las que dependemos habitualmente como a las nuevas conexiones capaces de modificar percepciones, juicios y al propio entorno donde ellas se sostienen. De esta forma, lo sublime contribuye positivamente a la visión y revisión del mundo. La creación de nuevas *versiones* otorga sentido a la vida; circular por los senderos donde se aprecien reflejos de juicios estéticos será lo próximo.

La interpretación de lo sublime, a través del imaginario no reglado, favorece una nueva *naturaleza* en un fresco contexto relacional. Es el resultado de la inventiva o de la interpretación que supera a la primera *naturaleza* de ideas estéticas[3]. En una investigación sobre percepciones ante estímulos sublimes realizada durante un periodo de 14 meses, el 64% de los participantes indicó que la experiencia aumentó el bienestar personal o la satisfacción por la vida, y el 58% que la sublimidad adquirió niveles de espiritualidad elevados y muy significativos para sus vidas[4]. En la interpretación de lo sublime los participantes describieron los «más pronunciados cambios en sus procesos mentales», conceptualizando experiencias singulares y persistentes como las que se presentan en el siguiente cuadro.

EXPERIENCIA TRANSFORMADORA DE LO SUBLIME

Descripción literal sobre algunas de las distintas experiencias que los participantes en el estudio vivieron durante los 14 meses de la investigación tras haber estado expuestos a lo sublime:

— Libertad de todo lo concebible incluyendo el tiempo, el espacio, las relaciones y el propio yo... Fue como si yo mismo me hubiera embebido de trascendencia.

— Autonomía del yo suspendida en un casi táctil campo lumínico.

— El disfrute y la libertad de dejarse ir, sin ansiedad, sin dirección, más allá del propio ego.

— Colapso del sentido del espacio y del tiempo. Realización de la unidad de la existencia y relatividad de lo conscientemente habitual.

— El aprendizaje resultó muy impresionante y personal. Experimentar el amor y enamorarse de ello.

— El dejarse ir fue intensamente profundo. Transportarse y quedar envuelto en la belleza (en este caso) de la música fue enormemente espiritual.

— Sentimiento de «no hay fronteras», donde se desconoce el final y los inicios del entorno. Sin embargo, pude comprender qué es la unicidad.

— La profunda pena que experimenté fue como si todo el dolor y la tristeza del mundo me atravesaran, célula a célula, desgarrando mi ser.

— Experimenté una realidad cristalina, hermosa, brillante y placentera... En síntesis, esta experiencia me abrió perspectivas (me otorgó una visión palpable) de que aquello sobre lo que pienso habitualmente que es alcanzable.

— Siento que una tonelada informativa sobre lo vivido se ha incorporado a mi conocimiento/comprensión.

— Pérdida completa de mí mismo... El sentido de unicidad fue impresionante.

— Recuerdo haber experimentado un sentimiento profundo de pérdida (de mi familia) y que, tras superar mis temores, el sentimiento se convirtió en algo muy placentero.

Esta imaginación *ingeniosa* o *productiva* puede contribuir a la transformación de significados compartidos. Cuando algo sublime es validado como tal, adoptando sus nuevas metáforas o interpretaciones, el imaginario contribuirá para su autorrevisión personal y a la del mundo que nos rodea. Asimismo, esta validación sugiere que la sublimidad contribuye a enriquecer el autoconocimiento y el sentido de la realidad, o el de la forma convencional del concepto cognitivo. La reflexión sobre lo sublime inventa nuevas relaciones (desconocidas por completo) y hábitos interpretativos que orientan hacia el peculiar terreno de lo desconocido.

NOVEDAD DE LO *TECNO-SUBLIME*

Según lo analizado, habría dos tipos radicalmente diferentes de respuestas a la belleza, en general, y a lo naturalmente hermoso, en particular: uno originado en el amor, el otro en el temor. Cuando somos atraídos por la armonía, el orden y la serenidad de la naturaleza hasta sentirnos cómodos y seguros, hablamos de su belleza; cuando percibimos la inmensidad, el poder, la majestuosidad imponente de la naturaleza y razonamos la pequeñez del ser ante su mecánica, entonces hablamos de lo sublime.

Ambas respuestas elevan al ser, también transportan más allá del pensamiento utilitario simple que suele dominar la vida cotidiana. Y ambas involucran la contemplación desinteresada que se identifica como el núcleo de la experiencia estética. La belleza invita a enjuiciar con el gusto; lo sublime propicia otro tipo de juicio, en el que la medida de nuestra pequeñez frente a la infinidad del mundo se hace consciente hasta reconocer nuestro límite y fragilidad.

SUPERAR EL *GLAMOUR* DE LA BELLEZA

Ante la transición de su identidad corporativa, una de las compañías de energía más importantes del mundo se ha planteado realizar estudios de neuromarketing para optimizar el diseño de su logo, señalética, iconografía, pictogramas e histogramas. Ambiciona descubrir la «imagen sublime» en el imaginario del cerebro, las asociaciones originadas de la inteligencia, intuición, sensaciones y despliegue del mecanismo metafórico (experiencia del sentimiento de lo sublime). Adicionalmente aspira a conocer el nivel de atención que produce, el vínculo emocional, retención en la memoria, intención de compra, novedad y reconocimiento o eficacia general.

En la actualidad hay una manifestación de lo sublime en ciertos avances tecnológicos rupturistas reconocida como *tecno-sublime*. Es un concepto andrógino, ambiguo de lo sublime en las nuevas tecnologías y que enmarca al ser humano en el posthumanismo. Las ideas que sustentan esta manifestación apuntan asimismo a un sublime autónomo que puede observarse como un concepto de libertad secularizado, que surge como consecuencia de una nueva *Era de las Luces*, basada más en la ciencia que en la sociedad. Considerado en términos hegelianos, sería un proceso originado por una era histórica que da paso a otra, la cual dialécticamente la continúa[5].

Aquí lo sublime no se experimenta ante la presencia de un escenario natural magnífico, sino ante la presencia simulada por un ordenador; no en la temporalidad de la naturaleza, sino en la simultaneidad electrónica; no en cielos nublados y tempestuosos, sino en la aventura tecnológica para conquistar el espacio; no en un mar encolerizado o en una obra de arte de ruinas góticas, sino en el fascinante campo de la robótica para usos domésticos. Lo mismo sucede por el avance de la inteligencia artificial, con los chips que mimetizan el cerebro humano, con las técnicas de ingeniería genética, con el genoma digital, con la computación *exascale*, con la digitalización de imágenes o entornos virtuales que nos exigen imaginar lo invisible, proyectarnos más allá de la visión túnel para ingresar en un nuevo orden no lineal, incierto y discontinuo[6].

Figura 3.1 Hello World! Semacode 160 x 160 m., dibujo
patronizado en un campo sembrado de trigo en Alemania para
beneficio de Google Earth. Cortesía: Bernd Hopfengärtner.

El ejemplo de Google es muy interesante, ya que podría encuadrarse
e incluirse en la categoría de marca *tecno-sublime*. Percibida entre las
marcas más innovadoras, ejemplar en creación de nuevas categorías,
ágil en sus propuestas, robusta en la creación de barreras a la competencia, creadora de interfaces limpias, rápidas y funcionales, que emplea
una estrategia comprometida con perspectiva de largo plazo, posee un
claro enfoque de futuro[7].

Considerada la segunda marca global (su valor económico en 2022
ascendió a 196.811 millones de dólares según Interbrand) disfruta de
una capitalización anual del 19%. lo que la convierte en una de las de
mayor crecimiento económico de los últimos tres años. Adicionalmente,
la compañía está posicionada como uno de los mejores lugares donde
trabajar, según el índice Fortune 100, entre los estudiantes de los programas MBA, lo que le garantiza un privilegiado acceso al talento.

En su cartera de marcas, una de las destacadas es Google Earth, programa virtual de la Tierra, mapas e información geográfica basado en imágenes satelitales y aéreas, combinado con tecnología 3D y buscadores Google, que puede consultarse en ordenadores o teléfonos móviles. Su desarrollo ha contribuido a la evolución de aplicaciones y tecnologías geoespaciales.

La belleza de las imágenes satelitales, desplegadas en una variedad de resoluciones de la superficie del planeta, permite a los usuarios ver desde pequeñas poblaciones y edificios con vistas perpendiculares o en ángulos oblicuos («vista de pájaro») hasta grandes metrópolis, con resolución de 15 metros y en algunos casos de hasta de 15 cm. El programa permite localizar direcciones en ciertos países, colocar coordenadas o simplemente usar el ratón para identificar una determinada localización.

En la continuada búsqueda de la novedad y la belleza, recientemente ha desarrollado una nueva y sorprendente aplicación. Hello, World! es una instalación real para el mundo virtual del software de Google Earth. Un *semacode* que mide 160 x 160 metros se montó en un campo de trigo, próximo a la ciudad alemana de Ilmenau. El código consiste en cuadrados brillantes y oscuros de 18 x 18 m que producen decodificada la frase «Hello World!». El *semacode* es un código visual que se utiliza para codificar gráficamente *weblinks* y que puede retransmitirse desde cámaras móviles a URL.

El correo alemán lo usa en paquetería y cartas para automatizar su distribución, los ferrocarriles para comercializar billetes *online*. En Estados Unidos, numerosas marcas lo incorporan en su publicidad gráfica y hasta en los propios escaparates de las tiendas. El código es útil para vincular objetos reales con datos digitales de existencias. Los códigos visuales revelan su naturaleza digital en forma perceptible para las personas y luego referencian a un nivel visible mecanismos digitales abstractos. En realidad, estas son las bases sobre las que descansan numerosos fenómenos de nuestra vida cotidiana.

Google Earth posibilita navegar virtualmente con imágenes sobre cualquier parte del planeta, mediante un programa de 3D que crea la ilusión de volar a medida que uno se mueve entre distintos lugares geográficos seleccionados. Por un lado, se produce un sentimiento de propiedad y control en la percepción del usuario, y al mismo tiempo la sensación de estar a merced de algo o alguien. El programa está vinculado a una de las paradojas fundamentales de los medios y tecnologías modernas, enfocando su ambivalencia entre potencialidad e hilo de ejecución en un sentimiento único.

REFLEXIÓN FINAL SOBRE LA SUBLIMIDAD

Hoy aprendemos constantemente sobre nuevas realidades vertiginosamente complejas, que incluso son muy difíciles de abordar por la mente. Por ejemplo, los astrónomos recientemente han obtenido el convencimiento de que el universo visible contiene unos 100.000 millones de galaxias y que cada una de ellas a su vez consiste en miles de millones de estrellas que emiten rayos en diversidad de colores, desde tenues rojos fríos hasta radiantes azules calientes y blancos intensos. Aquí se presenta un verdadero desafío para encontrar las palabras exactas que respondan a semejante entendimiento de la alteridad o del infinito.

Figura 3.2 Fotografías obtenidas por el telescopio espacial Hubble: Pilares de la Creación, Júpiter, par de galaxias interactivas llamadas Arp 273, la región de estrellas en formación NGC 3603, Nebulosa Horsehead. Cortesía: NASA y Agencia Espacial Europea.

Bajo la perspectiva evolutiva de lo sublime, esta analogía explora la posibilidad de articular aquello que excede a nuestro entendimiento. Seguramente, se hace necesaria una nueva comprensión de lo que la sublimidad contemporánea significa en el mundo actual. La experiencia moderna de lo sublime es fundamentalmente transformadora de la relación entre desorden y orden, y de la discontinuidad en la relación estable entre tiempo y espacio. Algo profundo está sucediendo, francamente conmovedor.

Habría, por ejemplo, en términos de sublimidad, una comprensión en la relación espacio-tiempo producida por las tecnologías de la comunicación, que al estar globalizadas aumentan la percepción cotidiana de ser fundamentalmente desestabilizadoras y excesivas. El asombro y la sorpresa pueden rápidamente conducir al estupor, dando espacio al aspecto oscuro de la experiencia sublime, cuando el estimulante sentimiento del deleite se metamorfosea en una desintegración diabólica.

Una nueva ola de sublimidad postmoderna se estaría intelectualizando, tanto en el arte como en la investigación, la innovación y el desarrollo tecnológico, bajo la idea de intensificar la experiencia sublime de autotrascendencia mediante la evocación de la inmensidad espacial, donde el espacio y la luz adquieren efectos inmersivos. El debate es activo. Numerosos artistas como Barnett Newman, Mark Rothko o Mike Kelly fueron pioneros en el camino que continúan Bill Viola, Doris Salcedo, Anselm Kiefer, Hiroshi Sugimoto y Shang Huan, entre otros. Todos están provocando nuevas perspectivas en los aspectos subyacentes y en el debate de la sublimidad con influencia y resonancia notoria en la expresión de distintos campos.

Evidentemente, lo sublime está en búsqueda de un nuevo contexto. En el periodo premoderno este contexto lo suministraba la religión. En la era del romanticismo algunas expresiones artísticas adoptaron ese papel. Más recientemente, los medios masivos de comunicación y la industria del espectáculo le han otorgado un nuevo albergue. Lo sublime es una experiencia al servicio de distintos intereses: en este momento se está decidiendo lo que significará en el futuro.

BIBLIOGRAFÍA

1. Danto, Arthur C. (2003): *The Abuse of Beauty: Aesthetics and the Concept of Art.* Open Court, Carus Publishing Company, p. 147.

2. Pillow, Kirk (2000): «Sublime Understanding». The MIT Press, p. 247-318.

3. En términos epistemológicos modernos significaría la asociación entre el mito de lo otorgado y el «coherentismo sin fricciones».

4. Griffiths, R. R., W. A. Richards, M. W. Johnson, U. D. McCann, R. Jesse (2008): «»Mystical type experiences occasioned by psilocybin mediate the attribution of personal meaning and spiritual significance 14 months later»». *Journal of Psychopharmacology*, p. 1-12. Los interesados en este asunto también pueden consultar Draulio de Araujo, et al. (2012): «Seen With the Eyes Shut: Neural Basis of Enhanced Imagery Following Ayahuasca Ingestion». Human Brain Mapping, 33, p. 2550-2560.

5. Gilbert-Rolfe, Jeremy (1999): *Beauty and the Contemporary Sublime.* Allwarth Press, New York, p. 126-128.

6. Morley, Simon (2010): *The Sublime: Documents of Contemporary Arts.* The MIT Press, p. 146.

7. Álvarez del Blanco, Roberto M. (2012): «Belleza de la marca, prodigioso desafío», MKMarketing Ventas, nº 275, p. 42-49.

4

Belleza de los objetos

Las cosas hermosas no solo deben admirarse, sino amarse.
L. FRANK BAUM, *El leñador de hojalata de Oz*

Nos deleitamos ante la belleza de la mariposa, pero rara vez admitimos los cambios por los que atravesó para lograrla.
MAYA ANGELOU

La percepción de la belleza es una prueba moral.
HENRY DAVID THOREAU

La belleza puede consolar, perturbar y también ser sacralizada y profanada. Asimismo, puede resultar apasionante, significativa, inspiradora, escalofriante. Nos afecta de diversas maneras. Nunca se ve con indiferencia: la belleza exige ser considerada, nos habla directamente con el tono de voz de un amigo íntimo. Si hubiera alguien que es indiferente a la belleza, seguro que se debe a que no la ha percibido.

El genio de la pintura surrealista Salvador Dalí decía: «La belleza será comestible o no será». Para él, las cosas hermosas deben querer comerse, y lo decía cuando se extasiaba ante una de las numerosas obras de su admirado Antonio Gaudí. El poeta Baudelaire sostenía que la belleza, para ser atractiva, debe ser imperfecta. La visión contraria, la teoría griega de las proporciones, da como resultado la entronización de la perfección estética.

Leonardo da Vinci, en su continua búsqueda inspiradora, seguía durante horas y con determinación por las calles de Florencia a las personas que lo deslumbraban por sus ojos o cabellos hermosos. Steve Jobs se emocionaba, hasta las lágrimas, cuando se exponía a un objeto que consideraba bello. La actriz y dramaturga Mae West manifestaba: «Mucho de algo hermoso puede ser maravilloso».

El filósofo británico G. E. Moore supuso que la contemplación emocional de la belleza podía contribuir a mejorar el mundo si favorecía la creación de objetos reales hermosos. En este sentido invitaba a considerar dos mundos:

> Imagine el primero, lo más hermoso que pueda: ensámblelo en aquello que más admire (montañas, ríos, el mar, bosques y atardeceres, las estrellas y la Luna). Ahora, imagine al otro mundo como simplemente desordenado, carente de higiene, conteniendo aquello que le resulte más desagradable... y el conjunto, de la forma más precisa que pueda, sin un solo atributo redimible. Seguramente, lo único que no podremos imaginar es que nadie, bajo ninguna circunstancia, no haya visto y disfrutado la belleza de uno de los mundos y desdeñado lo desagradable del otro.

Moore con su propuesta invita a descubrir la realidad objetiva y a que pueda crearse un mundo mejor basado en la instauración y contemplación de la belleza[1].

La beldad de las personas es reconocida y honrada en todo el mundo, como también lo es la belleza de los poemas, la de los objetos, de los productos o la belleza de las marcas. Por ejemplo, al instante de percibir algo hermoso, la persona recibe una especie de regalo de vida que también es conferido al objeto o producto. La armoniosa y serena calidad de la belleza procede en parte de un pacto vital recíproco. Y en el caso de objetos y productos esta relación es inequívocamente viva.

Tan vivo y reconocido es este vínculo que numerosos objetos y artefactos hermosos con siglos de historia se conservan con cuidado y esmero en museos, fundaciones, colegios y universidades para el actual deleite y admiración, y para que las generaciones venideras también puedan emocionarse con su disfrute. Es una gran y palpable evidencia de esta relación tan singular de la que nos beneficiamos y enriquecemos.

BELLEZA DE LOS OBJETOS BAJO
DIFERENTES PERSPECTIVAS

La idea de belleza no solo es relativa según las distintas épocas históricas, sino que incluso dentro de una misma época y en un mismo país pueden coexistir diversos ideales estéticos. Sin embargo, la belleza de los objetos puede ser observada bajo diferentes perspectivas: como propiedad de un producto, como experiencia de la marca y, por último, según su singularidad o intensidad, como una prima en precio por un diseño especial.

— *Experiencia*: la belleza puede entenderse como un sentimiento intenso producido por la interacción con un producto en una situación determinada y como una reflexión prospectiva o retrospectiva sobre esa experiencia, o sobre un particular aspecto o atributo generador de esta. La belleza de un producto transforma el estado psicológico individual (estado de ánimo) y afecta a la intensidad emocional, desde placer a aflicción, en lo que se conoce como *utilidad instantánea* [2].

— *Extensión de la personalidad:* la propiedad de la belleza (real o imaginada) conduce a una asociación psicológica entre el producto y el propio yo. Los objetos se convierten en una extensión del propio yo y obtienen valor simbólico. De hecho, los productos pueden ser usados para mantener importantes autodefiniciones. Se asume que las personas hermosas se relacionan mejor con los demás, son más populares y tienen mayor éxito social en la vida. Es probable que apliquemos este mismo criterio general a los productos, en el sentido y aceptación de que la posesión de productos hermosos ayudará a la socialización y contribuirá a incrementar la popularidad del propietario.

— *Disfrute*: la belleza puede constituirse en señal para el uso y disfrute, al que se juzga también como hermoso. Por lo tanto, el diseño estético puede automáticamente conducir al mayor uso del producto y a la satisfacción del usuario. Y por este disfrute práctico o estético se estaría dispuesto, si fuera necesario, a desembolsar un adicional en el precio. La promoción de las marcas tiene en cuenta este fenómeno del valor de la prima en precios para el diseño estratégico.

Figura 4.1 Las navajas del ejército suizo *Victorinox* pueden resultar difíciles de definir, aunque sin duda son reconocidas en todo el mundo como símbolo de ingenio, fiabilidad y calidad. El Museo de Arte Moderno de Nueva York (MoMA) ha calificado a esta navaja multiusos como un ejemplo de diseño elegante, y adaptado a su función

Una característica significativa del arte de las últimas décadas es la constante atención que ha dedicado a los objetos de uso habitual, especialmente productos cuyas marcas resultan muy populares (Colgate, Campbell's, Harley Davidson, Apple...). La producción a gran escala y la distribución por todo el mundo también han contribuido a dinamizar el concepto de belleza, cuyos aspectos cualitativos se cambian cada vez con mayor frecuencia. El concepto de belleza, en definitiva, pierde esos rasgos de unicidad (el aura) que determinaban su belleza y relevancia por su exclusividad y unicidad. La belleza nueva es programable (intencionada) y reproducible incluso masivamente, aunque en algunos casos sea transitoria y perecedera.

Es sintomático cómo algunos grandes museos como el MoMA de Nueva York, el Centro Georges Pompidou de París o la Tate Gallery de Londres dediquen espacios a objetos y productos cotidianos, desde muebles a accesorios de decoración, electrodomésticos, automóviles, motocicletas o máquinas de escribir y ordenadores, por citar solo algunos ejemplos.

En la década de 1960, auge del Pop Art, Andy Warhol desplegó, en una exhibición en 1964 en la Stable Gallery Show, una gran cantidad de cajas de cartón pintadas que simulaban los envases originales del producto limpiador Brillo. Lo curioso de aquel experimento fue la duda suscitada de cómo era posible elevar al nivel de arte las cajas de Warhol, mientras que las originales en la vida cotidiana eran contenedores utilitarios sin ninguna pretensión artística. Lo que el artista hizo fue simular diferentes envases: el de los cereales para el desayuno Kellogg's, las peras envasadas De Monte, la salsa de tomate kétchup, la sopa de tomate Campbell's, además de las cajas Brillo. Todas las cajas fueron hechas en madera laminada y los logotipos pintados en su superficie.

Las cajas de Brillo, cuyo diseño original correspondió, en realidad, al creativo y pintor expresionista abstracto James Harvey, hicieron de la exhibición un éxito inmediato, convirtiéndose en celebridades de la historia del arte. Es su estética, su belleza, la que explica su *glamour* aun cuando Warhol no tuviera nada que ver con su diseño original. Tanto Warhol como Harvey no pudieron explicar en su momento por qué un objeto se convertía en una obra de arte y el otro que lo había inspirado no, ya que para todos los propósitos prácticos eran indistintos desde el punto de vista estético: si uno tenía beldad, el otro también debía poseerla porque visualmente eran similares.

Probablemente la explicación pueda encontrarse en la estrecha relación asociativa entre estética y arte desarrollada a lo largo de la historia. El arte nos satisface y la experiencia de las cajas de Brillo parecería demostrar esta emoción. En otros contextos, intuitivamente en los puestos de fruta los fruteros suelen lustrar las manzanas y otorgan preferencia a aquellas de mejor apariencia o de mayor tamaño; todos somos conscientes de cómo la industria cosmética se esfuerza para que la apariencia física resulte más atractiva, haciendo que el cabe-

Figura 4.2 Andy Warhol en Moderna Museet, Estocolmo, antes de la inauguración de su exposición retrospectiva. Las cajas de Brillo lo acompañan, 1968.

llo sea más luminoso, los ojos más grandes o los labios más coloridos y voluminosos. La belleza en estos casos se convierte en una expresión de aprobación general, con un mínimo de contenido descriptivo que pueda expresarse ante la presencia de algo especialmente cautivador.

En el capítulo 9 se exploran conceptos adicionales vinculados con la belleza de los productos, en particular aquellos asociados a la funcionalidad y el significado de la belleza. Bajo esta perspectiva todos los productos contienen una información y una apariencia que va mucho más allá del uso inmediato o de sus aspectos funcionales, que exige que los diseñadores se orienten hacia nuevos campos donde se demandan nuevas capacidades.

BELLEZA DE LAS MÁQUINAS

Cuando algo funciona perfectamente uno lo puede percibir; hay un sentimiento de perfección en ello. A este fenómeno se lo conoce como *belleza correcta*, y es el resultado del más importante componente del diseño, inspirador asimismo de la relación entre simplicidad y fuerza o poderío. Esta idea se observa en la silla Bauhaus, en la radio Emerson de 1930 o en el reciente nuevo modelo S del automóvil eléctrico Tesla. Por el contrario, muchas nuevas tecnologías parecen carentes de ideas y recurren a ardides y abundancia de atributos, sumándose a una real ingenuidad estructural que poco tiene que ver con la beldad.

En la actualidad se habla con normalidad de una máquina bella, ya sea un teléfono, un ordenador o un avión de pasajeros. Pero esta idea de belleza de las máquinas es bastante reciente, ya que su auténtica estética se elaboró a mitad del siglo XIX. En general una máquina es cualquier prótesis, cualquier constructo artificial que prolonga y amplifica las posibilidades de nuestro cuerpo, desde el primer pedernal afilado hasta la palanca, el bastón, el martillo, la espada, el estribo, la rueda, las lentes y el anteojo, el reloj, la cámara fotográfica o un abrelatas, una cafetera y un exprimidor. Con estas máquinas simples estamos completamente identificados y muchas se han construido con bellos atributos para lograr la perfección absoluta o belleza correcta.

Figura 4.3 En 1933, Patek Philippe creó uno de los más hermosos relojes del mundo: el «Graves» supercomplicado reloj de bolsillo, No. 198 385, de Henry Graves Jr. (cara y fondo). El Super Complicado reloj de oro de Patek Philippe con 24 complicaciones (funciones mecánicas distintas a las de las horas, minutos y segundos). Requirió 3 años de diseño y 5 años de trabajo. Un coleccionista anónimo lo adquirió por 24 millones de dólares el 11 de noviembre de 2014 en una subasta de Sotheby´s en Ginebra.

Desde épocas remotas, el ser humano ha inventado máquinas complejas, mecanismos con los que el cuerpo no tenía contacto directo. En estas máquinas (molino de viento, noria) el mecanismo está oculto y una vez activado actúa por cuenta propia. Estas máquinas solían aterrar, se consideraban monstruosas y muy peligrosas. Parecían casi humanas o casi animales; eran útiles pero inquietantes. Se aprovechaba el efecto que producían, pero se las consideraban seres vagantes diabólicos y, por consiguiente, carentes de toda belleza[3].

La primera noción de valor simbólico del prodigio mecánico aparece en el siglo xv. Leonardo da Vinci, cuando dibuja sus ingeniosos mecanismos, pone en su representación el mismo amor y empeño con que realiza sus representaciones de rostros y cuerpos humanos o de elementos del mundo vegetal. Las máquinas de Da Vinci destacan porque muestran sus propias articulaciones como si se trataran de un objeto animado. El genial artista utiliza la técnica y arte que distinguirá posteriormente a los *mecánicos* renacentistas y barrocos. Se produce un respeto por lo mecánico y la máquina se asocia a la producción de efectos estéticos, como arquitecturas bellísimas o jardines animados con fuentes y cascadas.

Las máquinas del renacimiento y del periodo barroco se caracterizan por las ruedas dentadas, la cremallera, la biela de manivela, el perno o el clavo. El engranaje se impone y en este sentido importa menos lo que produce la máquina, y a menudo se presenta una desproporción exagerada entre la simplicidad del efecto que causa y los medios sofisticados que utiliza para lograrlo. En algunos casos se llega por fin a una fusión entre la belleza sorprendente del efecto y la belleza ingeniosa del artilugio que lo produce.

Durante la Primera Revolución Industrial (1750-1840), el triunfo de la máquina como objeto estético pretende disimular su funcionalidad exhibiendo fachadas de tipo clásico. En el siguiente siglo, cuando ya se ha impuesto el gusto por las nuevas estructuras metálicas, nace la Torre Eiffel, prodigio tecnológico que exhibe bellos arcos de inspiración clásica incorporados como puro adorno, ya que no cumplen ninguna función de sostén.

Con la invención de la máquina a vapor en 1712 por el escoses James Watt se afirma un entusiasmo estético por la máquina. Posteriormente, incluso los poetas convierten a la locomotora inventada en 1804 por el británico George Stephenson (monstruo bello y terrible) en un símbolo del triunfo de la razón frente al oscurantismo del pasado.

EXALTACIÓN FUTURISTA DE LA MÁQUINA

El comienzo del siglo XX es el tiempo para la exaltación futurista de la velocidad y el apogeo de la segunda revolución industrial impulsada por el descubrimiento de la electricidad. Arranca la época definitiva de la estética industrial: la máquina se enorgullece y muestra su funcionalidad. Comienza el enfoque afirmativo de que «la forma sigue a la función», y la máquina será tanto más hermosa cuanto más capaz sea de exhibir su propia eficiencia.

En este nuevo entorno estético, el ideal de un diseño esencial convive con el estilo según el cual a la máquina se le otorgan formas que no derivan en su función, sino que tienden a hacerla más agradable en términos estéticos y más apta para seducir a sus potenciales usuarios.

La historia de este periodo es pendular. La máquina que se vuelve bella y fascinante por sí misma no ha dejado de suscitar en las últimas décadas nuevas inquietudes que nacen de la fascinación del engranaje que se pone al descubierto. Nacen las *máquinas célibes*, máquinas bellas que carecen de función o tienen funciones absurdas, también conocidas como *máquinas fantásticas*, sin ninguna utilidad. Estas máquinas carentes de finalidad funcional nos hacen sonreír e incitan al juego, porque con ello se puede mantener bajo control el horror que pueden inspirar en cuanto se descubriera un objetivo oculto que necesariamente resultaría maléfico. Estas máquinas tienen, por lo tanto, una función similar a la de numerosas obras de arte, que han sabido exorcizar, a través de la belleza, el dolor, el miedo, la muerte, lo perturbador y lo desconocido.

El siglo xx fue prolífico en la creación de máquinas debido a las dos grandes guerras, ya que mucha de la maquinaria que se creó fue bélica. Sin embargo, los automóviles, los trenes, los aviones, la maquinaria agrícola y, al final de siglo, la robótica, constituyeron una verdadera exaltación tecnológica. A medida que avanzó el siglo, se desarrollaron igualmente una serie de metáforas como las de hombre-máquina y sociedad-máquina, así como un particular interés por los sistemas *maquínicos*, como por ejemplo el lenguaje. Las máquinas relacionadas con la comunicación como el télex, el fax, los ordenadores o los teléfonos móviles dieron origen a la *máquina blanda*, que es el mismo ser humano controlado y manipulado a partir del lenguaje.

Las máquinas han contribuido igualmente a ampliar los horizontes mentales y perceptuales de los seres humanos, presentándose muchas veces como prótesis de potenciación de los sentidos (microscopios, telescopios, micrófonos, altavoces, máquinas infrarrojas), como mecanismos que permiten el traslado hacia lugares insospechados (naves espaciales, submarinas) o como mediadoras de intercambios (máquinas expendedoras que en forma automática venden desde bebidas gaseosas servidas en vasos desechables hasta cigarrillos, café caliente, golosinas, *snacks*, prensa, libros, sellos de correo, billetes de transporte público o lingotes de oro, como las recientemente instaladas en los Emiratos Árabes Unidos), aceptando como medio de pago monedas, billetes y más tarde tarjetas de crédito y débito. El arte se ha valido muchas veces de estas posibilidades y ha resaltado su belleza.

A finales del siglo una serie de desarrollos tecnológicos permitió el nacimiento de objetos y máquinas que promueven la interacción directa, como interfaces, sistemas de información, diseño visual y artilugios de comunicación, y que también estimulan o establecen una conexión emocional, sensual o intelectual con los usuarios. Incluso se posibilitó que los avances tecnológicos se equilibraran con una confortable y entendible escala humana.

Figura 4.4 La MetroCard Vending Machine tiene personalidad y distinción. El Museo de Arte Moderno de Nueva York (MoMA) exhibió la máquina expendedora durante la exposición «Talk to Me: Design and the Communication between People and Objects», New York, 2011.

Un caso singular lo constituye la máquina expendedora de billetes del metro de Nueva York, la MetroCard Vending Machine. A pesar de que se otorga poca atención a este tipo de máquinas, esta tiene algo especial. Se la considera una pieza de arte en diseño industrial y comunicación. El visitante a la ciudad que interactúa con ella por primera vez sabe cómo usarla de forma intuitiva. Es el resultado virtuoso de la interacción entre diseño industrial e interfaz.

Hermosos y coloridos paneles plateados, a prueba de raspones y grafitis, identifican sus diferentes partes, y un simple proceso con pantallas táctiles permite el intercambio. Dado que muchos pasajeros sin experiencia en manejo de ordenadores o cajeros automáticos la utilizan a diario, la máquina mimetiza una transacción comercial rutinaria, más que una típica interfaz informática. El artilugio tiene personalidad y distinción, es sólido y compacto, con componentes brillantes. Incluso un operario con guantes de trabajo puede usarla cómodamente, ya que sus botones son de gran tamaño. En todos estos atributos es donde descansa su belleza[4].

TERCERA REVOLUCIÓN INDUSTRIAL

La tercera revolución industrial, tercera revolución científico-técnica o revolución de la inteligencia, es un concepto y una visión esbozados por el economista y sociólogo Jeremy Rifkin. A lo largo de la historia, las transformaciones económicas ocurren cuando convergen las nuevas tecnologías de la comunicación con los nuevos sistemas de energía. Las nuevas formas de comunicación se convierten en el medio de la organización y gestión que las civilizaciones más complejas han hecho posible mediante fuentes de energía. La conjunción de las tecnologías de comunicación de internet y las energías renovables en este siglo están dando paso a la llamada tercera revolución industrial.

El mayor uso de energías renovables, la conversión de edificios en plantas de energía, el uso del hidrógeno como combustible, las tecnologías de almacenamiento de energía, la tecnología *smart grid* o de red de distribución de energía eléctrica inteligente, el transporte basado en vehículos híbridos enchufables, son los principales exponentes de esta revolución de la inteligencia, de la sociedad del conocimiento y del pensamiento ecológico contemporáneo.

Si el siglo pasado fue el del automóvil, este es y será el del teléfono móvil inteligente. Solo en este aparato de bolsillo se reúnen todos los avances tecnológicos de las últimas décadas, empezando por internet (y con él, buscador, correo, comercio, banca *online*), siguiendo por la cámara de fotos y de vídeo digitales, el GPS, la pantalla táctil, la consola de videojuegos, el ciberlector, la agenda, el reproductor multimedia... Todo en uno para una completa vida móvil. Y si de esta época hay que elegir una marca y un líder, Apple y Steve Jobs son excelentes candidatos.

Se abre un escenario fascinante donde los conceptos, marcas, productos y máquinas inician un nuevo diálogo entre el objeto y el usuario. En este contexto la belleza juega un papel clarificador relevante. Su función se vincula con la visualización, la comunicación, la información, la proyección en el escenario futuro, la investigación científica, la expresión artística y el diseño de interfaces.

¿Nos enfrentamos a un futuro profundamente transformador? Todo indicaría un sí rotundo: la humanidad se moviliza desde innovaciones rupturistas en tecnologías de la información, inteligencia artificial y máquinas productivas como nunca lo ha hecho en la historia. El ser humano podrá vivir mejor porque podrá crear máquinas superiores. No solo más robustas y eficientes, sino superinteligentes y de autocreación programada.

Visiones extendidas consideran que atravesamos un punto de inflexión y estamos ante una explosión del conocimiento. Una analogía similar sería la historia del inventor del ajedrez, que preguntado cómo quería ser recompensado por su juego solicitó un grano de arroz por el primer casillero, dos por el segundo, cuatro por el tercero y así sucesivamente doblando la cantidad de granos en cada uno de ellos hasta cubrir los 64 casilleros (más de 18 trillones de granos, equivalentes a la cosecha mundial de decenas de miles de años). A medida que avanzamos, el reconocimiento se eleva a proporciones colosales, similares al crecimiento de granos de arroz del tablero de ajedrez.

De forma similar, la Ley de Moore, expresa que, aproximadamente, cada dos años se duplica el número de transistores en un circuito integrado. Esta ley se ha venido cumpliendo desde su enunciado en 1965 y argumenta algo paralelo, aunque se ha demostrado que tiene fecha de caducidad previsible: la propia dimensión física de la materia, los átomos[5].

Las predicciones de este formidable nuevo escenario se basan en lo nuevo que experimentaremos debido a dos de los más espectaculares acontecimientos en la historia: la creación de verdaderas máquinas inteligentes y la conexión de los seres humanos a través de redes digitales comunes a todos y que transformarán sustancialmente la economía global.

Rápidamente estamos ingresando en una profunda transformación tecnológica y social provocada por los avances espectaculares en *software*. Se la observa, además de como la tercera revolución industrial, como la segunda era de la máquina. Los ordenadores y otros avances tecnológicos están agilizando el poder de la mente (la capacidad para usar nuestro cerebro para comprender y modificar nuestros entornos) de la misma manera que la máquina a vapor y sus descendientes impactaron sobre la fuerza muscular.

Estos cambios influirán en la sociedad de todo el mundo. Invenciones que previamente se asociaban a la ciencia ficción, como la inteligencia artificial o las impresiones 3D, permitirán conectarnos e inventar y crear en formas nunca vistas. Para la mayoría de nosotros, las innovaciones en software transformarán las rutinas cotidianas y la percepción del mundo que nos rodea.

Innovadores, emprendedores, científicos, pensadores y entusiastas de las tecnologías provocarán el nacimiento de tecnologías que nos asombrarán, nos seducirán y trabajarán a nuestro servicio. Los artistas, los diseñadores y los creativos jugarán también un papel interesante y necesario en la configuración de su estética y estilo. En el capítulo 15 se exploran ideas vinculadas con este sofisticado movimiento de la belleza intencionada para las próximas décadas del siglo XXI.

BIBLIOGRAFÍA

1. Danto, Arthur C. (2003): «The Abuse of Beauty: Aesthetics and the Concept of Art». Open Court, p. 32.

2. Kahneman, D. (1999): *Objective Happiness*. En: D. Kahneman, E. Diener y N. Schwarz (editores), «Well-being: The foundations of hedonic quality». New York, Sage, p. 3-25.

3. Eco, Humberto (2007): *Historia de la belleza*. Lumen, p. 383-399.

4. Álvarez del Blanco, Roberto M. (2012): «Belleza de la marca», prodigioso desafío. MK Marketing + Ventas, nº 275, enero, p. 43-49.

5. El propio Moore afirmó en una entrevista en 2010 que su ley «estaba muerta», aunque no lo decía en forma literal, sino explicando que toda progresión exponencial, al menos en la vida real y no en la matemática, tiene un límite.

5

Simetrías y proporciones de la belleza intencionada

*La hermosura que se acompaña con la honestidad es
hermosura, y la que no, no es más que un buen parecer.*
MIGUEL DE CERVANTES SAAVEDRA

Abre tus sentidos para no perderte nada de lo bello y hermoso que te rodea.
PABLO RUIZ PICASSO

No hay belleza excelente que no tenga algo extraño en sus proporciones.
FRANCIS BACON, *Ensayos*

Elio Carletti fue un pintor italiano que definió magníficamente la belleza. Un día, mientras trabajaba y dibujaba en su atelier, no encontraba ni entendía nada sobre lo que le rodeaba. De pronto su mujer entró y comenzó a mover, a ordenar y a limpiar sus cosas; él se quedó anonadado por todo aquel trajín y le dijo con voz entrecortada: «La belleza son los átomos y las moléculas trabajando mutuamente en armonía y paz; no se necesita ni restar ni aumentar; solo se necesita paciencia para verla en su totalidad y en su pureza». Al terminar la tremenda frase su mujer lloró emocionada y él le dijo: «¡Gracias por hacerme entender lo que es la belleza!».

La belleza impone incesantemente su presencia en nosotros y, más que una resolución, lo que logra es abrir nuestra imaginación. Tanto es así que san Agustín, uno de los más grandes genios de la humanidad, llegó a preguntarse si podemos amar por ventura algo fuera de lo bello. Para Platón la belleza es igualmente compleja: ¿por qué un rostro es hermoso y otro no lo es?, ¿por qué un paisaje atrae profundamente y otro produce rechazo?, ¿por qué una obra de arte conmueve y otra produce animosidad?, ¿por qué algunos productos nos hacen exclamar qué bello, mientras otros pasan desapercibidos o sencillamente desagradan?, ¿por qué si en todos ellos no hubiera alguna gracia y beldad de ningún modo nos atraerían?

En la antigüedad griega, Policleto estableció un canon en el que vinculaba la belleza con la proporción del cuerpo humano como equivalente a siete veces y media la altura de la cabeza. El arquitecto Marco Vitruvio (siglo I a. C.) vinculó la belleza en general con la proporción armónica de las partes. A partir de un estándar de belleza del cuerpo humano se pasó a una medición de la belleza en general en la que la condición para ser tal sería la proporción y la armonía siempre física, tangible. Desde el punto de vista de Vitruvio, la belleza está relacionada con la proporción natural y, específicamente, con la proporción del cuerpo humano. Para Vitruvio, producimos obras bellas en la medida en la que somos capaces de comprender los principios básicos de proporción del cuerpo humano y aplicarlos armónicamente sobre los espacios que proyectamos. Sostenía: «Obtendremos la belleza cuando su aspecto sea agradable y esmerado, cuando una adecuada proporción de sus partes plasme la teoría de la simetría».

En su Studio (Real Academia de Venecia), Leonardo da Vinci realiza una visión del hombre como centro del Universo al que inscribe en un círculo y un cuadrado, también conocido como *El hombre de Vitruvio*. El cuadrado es la base de lo clásico: el módulo del cuadrado se emplea en toda la arquitectura clásica, el uso del ángulo de 90° y la simetría son bases grecolatinas de la arquitectura. En él se realiza un estudio anatómico buscando la proporcionalidad del cuerpo humano, el canon clásico o ideal de belleza.

El hombre de Vitruvio es un claro ejemplo del enfoque globalizador de Leonardo, que se desarrolló muy rápidamente durante la segunda mitad de la década de 1480. Trataba de vincular la arquitectura y el cuerpo humano, un aspecto de su interpretación de la naturaleza y del lugar de la humanidad en el «plan global de las cosas». Este dibujo representa las proporciones que podían establecerse en el cuerpo humano (entre ellas, la proporción áurea). Para Leonardo, el hombre era el modelo del Universo, y lo más importante era vincular lo que descubría en el interior del cuerpo humano con lo que observaba en la naturaleza.

Desde otra perspectiva, cuando Kant habla sobre la estética artística predominante sostiene: «Toda regular rigidez (como la que nos aproxima a las matemáticas) tiene algo en sí misma que repugna al gusto». Agota, como una canción facilona, de acordes simples y repetidos. O, como el historiador del arte Erns Gombrich estableció en 1988, «demasiada simetría asegura que, cuando se ha captado el principio del orden…, no caben más sorpresas». La belleza artística, asume Gombrich, descansa en una cierta tensión entre simetría y asimetría: «En una lucha entre dos oponentes con el mismo poder, el caos amorfo en el cual imponemos nuestras ideas y la amplia monotonía de las formas a las que iluminamos con nuevos énfasis». Incluso el filósofo y científico del siglo XVIII Francis Bacon lo comprendió claramente: «No hay belleza excelente que no tenga algo inusual en sus proporciones».

Quizás Bacon, Kant y Gombrich están en lo cierto al cuestionar los méritos estéticos. Más recientemente, en el año 2003, el filósofo y químico Joachim Schummer opinaba: «Es simplemente parroquial redefinir la belleza como simétrica: haciéndolo limitamos una de las tradiciones que han dominado la teoría artística». De hecho, en todas partes hay numerosas galerías de arte que exponen pinturas con esferas imperfectas.

BÚSQUEDA DE LA SIMETRÍA

Admire las armoniosas curvas, la forma almendrada, los puntos lisos, la piedra aperlada con colores brillantes en la hachuela de mano bifaz de la figura 5-1. Imagine que la tiene en su propia mano, sintiendo su peso, experimentando su temperatura, que los bordes afilados surcan suavemente sus dedos y acaricia la superficie dura del basalto. Nuestros antepasados produjeron herramientas extraordinarias. ¿Se inspiró esta herramienta en una lágrima o quizás en un corazón? Lo cierto es que sus líneas son muy armoniosas y sugieren una forma femenina.

Figura 5.1 Hachuela de mano. Bifaz del Manzanares (Achelense). Cortesía: Museo Arqueológico Nacional, Madrid. Fotografía: Ángel Martínez Levas.

A medida que la humanidad desarrolló la capacidad para el pensamiento conceptual, se precipitó la búsqueda de la armonía, de la simetría y de la creación de la belleza como resultado de un esfuerzo consciente del hacedor/productor. ¿Fue quizás el simple hecho de un proceso de fabricación y utilidad? Si fuera cierto lo último, la dimensión estética de esta herramienta de la figura sería el resultado de decisiones puramente funcionales. Pero, si el hacedor/productor intentó realizar un trabajo ornamental al igual que utilitario, entonces el proceso creativo adquiere una dimensión simbólica.

Las hachas de mano bifaces no son herramientas simples. Su forma va más allá del puro utilitarismo. Su aparición como herramienta representa un hito en el traslado hacia la humanidad moderna, forjador de vínculos invisibles entre lo biológico y lo social[1]. En la producción de los bifaces la utilidad fue secundaria a la belleza, y aunque se utilizaban como herramientas, también cumplían una función estética, de hecho, en los rituales.

Nuestros ojos y nuestro cerebro se ven atraídos por ciertas perspectivas y proporciones, especialmente por las formas simétricas. Este fenómeno es el resultado de factores psicológicos, neurológicos, fisiológicos y socioculturales. El propio cuerpo humano es sinónimo de armonía y simetría, y seguramente fue el modelo para la creación de estos artefactos; como sostuviera el arquitecto y escultor Marc Crunelle: «Nuestra propia simetría está presente en la simetría que creamos para las cosas».

El 24 marzo de 1752, el pintor británico William Hogarth publicó un breve artículo en la revista *Covent Garden* en el que anunciaba la próxima realización de un estudio sobre análisis de la belleza. En el proyecto prometía dar una explicación, de una vez por todas, de lo que es la belleza y demostrar «por qué el cuello y las piernas de ciertas mujeres resultan tan atractivos». Su propuesta fue muy original para la época y constituyó la primera investigación científica realizada sobre la belleza. Invitaba a los lectores a elegir el más hermoso perfil de un corsé y luego a responder qué era lo que lo hacía visualmente superior a los demás. Observando la figura 5-2, ¿cuál prefiere?

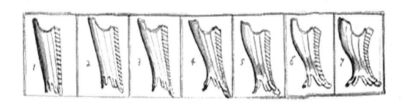

Figura 5.2 Primer experimento sobre belleza en
1752: seleccionar el corsé más hermoso.

Hogarth confiaba en que la mayoría preferiría los tres corsés del centro de la figura. Su favorito, de hecho, era el número 4. Los de la izquierda son demasiado rígidos; los de la derecha demasiado voluminosos. Por lo tanto, concluía, la belleza de un corsé depende de que sus curvas sean correctas. La novedad del experimento consistía en que obligaba a comparar una serie de imágenes que variaban solo en un aspecto y en las cuales las diferencias habían sido cuidadosamente calculadas.

Luego ampliaba el ejercicio invitando a seleccionar la nariz más hermosa, el corte de pelo más atractivo y la pata de mesa más sugerente de una secuencia de imágenes del mismo estilo. En todos los casos asumía que las imágenes más hermosas tenían características comunes: compartían sutilmente líneas curvas similares.

Obviamente, los dibujos de Hogarth invitan a un test bidimensional; por ello, luego convocaba a un ejercicio tridimensional mediante un experimento más imaginativo. Propuso concebir que se estaba ayudando a ajustar el corsé número 4 a una mujer, cuidadosamente apretando las cintas de la espalda de abajo hacia arriba. Gradualmente, se debía culminar la operación por el lado delantero. La cinta, aseguraba, formaría una línea serpentina perfecta: una espiral delicadamente ajustada.

Esta línea, pensaba, revela la esencia (el secreto) de la belleza. Todas las cosas que emulen a estas líneas serán perfectas; por el contrario, aquellas alejadas resultarán desagradables. Hogarth se presentaba como «formalista»: creía haber descubierto el patrón o configuración más atractivo examinando los muslos y los cuellos de las actrices[2].

NÚMERO ÁUREO

El *número de oro*, también conocido como número áureo o proporción divina, es la manifestación de nuestra percepción de formatos armoniosos. Los griegos clásicos, abundando en los conceptos expresados al inicio del capítulo, definieron la armonía como una proporcionalidad ideal, gobernada por la razón del tamaño de los pies y la altura, usada como modelo para las columnas dóricas. En las matemáticas de la armonía, la metafísica y la cosmología establecieron una correlación entre el cuerpo humano, el alma humana y el alma del mundo. Para los griegos, la belleza dependía de la simetría general de todas las partes del cuerpo, tanto como de sus proporciones relativas, lo que creaba un todo armónico.

El número áureo es aproximadamente igual a la fórmula 1:1,62[3]. Arqueólogos que trabajaban en el yacimiento de Nadaouiyeh Aïn Askar en Siria midieron miles de bifaces de 5.000 años de antigüedad. El resultado reveló la tendencia hacia la estandarización y una clara preferencia por la razón largo x ancho próxima a 1:1,4. Esta razón la seguimos valorando como armoniosa en la actualidad: es la que caracteriza a la hoja de papel A4.

El formato de las herramientas bifaces también mimetiza la figura del cuerpo humano, o para ser precisos, la forma de la mano. Este es el primer signo de la aplicación de la visión del mundo antropomórfico para la materia inanimada. De modo más o menos consciente, el hacedor de esta herramienta utilizó su propia imagen y fuerza hasta convertirla en una extensión de su propia energía que actúa en su propio entorno. Las bifaces captaron su fortaleza. La belleza surgió del deseo de infundir humanidad a un objeto inanimado.

El antropomorfismo es una forma de personificación parecida a la prosopopeya, que consiste en atribuir propiedades humanas a algo inanimado (objeto concreto o abstracto). En la actualidad, el método antropomorfo es utilizado en el diseño industrial en distintos sectores, desde el del juguete o el del automóvil hasta el de la robótica. Por ejemplo, ASIMO (acrónimo de *advanced step in innovative mobility*, paso avanzado en movilidad innovadora) es un robot humanoide (androide) desarrollado por la compañía japonesa Honda en el año 2000. Con el diseño y funcionamiento de ASIMO se pretende ayudar a las personas que carecen de movilidad completa en sus cuerpos, así como animar a la juventud a estudiar ciencias y matemáticas.

Figura 5.3 ASIMO – El Robot Humanoide más avanzado del mundo de Honda es la culminación de dos décadas de investigación en robótica humanoide realizada por los ingenieros de Honda. ASIMO puede correr, caminar en superficies irregulares, girar suavemente sobre sí mismo, subir escaleras, e interactuar con objetos. ASIMO puede también comprender y responder a simples comandos de voz. Cuenta con la habilidad de reconocer rostros de un grupo selecto de individuos. Mediante cámaras visuales puede mapear su entorno y registrar objetos. ASIMO también puede superar obstáculos móviles que se desplazan en su entorno.

En robótica, el diseño de órganos de agarre tiene como fuente natural de inspiración la mano humana. El objetivo de los investigadores es la emulación de las habilidades mostradas por la mano en su interacción con el ambiente externo. Recientemente se ha presentado el diseño de un nuevo prototipo de dedo robótico con un grado de libertad, con un funcionamiento económico y sencillo que puede usarse como un módulo para una mano antropomórfica.

MINI COOPER Y EL ROSTRO DE UN BEBÉ

El caso de Mini Cooper, la legendaria marca británica, ilustra magníficamente la aplicación del método antropomorfo al diseño industrial. Su conceptualización se realizó mediante investigaciones de imágenes por resonancia magnética funcional en Alemania, con el objetivo de replicar un hermoso rostro de bebé. Se testeó la neuroanatomía funcional de la belleza facial y se la asoció con las características físicas del producto. A una serie de personas se les presentó ese diseño tan singular del automóvil mientras se les escaneaba el cerebro.

Sus reacciones cerebrales eran las mismas que cuando veían una cara de bebé. Fue tan asombroso el resultado que numerosas personas, cuando se exponen a un Mini, sienten el deseo de tocarlo y acariciarlo. Esta es una de las tantas *mágicas* razones por la que la marca se convirtió en tan popular. Especialmente, debido a la humanización del automóvil y porque una gran cantidad de personas (sobre todo el segmento femenino) no siente que los automóviles sean humanos y, hasta cierto punto, adorables y amorosos.

Las asociaciones obtenidas por la marca han sido excelentes, homogéneas, y se trasladan a sus propietarios, a los que hacen sentir más importantes.

Particular atención ha sido prestada al diseño del mecanismo articulado que transmite la potencia entre la entrada motriz y las falanges de un dedo. El diseño de este mecanismo de un grado de libertad se ha logrado analizando el agarre cilíndrico humano para conseguir aquellas dimensiones que permitan una transmisión de movimiento antropomórfico, similar a la del dedo humano. Algunas pruebas experimentales han sido realizadas en manos humanas y en un prototipo de dedo antropomorfo. Los resultados experimentales han demostrado la fiabilidad práctica del prototipo como módulo para una mano robótica de tres dedos[4].

El propósito de la belleza en los objetos deberá evitar la disfuncionalidades tecnológicas y fisiológicas. La banalidad y el exceso pueden ser observados y representados con interpretaciones absurdas, provocadoras y disonantes, que metafóricamente se vincularían a la percepción de nosotros mismos[5].

BELLEZA PERFECTA

En 1995, en un artículo publicado en la revista *Perception*, el profesor de la Universidad de Toronto Christopher Green demostró que en líneas generales no había evidencia científica de que el ser humano tuviera ninguna preferencia por el número áureo por encima de ninguna otra relación. Sin embargo, también argumentó que muchos otros científicos sí habían proporcionado pruebas, en las que sugieren que esta preferencia pudiera existir[6]. Por ello, a pesar de los avances científicos, el número áureo sigue siendo en la actualidad un mito (o un misterio), quizá debido a su inexplicable aparición en tantos periodos históricos y en la propia naturaleza.

Por ejemplo, las proporciones de la colosal cabeza olmeca (figura 5-8) demuestran la gran armonía basada en la relación matemática del número áureo con un ideal de equilibrio que trasciende al tiempo y espacio. Su unidad formal deriva de sus proporciones. Claramente una relación matemática vincula y une sus partes, y un modelo matemático subyace en su diseño. Esta relación no es accidental: responde a la proporción divina.

El paralelismo cultural es evidente en este caso: la energía creativa de sus escultores se conecta con la de otros artesanos de distintas latitudes (con quienes nunca tuvieron contacto) en su búsqueda común por la armónica composición visual. Por supuesto, no copiaron estos principios de otras civilizaciones, más bien se observa una convergencia de retos estéticos surgidos de la inquietud y exploración universal humana, que dio origen a soluciones similares[7].

Figura 5.4 Cabeza colosal 1, San Lorenzo, Veracruz, primer periodo. Data de los años 1200 to 900 a. de C. y tiene 2.9m de altura por 2.1m de ancho. Museo de Antropología de Xalapa, Veracruz, México. Las proporciones sugieren que la comprensión del orden geométrico ha sido común a diversas civilizaciones. Cortesía Museo de Antropología de Xapala, Veracruz, México.

Durante más de 2.000 años el ser humano se ha fascinado con el rostro humano y ha intentado, en numerosas ocasiones, reproducirlo de la forma más idealizada, tanto en el arte como en la vida real. En los últimos siglos han sido diversos los esfuerzos realizados para comprender o cuantificar la forma (o figura) del rostro perfecto, ideal, hermoso. Numerosas ideas se han investigado y un gran número de científicos y filósofos han dedicado enorme cantidad de energía a este asunto.

| Representación de mujer egipcia 1250-1200 a. de C. | Leonardo da Vinci Proporción de la Cabeza, 1488 | Rembrandt Autorretrato con Saskia, 1636 | Max Factor 1934 Calibrador de Belleza |

Figura 5.5 Interpretación de la belleza a lo largo de los siglos.

Últimamente, un número significativo de científicos han asumido que el ideal del rostro humano puede ser cuantificado; de hecho, algunos han proclamado poseer ciertos conocimientos para lograr *el código de la belleza*. Sin embargo, hasta el presente ninguno ha sido capaz de delinear o describir el formato perfecto del rostro.

Existe un campo en el que es relativamente nueva la utilización de las proporciones áureas: la cirugía plástica. En una investigación reciente, liderados por el californiano Stephen Marquardt, científicos con gran experiencia en este campo (y tras una intensa búsqueda formal de la belleza física) han creado una máscara que aplicada sobre el rostro humano muestra las diferencias que existen entre la cara comparada y el supuesto rostro humano perfecto.

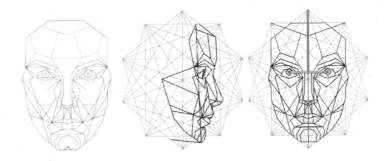

Figura 5.6 La Máscara de Marquardt ha sido desarrollada por el Dr. Steven Marquardt luego de años de estudio sobre la belleza humana en su práctica de cirugía maxilofacial. Es una elegante y compleja configuración cuantitativa que usa el pentágono y decágono como fundamento, basado en el ratio de oro Phi ($\varphi = 1.6180\ldots$) que explica la belleza del rostro.

Es evidente que existe una relación entre la belleza (un rostro bello es un rostro agradable, equilibrado) y la proporción áurea. En esta máscara todas las líneas son proporcionales de alguna manera a fi, la proporción aurea. Si, por ejemplo, se aplicara a un rostro antiguo que se podría considerar como no influenciado por las modas relativas a la belleza actuales y se seleccionara a la reina Cleopatra para probarlo, se vería que encaja a la perfección.

De hecho, encaja casi perfectamente en las que actualmente han sido consideradas las mujeres (y los hombres) más bellos del mundo. Cleopatra VII Philopator (69 a. de C. – 30 a. de C.) gobernó Egipto durante tres décadas. Su supuesta belleza exótica y poder de seducción le otorgaron un lugar en la historia, además de su popular mitología. Los emperadores romanos Julio César y Marco Antonio sucumbieron ante su deslumbrante belleza.

Figura 5.7 Izquierda: Cabeza de mármol de Cleopatra (33-30 a. de C.) «conocida»" como Nahman, exhibida en el Claustro del Bramante, Roma, por primera vez en 2013. Colección privada. La escultura, que aun es propiedad privada, adopta el nombre de Maurice Nahman (1868-1948), el más afamado anticuario y coleccionista de El Cairo en el Egipto pre Nasser.
© ROMA – SOVRINTENDENZA CAPITOLINA AI BENI CULTURALI.
Derecha: Cleopatra con la Máscara Marquardt: obsérvese que la Máscara encaja perfectamente en los ojos, labio superior y mentón. Cleopatra, indudablemente, fue una mujer de extraordinaria belleza. La Máscara Arquetípica Facial de Marquardt, super impuesta sobre la imagen frontal del busto de Cleopatra es cortesía del Dr. Stephen R. Marquardt & Marquardt Aesthetic Imaging, Inc.

Algunos trabajos científicos han propuesto la posibilidad de que ciertos aspectos vinculados con la forma (o figura) de la belleza de los rostros y de los objetos podrían ser recurrentes. Son figuras geométricas como círculos, óvalos, triángulos, cuadrados, curvas y ángulos. Otros han propuesto relaciones matemáticas. Incluyen la raíz cuadrada de 2, espirales y varias relaciones proporcionadas, como tercios, quintos o séptimos.

Desafortunadamente, ninguna de estas propuestas ha podido ser probada como consistente para la belleza de rostros u objetos, o como para predecir la belleza en un formato reproducible. La continua búsqueda y entendimiento de las causas y de los efectos del atractivo visual humano, o de los objetos, que evocan en el perceptor una combinación de emociones positivas por su atractivo (respuesta a la beldad) está aún a la espera de encontrar respuestas precisas.

Los avances en 3D que permiten formalizar imágenes de diferentes configuraciones, la realidad virtual, los avatares y los hallazgos científicos que sugieren que la percepción y reconocimiento de la belleza están genéticamente codificados en el cerebro contribuirán a iluminar el camino. ¿La belleza descansa en los ojos del perceptor, o el proceso del placer estético y los comportamientos vinculados son una causa neurobiológica del cerebro? ¿Podrán las neurociencias aplicadas y la neuroestética suministrar respuesta a esta paradoja? El próximo capítulo trata sobre este novedoso asunto.

BIBLIOGRAFÍA

1. Le Tensorer, Jean-Marie (2009): *The search for symmetry*. En: *100.000 Years of Beauty*. Tomo I, Editions Babylone, París, p. 95-97.

2. Armstrong, John (2005): *The Secret Power of Beauty: Why Happiness is in the Eye of the Beholder*, Penguin Books, p. 5-6.

3. El número áureo es un numero irracional, representado por la letra griega fi (φ *phi* en minúscula o Φ *phi* en mayúscula) en honor al escultor griego Fidias. La ecuación se expresa de la siguiente manera:

$$\varphi = \frac{1 + \sqrt{5}}{2} \approx 1,61803398874989...$$

Se trata de un número irracional (su representación decimal no tiene período) que posee muchas propiedades interesantes y que fue descubierto en la Antigüedad, no como una expresión aritmética sino como relación o proporción entre dos segmentos de una recta; o sea, una construcción geométrica. Esta proporción se encuentra tanto en algunas figuras geométricas como en la naturaleza: en las nervaduras de las hojas de algunos árboles, en el grosor de las ramas, en el caparazón de un caracol, o en los flósculos de los girasoles. Asimismo, se atribuye un carácter estético a los objetos cuyas medidas guardan la proporción áurea. Algunos incluso creen que posee una importancia mística. A lo largo de la historia, se ha atribuido su inclusión en el diseño de diversas obras de arquitectura y otras artes, aunque algunos de estos casos han sido cuestionados por los estudiosos de las matemáticas y el arte.

4. Ceccarelli, Nava Rodríguez, Jáuregui Becker, Parada Puig y Carbone (2004): «Diseño y experimentación de un dedo articulado antropomorfo con un grado de libertad». LARM, Laboratorio di Robotica e Meccatronica, DiMS Università degli Studi di Cassino.

5. Álvarez del Blanco, Roberto M. (2011): *Neuromarketing fusión perfecta: seducir al cerebro con inteligencia para ganar en tiempos exigentes.* FT Prentice Hall Financial Times, p 82.

6. Green Christopher (1995): All that glitters: «A review of psychological research on the aesthetics of the Golden section». Perception, 24(8): 937-968.

7. De la Fuente, Beatriz (2009): Divine Proportions. En: 100.000 Years of Beauty. Antiquity/Civilisations, Tomo II, Gallimard, París, p. 268.

PARTE II

Belleza y el cerebro

6

Neuroestética

¿Qué siente cuándo se expone y se sumerge ante un estímulo bello? La belleza despierta e incita al cerebro para que actúe. La belleza atrae, fascina, entusiasma, enamora, inspira y seduce; de hecho, es una parte indispensable en nuestras vidas, ya que desempeña un papel fundamental en la conceptualización de nuestro propio mundo. La belleza es un misterio de la vida y es en la mente donde se manifiesta el reconocimiento de la perfección estética.

Cuando estamos expuestos a un objeto o producto considerado como hermoso, parecería que incita, incluso requiere, el acto de réplica. Cuando los ojos ven un objeto o producto hermoso, las manos desean tocarlo. La belleza es un valor real y universal, arraigado en nuestra naturaleza racional y emotiva. Es esencialmente activa, nunca pasiva.

Nuestro cerebro humano, a diferencia del resto de los primates, derrocha *actividades* de ostentación y suntuosidad: simbolismo, búsqueda de belleza, ética y trascendencia. Y esta función nos es útil para sobrevivir. La belleza que percibe el intelecto ha pasado primero por los sentidos. La vemos con profundidad cuando ha embriagado los sentidos, y de esta manera otorga calidad a la vida y al mundo que nos rodea. La belleza es generadora de una trascendencia emocional; es la expresión de la armonía que, a través de los sentidos, nos deleita la mente. Algo hermoso, bello, propone un goce perpetuo, ya que jamás se traduce o cae en la nada.

Además de los placeres sensoriales instintivos, experimentamos placeres estéticos de alto nivel: artísticos, musicales, altruistas, espirituales, incluso trascendentes. Estos placeres en parte se originan por la apreciación de la belleza (frente a la fealdad) y como consecuencia de aquello que se ha experimentado en la vida. La belleza anima, vigoriza, revive y también acelera o mejora el ánimo. Logra que el corazón palpite más, modificando el ritmo cardíaco. Convierte a la vida en expresiva, animada, disfrutada. El sentimiento de inmediatez o experiencia de la belleza suministra un intenso placer somático.

Apreciamos la belleza en las personas, en el arte, en los paisajes y en la naturaleza, en los animales, incluso en los números. Además, identificamos la belleza en objetos concretos y en las ideas abstractas, en actividades y en las palabras. Y encontramos placer en las propias raíces de la belleza. Además, nos agrada y nos apasiona el buen comer, el sexo y el dinero —todas recompensas están vinculadas a encuentros estéticos—. La experiencia estética, siempre profundamente emocional y placentera, se distingue por su singularidad.

Volvamos a la pregunta inicial del capítulo, aunque ahora ampliándola: ¿cómo describiría usted la emoción que siente o experimenta cuando está expuesto a la beldad?, ¿cómo honra a esta belleza?, ¿qué actitudes o decisiones le generan su percepción sensorial y los sentimientos percatados? La belleza moviliza. Incluso somos capaces de sentirla como un nudo en el estómago: produce una atracción inmediata.

Figura 6.1 David por Michelangelo Buonarotti, (1501-1504). «A su culminación, no se puede negar que esta obra se ha llevado la gloria de todas las demás esculturas, modernas o antiguas, griegas o latinas; ninguna otra obra de arte puede igualarla en cualquier aspecto, con tan exacta proporción, la belleza y la excelencia hizo que Michelangelo la plasmara». Cortesía: Galleria dell´Accademia di Firenze.

La belleza es una de las formas en que la vida se perpetúa, y la pasión por ella está arraigada profundamente en nuestra biología. Hay algo en nuestro amor por la belleza que es heroico, esperanzador y humano. Es un placer disfrutarla, así como una necesidad ponerla en un pedestal y reverenciarla.

La belleza es una de las pocas experiencias de la vida que nos permiten negar las censuras mentales. Es reconfortante y se recrea en impregnar la verdad. Nuestro cerebro crítico se desactiva temporalmente; somos incapaces de hacer un ejercicio introspectivo o de pensar cosas diferentes ante su presencia. Nuestra respuesta ante ella es un truco del cerebro, nunca una reflexión profunda de su esencia.

La beldad se compone a partes iguales por aspectos biológicos e imaginación: la imbuimos con nuestros sueños y la saturamos con nuestros deseos. Dicho en otras palabras, la reverencia por la belleza permite un escape de la realidad.

Diversidad de estudios demuestran que la belleza logra combinar una serie de estímulos con relajación; genera una cierta pérdida de control mental, ocasionando un proceso orgánico momentáneo, rendido ante el objeto o el estímulo. La mente y el cuerpo se tornan indivisibles ante ella, produciendo sentimientos y sensaciones. El organismo en su totalidad ingresa y se conmueve por el *concierto del placer*.

Se dice que la belleza, más que en el objeto que miramos, está en los ojos del que lo mira. Sin embargo, recientemente se ha documentado que lo subjetivo de la belleza no descansa en los ojos, sino más bien en el cerebro de quien la observa. ¿Habría una posición intermedia? La belleza es capaz de producir actividad en ciertas áreas del cerebro y la neuroestética se ocupa de investigar las bases biológicas y neuronales de la creatividad, la belleza, la felicidad y del amor.

CEREBRO Y NEUROCIENCIAS

El avance espectacular de las neurociencias de los últimos años ha permitido descubrir las percepciones inconscientes que modifican nuestros actos. Al mismo tiempo, ha permitido formalizar que los acontecimientos del entorno nos influyen sin que lo percibamos conscientemente, ya que la mente almacena todo tipo de información y la reconstruye según esquemas del pensamiento individual.

La complejidad de nuestro cerebro es, en parte, consecuencia de la extraordinaria y rica diversidad social que la especie humana ha alcanzado a lo largo de su evolución. El entendimiento del cerebro es esencial para comprender nuestra conducta y la toma de decisiones. Las investigaciones del cerebro humano, y de los procesos mentales que explican la conducta, presentan resultados sorprendentes. Las investigaciones se motivan por saber más, y afortunadamente se han producido abundantes descubrimientos científicos sobre cómo el cerebro se emociona, evalúa las recompensas, cuantifica las incertidumbres y calcula las probabilidades.

El cerebro es el órgano más complejo del cuerpo humano. Su masa de alrededor de 1,3 kilos y unos 1.300 centímetros cúbicos está compuesta por alrededor de 100.000 millones de células nerviosas, o neuronas, acompañadas de células de soporte, las gliales, que pueden comunicarse con señales electroquímicas mediante mil billones de sinapsis y 1 millón de kilómetros de fibras interconectadas.

Toda neurona tiene una fibra filiforme, blanca, que sale de cada uno de sus extremos. Cada fibra se conecta con células nerviosas, lo que crea una red de comunicaciones que finalmente llegan a toda la red del cuerpo humano. Mensajes o impulsos nerviosos circulan por esta red dentro del cerebro: del cerebro al cuerpo, del cuerpo al cerebro.

En cada segundo, aun en el sueño, las células nerviosas lanzan millones de impulsos hacia el cerebro, que quedaría abrumado por tanta información si no existiera un sistema que la filtra y la condensa. Esto ocurre parte en las células nerviosas y parte en las sinapsis (los millones de puntos de unión de las fibras nerviosas). Las sinapsis no solo detienen los mensajes sin importancia, sino que encaminan los demás por la ruta precisa y les añaden la información pertinente que proviene de otras fibras. Las sinapsis se convierten así en los puntos de decisión del sistema nervioso.

Esta es, en síntesis, la máquina cerebral y su forma de funcionamiento. La fuerza que la hace operativa es, de hecho, la energía eléctrica. El cerebro de un adulto, despierto o dormido, trabaja con unos 20 vatios de electricidad. La fuente de esa energía es la célula misma, cada una de las cuales es una minúscula dinamo. Como producto de una reacción química de glucosa y oxígeno la célula genera en su interior una carga o *potencial,* y cuando esa carga llega a cierto nivel la célula se descarga.

Generalmente, cuanto mayor es el estímulo (peligro, hambre, deseo sexual, deleite por algo hermoso) mayor es la proporción de carga y descarga. Cada descarga de energía eléctrica es el impulso nervioso que va a gran velocidad por la fibra hacia su incierto destino en una sinapsis. Si un número suficiente de células conjuntas o relacionadas descargan, el resultado es una sensación, un dolor, un pensamiento o un sentimiento.

Figura 6.2 Nacimiento de Venus, Sandro Botticelli, 1485. Los seres humanos siempre nos hemos reconfortado en la experiencia estética y en el regocijo de la belleza. Cortesía: Galería Uffizi, Florencia, Italia.

LA BELLEZA SEDUCE AL CEREBRO

Cuando una persona contempla, por ejemplo, lo que le rodea en una noche de verano en una playa paradisíaca, bajo un cielo límpido y estrellado, con una temperatura excepcional, tras una magnífica cena *gourmet* en un restaurante romántico, escuchando acordes de su música preferida, reconociendo el aroma del mar y acompañada de la persona amada, su sistema nervioso está registrando unos 100 millones de sensaciones por segundo, provenientes de todos los sentidos. Sin embargo, el cerebro puede elaborar esta información, añadir memoria, conciencia y admiración, y dar como resultado la experiencia estética única de esa noche maravillosa.

Con las neuroimágenes obtenidas mediante el empleo de nuevas tecnologías de análisis como imagen por resonancia magnética funcional (IRMf), electroencefalografía (EEG), estimulación magnética transcraneana (TMS) o estimulación transcraneal directa (tDCS), se pueden estudiar las reacciones del cerebro ante ciertos estímulos o tareas. Permiten decodificar el pensamiento humano cuando se expone a estos estímulos o tareas y descubrir los métodos precisos de seducción para satisfacer necesidades, deseos, motivaciones o aspiraciones.

Los resultados de numerosos estudios han determinado que la mayoría de las decisiones adquieren características y sentido emocional, más que sentido lógico. Los circuitos emocionales de nuestro cerebro suelen ser responsables de que el conocimiento de la respuesta adecuada y hacer lo correcto sean cosas diferentes. El cerebro humano, ese órgano con el que creemos que pensamos, es una *máquina* de inmensa complejidad.

Numerosos campos científicos (anatomía, fisiología, biología molecular, genética, comportamiento) han convergido en la neurobiología. Otros campos, como la economía, el marketing, las finanzas, la arquitectura e incluso la ingeniería, han encumbrado una nueva consideración a las neurociencias (el plural es importante). En la actualidad se habla de neuroeconomía, neuromarketing, neurofinanzas, neuroarquitectura… Abundancia de *inputs* que enriquecen el conocimiento en estas áreas provienen de la genética, de la identificación de genes asociados a la función mental como aprendizaje y memoria, o de disfunciones que se manifiestan en ciertas condiciones (manías, impulsos, esquizofrenias).

Los avances en neurociencias han favorecido la exploración de un nuevo campo: la *neuroestética*. Esta disciplina abarca el estudio de las funciones de la estética en el cerebro, como fenómeno que caracteriza a las interacciones con amplias categorías de objetos. Hasta cierto punto la neuroestética se basa en las neurociencias como método analítico, mientras que otros enfoques de la estética utilizan el análisis filosófico, o bien rigurosos modelos psicológicos. Con esta perspectiva, la neuroestética estudia cómo el comportamiento estético se sustenta en el proceso cerebral, experimentando sobre los mecanismos corticales.

El mayor conocimiento en este campo permite comprender los sustentos neuronales de la percepción, interpretación, memoria, emociones y comportamiento (acción) provocados por los estímulos de belleza. Su función principal, por lo tanto, es identificar las funciones estéticas e investigar sus causas neurobiológicas.

EVOLUCIÓN DE LA NEUROESTÉTICA

Los estudios de neuroestética aplican con rigor las neurociencias para entender disciplinas artísticas como las artes visuales, la danza, la música, la arquitectura y el diseño industrial, y para aclarar el panorama de cómo el cerebro procesa la belleza. Las evidencias neuronales pueden, sin duda, construir nuevos puentes al conocimiento y solucionar algunas dudas sobre el tema.

La neuroestética es una disciplina descriptiva y experimental, basada en observaciones cualitativas y test de hipótesis cuantitativos, para progresar en el conocimiento de cómo los humanos procesamos la belleza y el arte. Aunque aún se encuentra en su etapa de infancia, su interés crece rápidamente, evidenciado por la proliferación de experimentos y publicaciones sobre el asunto. Sus inicios, que se remontan a 1990, fueron impulsados por el profesor Semir Zeki del Univesity College de Londres y por el profesor de la Universidad de California, San Diego, Vilayamnur Ramachandran, quienes identificaron paralelismos entre el enfoque que un artista otorga a su mundo visual con el procesamiento que realiza su cerebro de esa información visual.

Hay diversidad de criterios entre culturas y entre individuos de lo que se considera belleza. Más aún, también difiere el nivel de acuerdo entre las personas sobre su contenido. Por lo tanto, el proceso estético ha podido ser considerado satisfactoriamente desde perspectivas evolutivas, históricas, culturales, educativas, cognitivas (neurobiológicas), individuales, emocionales y situacionales, entre otras. De ahí que se argumente que la estética humana, como un todo, se entiende mejor a partir de un numero de perspectivas diferentes con distintos niveles de análisis[1].

Como campo interdisciplinar, la neuroestética se enfoca en el estudio de la mente y en el organismo humano, enfatizando en ambos a la vez. Asimismo, ha adoptado la distinción entre objetos artísticos y no artísticos mediante la identificación de áreas del cerebro que específicamente median y se activan por la apreciación estética de las obras de arte.

Sin embargo, estudios sobre neurociencias y biología evolutiva cuestionan esta separación de arte y no arte. Algunos estudios de neuroimágenes han demostrado que las áreas del cerebro involucradas en respuestas estéticas a obras de arte coinciden con las que median y se activan en el aprecio de objetos de importancia evolutiva, como el atractivo de las comidas, de un traje o el de un emparejamiento potencial.

Parecería poco probable que dispongamos de un sistema específico para la apreciación de lo artístico. Por el contrario, disponemos de un sistema estético general que determina lo hermoso que puede ser un objeto, ya sea un trozo de tarta, una pieza musical o unas gafas de sol.

Figura 6.3 Playa paradisíaca. Las tecnologías neurocientíficas permiten determinar como el cerebro humano reacciona ante los estímulos de belleza.

Los investigadores han podido examinar qué circuito neuronal se activa durante una ceremonia religiosa, cómo el cerebro procesa la sintaxis de una pieza literaria, de qué forma la mente responde a fotografías de rostros de candidatos políticos o cómo se enciende la red neuronal del cerebro ante un determinado aroma, sonido musical, color, rostro hermoso, logotipo de una marca, anuncios publicitarios, diseño de una página web o ante la relación calidad percibida-precio de un producto.

—Ford ha realizado experimentos para descubrir cómo los clientes evalúan el exterior de la carrocería del automóvil y cómo asocian el frontal a rostros humanos.

—Microsoft investiga mediante electroencefalografía datos que le permitan comprender las intenciones de los usuarios con ordenadores, incluyendo sentimientos de sorpresa, satisfacción, felicidad y frustración.

—Google ha realizado una serie de estudios biométricos para medir la efectividad de *overlays* frente a *pre-rolls* en YouTube. Los *overlays* han resultado más efectivos con argumentos.

—The Weather Channel utiliza electroencefalogramas, estudio ocular y técnicas de respuesta galvánica de la piel para medir reacciones de sus espectadores ante diferentes estilos estéticos y tonos promocionales de una de sus series más populares.

—Christian Dior realizó con su perfume J'adore pruebas resonancia magnética funcional para analizar su fragancia, color, música, anuncios publicitarios y diversos contextos antes del lanzamiento, que contaron con el testimonio de la actriz y modelo Charlize Theron. Los resultados permitieron *ajustar* y *modificar* conceptos y aproximarse a la presentación ideal de beldad. El lanzamiento ha constituido uno de los mayores éxitos comerciales para la marca en toda su historia.

La disciplina de la neuroestética ha avanzado para suministrar un nuevo paradigma sobre la forma en que las personas desarrollan, reaccionan, almacenan, recuerdan y utilizan información sobre la belleza.

ESPLENDOR DE LA BELLEZA EN EL CEREBRO: LA BELLEZA INTENCIONADA

Descubrir qué constituye la belleza y cómo el cerebro la procesa se ha convertido en una interesante plataforma para la misión de construirla, para precipitar así la *belleza intencionada*, descubrir sus propiedades y razonamientos evolutivos e intuir respuestas y comportamientos específicos.

El proceso mental, la apreciación o la producción de la belleza intencionada están vinculadas a la evaluación de la armonía, la elegancia, la proporción de las formas, el hechizo..., en función de una serie de factores como la simetría del estímulo, la complejidad, la novedad, la familiaridad, el estilo, la apelación al estatus social o las preferencias individuales.

Se ha documentado que, cuando nos exponemos a un producto hermoso, el cerebro activa sistemas básicos neuronales, como percepción visual, reconocimiento visual, memoria, emociones positivas (euforia) y otros mecanismos generalmente vinculados con la visión de objetos. Los estudios recientes de escáneres cerebrales mediante resonancia magnética funcional revelan que la exposición a un objeto o producto hermoso puede activar el cerebelo motor que gobierna el movimiento de las manos. Instintivamente, nos movilizamos por la hermosura; la belleza literalmente nos activa. Cuando detectamos algo placentero desde el punto de vista estético, las áreas sensoriales del cerebro se iluminan y, cuanta más beldad encontremos (por ejemplo, en un automóvil), mayor será la actividad en ciertas regiones cerebrales[2].

Cuando una persona recibe el estímulo de un producto o marca hermosos, un anuncio publicitario, una tienda, un escaparate o incluso una web hermosa, su sistema nervioso registra unos 100 millones de sensaciones por segundo, provenientes de todos sus sentidos. El cerebro puede elaborar toda esa información, añadir recuerdos, conciencia, admiración, y dar como resultado la experiencia estética única de esa concepción de belleza.

Las áreas que se implican en su proceso forman parte del centro del placer y recompensa en el cerebro. Se ha demostrado que una idéntica área del cerebro se activa en un mismo individuo tanto con la percepción visual de la belleza (por ejemplo, pintura artística) como con la auditiva (música). Esto explica que la belleza realmente existe como un concepto abstracto en el cerebro. Más aún, las zonas del cerebro que se activan se han asociado al amor romántico, lo que sugiere una correlación neuronal entre la belleza y el amor[3].

Las mismas áreas del cerebro se estimulan ante objetos hermosos como el iPhone, de lujo como los de Prada, distintivos y singulares como los de Ferrari, o exóticos y naturales como las playas blancas, las aguas transparentes y la vegetación exuberante de las islas Fiji[4].

—Un estudio del sentido del placer, realizado para una de las grandes marcas mundiales de bebidas refrescantes, identificó más de quince elementos de esta emoción básica del deleite. Esta información permitió a la marca emprender una revisión de su estética de gran envergadura, lo que contribuyó a diseñar una de las estrategias más destacadas de su historia.

—Para adoptar un rostro multicultural hermoso, la marca de cuidado de la piel Nivea analizó a miles de modelos en Canadá, Francia, Alemania y los Estados Unidos. El esfuerzo se ha enfocado en encontrar el rostro bello más apropiado que la represente a escala internacional.

Desde una perspectiva biológica, la belleza está en los genes del observador. Los descubrimientos realizados recientemente implican que la belleza realmente existe como un concepto abstracto en el cerebro y que, precisamente, está en el cerebro de quien la mira. Asimismo, las investigaciones demuestran que la percepción visual de la belleza parece tener un efecto especial en el cerebro.

Figura 6.4 Ferrari Spider F355. Aunque la belleza de un objeto puede resultar no universal, la estructura neuronal que usamos para apreciarla probablemente sí lo és.

Los trabajos neurocientíficos demuestran qué áreas del cerebro humano se activan por la experiencia de la belleza. La percepción de hermosura activa el área 10 de Broadman, asociada con identidad e imagen social. Está localizada en el lóbulo frontal y junto a la corteza orbitofrontal (área de anticipación de recompensas en el cerebro). El área 10 de Broadman es una de las regiones más importantes relacionadas con la cognición compleja, además de cumplir un papel que resulta crítico para la comunicación social, cooperación y desilusión. Por ejemplo, los entusiastas de los productos hermosos pueden ser compradores impulsivos y pensar en un objeto en términos de identidad social, lo que puede provocar una poderosa señal de recompensa.

¿El hombre y la mujer perciben la belleza de forma diferente? La respuesta es positiva. La mujer aprecia la belleza mejor que el hombre. Estudios mediante magnetoencefalografía mientras se observaban obras de arte (pinturas), fotografías de paisajes, objetos y escenas urbanas, han demostrado que, cuando los cerebros consideraban hermosos estos elementos, reaccionaban en forma diferente. El cerebro femenino genera mayor actividad que el masculino.

Las diferencias en las respuestas podrían vincularse a la forma en que el hombre y la mujer procesan la información espacial. El hombre tiende a mirar solo al estímulo como un todo, mientras que la mujer presta más atención a los pequeños detalles.

Cuando el hombre se expone a imágenes de belleza, activa la región del cerebro responsable de la localización de objetos en términos absolutos (x e y ordenándolos topográficamente, con una mayor información respecto a las distancias). Las imágenes consideradas hermosas por la mujer producen el mismo efecto, aunque también activan regiones asociadas con localizaciones específicas: adelante, atrás, arriba, abajo, adentro y afuera. Las distinciones se manifiestan en las regiones parietales del cerebro. La actividad en esta región es bilateral para las mujeres, mientras que el hombre la internaliza en el hemisferio derecho[5].

Estas diferencias podrían deberse a la presión evolutiva de nuestros ancestros cazadores/recolectores. A lo largo de la evolución el hombre y la mujer han desempeñado tareas distintas: el hombre cazaba y la mujer recolectaba. Como consecuencia el hombre habría heredado un sentido mayor de la localización absoluta, mientras que la mujer procesa más rápidamente los valores relativos. Sin embargo, estas diferencias no afectan a la experimentación de la belleza. Tanto para el hombre como para la mujer la belleza es descrita como «original, interesante y placentera».

— La mujer cuenta con mayor número de células cónicas en la retina y posee una visión periférica más amplia que el hombre, lo que le permite disfrutar de la belleza a casi 180° (además de ver mejor en la oscuridad).

— La mujer se emociona por la belleza de un rostro de bebé, el hombre por la beldad de la carrocería de un automóvil deportivo.

— A la mujer le atrae la belleza de los zapatos, al hombre la belleza de los artilugios tecnológicos.

— La mujer puede explicar (verbalizar) con más detalle la belleza de un objeto o de un rostro que el hombre.

— El hombre otorga más importancia al aspecto físico de la mujer, la mujer lo hace con la personalidad y capacidades del hombre (poder y estatus).

Por otro lado, en el contexto de la conceptualización de la belleza, se sabe que para crearla el diseñador debe activar un sistema neuronal subyacente al imaginario, al control motor y a la percepción visual, al mismo tiempo que otros procesos de observación visual. Así, se comienza a dar respuesta a qué tipo de funciones específicas se vinculan a los sistemas neuronales cuando se experimenta o se crea la belleza intencionada de un objeto o producto.

Figura 6.5 Impresión, sol naciente, Claude Monet, 1872. Musée Marmottan Monet, París. Los admiradores de algunas de las hermosas obras impresionistas, como las de Claude Monet *Impresión, sol naciente*, observan que los efectos del reflejo en el agua o el sol poniente en el horizonte surgen porque los objetos en la escena están pintados con la misma luminosidad pero con diferentes colores.

Estudios recientes han explorado cómo el cerebro decodifica la orientación, la localización y la dimensión espacial (las implicaciones para diseños de interiores de centros comerciales, tiendas y supermercados pueden ser profundas). Las exploraciones se orientan a vincular las relaciones entre arte, arquitectura y el cerebro. Esta nueva especialidad, denominada *neurotopografía*, investiga las relaciones entre el movimiento en espacios físicos y la actividad del cerebro[6].

Cuando alguien recorre una determinada superficie, el cerebro produce oscilaciones eléctricas, genera patrones rítmicos. Si estos espacios además son hermosos (como por ejemplo un jardín japonés) ese patrón es mucho más pronunciado. Las investigaciones tratan de comprender cómo la belleza puede afectar incluso estos patrones en la realidad cotidiana. Estos hallazgos en neurotopografía contribuirán a comprender mejor los efectos a largo plazo de los entornos físicos en las funciones cerebrales, y la relación entre espacios hermosos o placenteros desde el punto de vista estético y su funcionalidad. La respuesta, dados los rápidos avances en este campo, parecería estar próxima.

FRONTERAS DE LA NEUROESTÉTICA

Algunas críticas han cuestionado la neuroestética por su posible intención de reducir el arte a una reacción biológica, o a proponer una visión simple para la comprensión de algo tan complejo. Los críticos sostienen que puede constituir un error asumir que una ciencia empírica pueda explicar el arte. Aunque es claro que las neurociencias pueden contribuir a comprender cómo las sensaciones, emociones y significados interactúan con la percepción de la belleza y el arte.

Los argumentos en que se basan estos juicios están circunscritos a que la neuroestética es reduccionista (la experiencia estética no es real, lo real son ciertos estados mentales), que nunca se aprenderá nada referido al arte examinando al cerebro, que tampoco las neurociencias pueden explicar la diversidad artística, o que no pueden captar la creatividad artística. Más aún, asumen que las neurociencias están imposibilitadas para explicar la conciencia, y esto es crucial para entender el arte[7].

Figura 6.6 La Neuroestética sobre el arte abstracto de Kandinsky
lo convierte en un neuroestetólogo, especialmente si se lo imagina
mientras concibe y traza los puntos, líneas y superficies para recrear su
devoción por la belleza, el fervor y el deseo espiritual, aspectos centrales
de su obra. Cortesía: Statens Museum for Kunst, Dinamarca.

¿Cuál es el proceso involucrado en la configuración de lo que valoramos como atractivo? ¿Cuál es la respuesta emocional ante ello? ¿Cómo el conocimiento de algo influencia nuestros placeres? Para este tipo de cuestiones la neuroestética tiene nuevas y sólidas respuestas que pueden enriquecer los principios eternos que han venido sosteniéndose durante siglos. Quizás algunos prefieran mantener el misterio de la belleza, aunque esta posición estaría muy alejada de la visión científica de las cosas.

Asimismo, el verdadero propósito de la neuroestética es mostrar cómo la realidad del cerebro incluso prevalece a la realidad objetiva. La crítica recibida argumenta la suposición falsa de que se trata de explicar obras de arte. Sin embargo, su objetivo no es explicar una obra de arte, sino utilizarla para entender el cerebro.

Indudablemente, asistimos a una nueva teoría biocultural unificada de la belleza. La beldad de un objeto puede no ser universal, pero las bases neuronales para apreciarla probablemente sí lo son. Los descubrimientos científicos y la creciente formalización de la neuroestética prometen abrir nuevas fronteras, por primera vez, a la mejor comprensión de la belleza basada en algo más que en especulaciones.

Los avances tecnológicos de los métodos neurocientíficos continuarán ofreciendo nuevas posibilidades a la fantástica aventura de la exploración del cerebro humano. La disciplina se encuentra en un punto de inflexión histórico, lista para ingresar en la indagación científica del significado verdadero de la belleza.

BIBLIOGRAFÍA

1. Skov, Martin y Oshin Vartanian (2009): *Neuroaesthetics: Foundations and Frontiers in Aesthetics.* Baywood Publishing Company, Inc., p. 1-6.

2. Castro, Joseph (2012): «Brain Scans Predict Subjective Beauty». Science, febrero 23.

3. Courage, Katherine Harmon (2011): «Brain on Beauty Shows the Same Pattern for Art and Music». Scientific American, julio 7, p. 2-

4. Álvarez del Blanco, Roberto M. (2012) «Belleza de la marca, prodigioso desafío», MK Marketing + Ventas, n° 275, enero, p. 42-49.

5. Cela Conde, Camilo J., et al. (2009): «Sex-related similarities and differences in the neural correlates of beauty». Proceedings of the National Academy of Sciences of the United States of America, vol. 10, n° 10, p. 3847-3852.

6. Costandi, Moheb (2008): «Neuroaesthetics Promises to Reinvigorate Science's Search for a Theory of Beauty». Seed Magazine, septiembre 16.

7. Noë, Alva (2011): «Art and the Limits of Neuroscience». *New York Times,* 4 de diciembre.

7
Valor de la belleza

Amar la belleza es de buen gusto. Crearla es un arte.
RALPH WALDO EMERSON

*Lo bello es siempre extravagante. No quiero decir que sea
voluntaria, fríamente extravagante, porque en tal caso sería un
monstruo que desborda los raíles de la vida. Digo que tiene siempre
un punto de sorpresa que lo convierte en algo especial.*
CHARLES PIERRE BAUDELAIRE

*La belleza de cualquier tipo, en su desarrollo supremo,
inevitablemente agita el alma sensible hasta las lágrimas.*
EDGAR ALLAN POE

Puede resultar presuntuoso considerar que uno tiene mejor, o más desarrollado, gusto por la belleza que los demás. Si se hiciera estaríamos negando el derecho a la propia personalidad. A una persona le agradan los automóviles Mercedes Benz y a otra los BMW; a usted le agrada la música clásica y a su buen amigo el *rock and roll*; otro se compromete y le encanta Apple y hay quienes son incondicionales y están comprometidos con Microsoft; los hay que prefieren Nike frente a los que se motivan por Adidas…, y así podríamos continuar el ejercicio por horas. Cada persona existe en su propio mundo estético y es en la aceptación de diferentes gustos donde se hace posible la vida social.

Pero las cosas suelen ser más complicadas, y van más allá de este argumento simple. Si bien puede resultar ofensivo cuestionar ciertas preferencias, se debe reconocer que el gusto es algo que está íntimamente ligado a la vida personal y a la identidad moral. Forma parte de nuestra naturaleza racional tratar de descubrir juicios comunes, una conceptualización más compartida de valores, ya que así lo requieren la razón y la vida moral. Y este deseo desemboca, por consenso razonado, en el sentido de la belleza.

¿Dónde enfocarse para observar aquellos estándares con los que enjuiciaremos la belleza? ¿Tiene sentido realizar esta búsqueda? Resulta evidente que el gusto es un componente de la preferencia por lo bello, y que esta preferencia constituye la premisa (más que la conclusión) del juicio sobre belleza. Por lo tanto, tendría sentido concentrarse en las cualidades admirables, o que deberíamos estar dispuestos a disfrutar por su delicadeza y singularidad.

La belleza se afianza firmemente en el espectro de las cosas que son buenas. Se comunica con nosotros de la misma forma que lo hacen los valores para contribuir a la realización personal: no como las cosas que deseamos, sino como aquellas que deberíamos desear, porque la propia naturaleza humana las requiere. Esta discriminación constituye la parte aspiracional de la belleza.

Por ejemplo, los atributos hermosos de un producto o de una marca son autoevidentes en su manifestación: cuando aparecen pueden ser conceptualizados como «diáfanamente discernibles», lo que convierte a su oferta en totalmente creíble. Al percibirlos se origina la convicción de que la belleza está realmente presente y disponible para resolver las necesidades. La beldad, además de producir emociones positivas, provoca también éxtasis, amor, una adicción estética que se traduce en fidelidad activa, en compromiso decidido.

La elasticidad que caracteriza a la belleza cuando es provocada (*belleza intencionada*) requiere plantear una perspectiva clara del deseo y atención que despierta el producto o la marca. Así como el deseo de disfrutar de una buena mesa se diluye cuando hemos finalizado los platos, el deseo de la belleza supera al objeto. El placer que se siente por la beldad, siendo distinto a otros placeres, es inagotable. Independientemente del ciclo de vida de un producto, si la belleza se manifiesta en él a lo largo del periodo, el producto no habrá defraudado por su indisponibilidad.

Cuando se trata de encontrar el mejor concepto de belleza, el verdadero, el sobresaliente o el más duradero, evidentemente se valorará y se estimará mucho más de lo imaginado a aquel que posea esos atributos, desconociendo o marginando a los demás. La *simetría relacional* solo se manifestaría con aquel concepto percibido como hermoso y asociado con la obtención de la energía vital, que es en definitiva el objetivo buscado.

Si estamos expuestos a un producto hermoso, nuestro cerebro le asignará diferentes significados al nombre (marca), al logotipo, al formato, a los colores y al estilo percibidos. Esta asignación ilustra que el gusto y el placer estético ante la belleza va más allá de una simple sensación, como el fenómeno de caliente o frío, suave o arrugado, amargo o dulce; por el contrario, representa una significativa valoración de información sensorial, procesada en áreas especializadas del cerebro que calculan la recompensa potencial del estímulo, en este caso del producto (o marca) al que estamos expuestos.

Figura 7.1 Cubo de Rubik. La belleza del cubo de Rubik, igual que el de las matemáticas, radica en que desde el inicio plantea lo imposible. En ocasiones los objetos para personas impedidas son muy nútiles para comprender las medidas extras que se deben adoptar, y estas medidas pueden ser elegantes y sublimes. El Cubo de Rubik para ciegos diseñado por Konstantin Datz (derecha) es un claro ejemplo de ello.

VALOR PROPIETARIO DE LA BELLEZA

Una persona ansiosa por obtener un nuevo sofá para el salón de su casa en la tienda de muebles *prueba* distintos modelos sentándose en cada uno de ellos. Cuando encuentra el de su agrado puede que exclame: «Este sillón es hermoso». Los atributos son contemplados como «agradable», «cómodo», «encaja con mi estilo». Pero simplemente dirá hermoso. Aquí claramente el concepto de belleza es utilizado para determinar la calidad del producto en función de la contemplación y del encaje que el sofá tenga con el propósito, deseo o aspiración última. Este ejemplo ilustra la belleza funcional.

En el contexto de marketing, los productos (o marcas) que se adapten por sus formatos y atributos a la necesidad aspiracional seguramente cuentan con valores funcionales. El producto (o marca) está a la altura para ser contemplado. Y al ser percibido en sintonía con los valores personales, interesada la persona en observar y disfrutar de la contemplación de esas virtudes, el producto (o marca) será caracterizado por su belleza, y se lo definirá como hermoso.

Además de la belleza funcional, pueden distinguirse otros tres tipos: material, formal y expresiva.

— *Belleza material*: el color azul cielo, por ejemplo, para muchas personas en ciertos días adquiere gran beldad. Evidentemente, este color tiene una serie de características: frío, placentero, profundo, radiante. Es la persona la que evalúa entidades con esas características (no un apático o indiferente) y la que descubre la belleza en el color azul cielo. La belleza material se manifiesta por la existencia de productos con esas cualidades y valores, y es visible cuando esas cualidades y valores son considerados no con indiferencia sino estéticamente para el disfrute amable y la contemplación gozada.

— *Belleza formal*: para ampliar la idea de belleza formal se pueden analizar ciertas composiciones del color. Además de las cualidades sensoriales, ciertas composiciones tienen características como equilibrio, contraste, armonía o ritmo. Están inmersas en formatos estructurales. Su belleza formal es una esencia inefable distinta de las características, aunque esto parezca exagerado. En la percepción estética se ven como mezcladas y alcanzan una peculiar nitidez. Los elementos se vinculan y encajan dinámicamente.

— *Belleza expresiva*: un producto (o marca) que la posea disfruta de una gran interpretación dramática, tiene energía, totalidad en la manifestación de atributos. El atributo material puede ser admirable o por el contrario repelente. Esto, sin embargo, es irrelevante. La belleza expresiva, si los atributos están allí, también hará acto de presencia. Por lo tanto, este tipo de belleza se le confiere a un producto (o marca) por la existencia de otros valores y características cuando es contemplado bajo una perspectiva estética.

La belleza es *per se* un valor[1] en propiedad de los productos y las marcas. El que la posea se caracteriza adicionalmente de otras propiedades de valor, aunque una pueda ser suficiente. Y la belleza del producto (o marca) hace visible su valor propietario cuando es enjuiciado y contemplado desde una perspectiva estética o bien disfrutado placenteramente para su inmediata disponibilidad y deleite.

El concepto de experiencia de la belleza desde la perspectiva de marketing se materializa cuando los consumidores buscan y exploran productos, cuando los compran y reciben servicio, o cuando los consumen. También las marcas suministran experiencias, de ahí que haya que distinguir los dos conceptos: producto y marca.

La experiencia del producto puede ser directa, cuando hay contacto físico; o indirecta, cuando el producto se presenta virtualmente. En todo caso, resulta una experiencia utilitaria basada en los atributos o características físicas del producto. Pero los consumidores también se exponen a una diversidad de estímulos de la marca como colores, formatos, tipografías, elementos de estilo, eslóganes, carácter y personalidad de la marca, o visión de marca.

Figura 7.2 Silla Wassily diseñada por Marcel Breuer, uno de los más prestigiados arquitectos del Siglo XX. Breuer fue asociado a la Escuela Bauhaus.

Todos estos estímulos de la marca forman parte de su diseño e identidad (nombre, logo), *packaging*, comunicación (anuncios, sitio web) y del entorno donde la marca es comercializada (puntos de venta y acontecimientos). Estos estímulos de marca constituyen la mayor fuente de respuestas subjetivas e internas del consumidor, conocidas como *experiencia de la marca*. La adicional experiencia de compra, en la que la belleza juega un papel importante, será analizada específicamente en el capítulo 10.

BELLEZA ACTIVADA

Producir la belleza intencionadamente para que sea disfrutada implica un éxito estético capaz de generar relevancia y deleite. Cuando se la aprecia en un producto (o marca), además de su utilidad, lo hacemos también por lo que representa, o posiblemente, por su apariencia.

Cuando el producto (o marca) capta el interés e impacta positivamente en la percepción es conceptualizada por su beldad independientemente del uso que se esté dispuesto a otorgarle. La paradoja utilitarismo frente a interés estético en el proceso de decisión de compra lleva implícita la dicotomía entre valor intrínseco y fin último.

Al manifestar que «la forma sigue a la función», se pone en duda para posibilitar un nuevo eslogan. Cuando se considera seriamente la belleza del producto (o marca), su funcionalidad tiende a convertirse en variable independiente y queda absorbida por el objetivo estético.

Hay consenso en que resulta imposible tratar la belleza desde la única perspectiva instrumental. Siempre existe una demanda que aprecia y desea la belleza en sí misma, como objetivo final que califica o limita cualquier otro propósito que pudiéramos tener.

El placer de disfrutarlo es como un regalo ofrecido al producto (o marca), el cual, a su vez, complace recíprocamente con el mismo obsequio. En este sentido se asemeja al placer que podemos experimentar cuando disfrutamos de la compañía de los mejores amigos. Así, el deleite por la belleza resulta especial: ayuda a comprender el objetivo del producto y a valorar su propuesta o proposición de valor.

Más aún, la beldad convierte al producto (o marca) en incomparable, inaudito, y el sentimiento «sin precedentes» le otorga la sensación de nuevo, fresco, innovador. Así, sucede algo sutil o interesante. Cuando lo excepcional se manifiesta con un «nadie como tú», o «nada como esto, en ningún lugar», el cerebro, a pesar de su función investigadora, no ingresa en ningún proceso evaluativo, sino que se regocija con su presencia. Es una de las formas en que la belleza inunda la mente y franquea los marcos que caracterizan el sentimiento de «nunca antes nada como tú».

Desde la perspectiva estética la belleza se ha diferenciado en tres aspectos: integridad, proporción y *claritas*. Quienes los perciben obtienen un regalo vital. Sin embargo, en el momento en que se asocia la belleza al producto (o marca) también se le confiere un obsequio vital. La cualidad de la emoción serena de la beldad sucede, parcialmente, por un pacto de vida.

Figura 7.3 Chanel N° 5 Eau de Parfum fue el primer perfume lanzado por la diseñadora de alta costura francesa «Coco Chanel». El hermoso diseño de su botella ha constituido una parte esencial del éxito del producto durante décadas.

La belleza es, por lo tanto, un sólido contrato entre lo hermoso (producto o marca con generosa disponibilidad sensorial) y el perceptor. Ambos se otorgan a sí mismos el regalo vital. Cada uno, figuradamente, se dan la bienvenida equilibrando significados y deseos. Con este pacto recíproco se manifiesta un intercambio justo que encumbra ambas existencias y energiza las relaciones.

Un ejemplo interesante lo encontramos en Shiseido, una centenaria marca japonesa de cosmética. Con su modelo de belleza intencionada, propone una mística y una alquimia que pretenden ser transformadoras, tanto de impresiones sensoriales como psicológicas. Invita a un viaje capaz de facilitar la percepción del mundo de una manera rotativa, diferente de cómo era solo un momento antes de ingresar en sus tiendas, creando el sentimiento de un universo propio[2].

La propuesta de la marca se basa en una fusión, en un encuentro acertado. Pretende que el cliente la posea, se identifique con su estilo, independientemente de sus gustos. La belleza intencionada de Shiseido se inspira en las respuestas esperadas de los clientes y se ilumina con una proposición de valor muy sugerente, según el ideal de belleza japonés, basado en la armonía entre cuerpo y espíritu.

MISIÓN ESTÉTICA DE SHISEIDO

«La belleza de una mujer está en función del modo en que piensa, del modo en que vive y del modo en que siente en cualquier momento determinado. La belleza de cada mujer es etérea, cambiante en todo momento. La belleza es más profunda que la edad, la nacionalidad y la posición. Toda mujer tiene su propia belleza, y es esta belleza la que Shiseido se ha propuesto realizar, ofreciendo cuidado para la piel y el maquillaje al completo: mente y cuerpo. Usamos aromas, colores, plantas y extractos naturales que amplían la belleza singular de cada mujer realzando su mente y cuerpo.»

El propósito de la música en las tiendas es: «Evocar el mundo. Reflejar a las mujeres. Invocar los cinco sentidos. Es como un reto, pero también es bella. Es agua, aire, pájaros, mar, flautas, guitarras, mujeres cantando, hablando, susurrando, leyendo poesía en diez idiomas…».

«La experiencia sensorial al completo que propone la marca está destinada a transportar la mente y el cuerpo en un viaje tan increíble y único como los propios productos.»

En los últimos años, ciertos objetos tecnológicos han dejado de serlo y su estética ha evolucionado hasta convertirse en adorados y lograr una comunicación instintiva con las personas. El iPhone de Apple es uno de los ejemplos más resonantes. Las tabletas, como el iPad 3G, o los GPS Garmin nos hablan con tonos sutiles, en ocasiones de forma imperceptible. La belleza del hotel InterContinental Bora Bora Le Moana Resort, la del reloj Breguet, de las bicicletas Streetracer RF01, de los zapatos para mujer Manolo Blahnick, los chocolates belgas Neuhouse o la del restaurante *gourmet* que admiramos desde hace tiempo consolida también el deleite y oferta del placer estético.

Figura 7.4 Todo lo que rodea al iPhone es una apuesta decisiva sobre belleza y futuro. Interior del Apple Store en Regent Street, Londres que recientemente ha sido rediseñado. La tienda Apple de Regent Street fue la primera en Europa.

Otros ejemplos de marcas que mantienen su vitalidad por el continuo éxito de su estética y por la forma en que entusiasman con el pasar de los años son desde el popular cubo de Rubick (1980), los videojuegos y consolas Nintendo (1980), las gafas de estilo clásico Ray-Ban (1930), el legendario perfume Chanel Nº5 (1919) o los inspiradores juguetes Lego (1934).

EXPERIMENTAR LA BELLEZA

Proponer la belleza intencionada de un producto (o marca) implica provocar una experiencia singular a todos los expuestos a él. Un libro, una raqueta de tenis, un reloj, un automóvil, unos zapatos, un horno microondas, o bien un logotipo o una página web, pueden ser concebidos para, además de cumplir su función, ser experimentados de forma diferente, tanto en lo cognitivo como en lo emocional. Inducir a provocar la experiencia es su aspiración.

Definimos la belleza intencionada como la calidad planeada e incorporada a un producto (o marca) que produce intenso placer o gran satisfacción a la mente, y al espíritu embelleciendo o creando un valor significativo y deseo, tanto para el producto como para el cliente. La belleza intencionada puede surgir por la mezcla de manifestaciones sensoriales (formato, simetría, color, sonido, aroma, imagen), un diseño significado o valores organizativos (propósito superior o personalidad de la marca) en los cuales se manifiestan importantes valores espirituales.

Los *inputs* que se originan en el cerebro al experimentar la belleza intencionada producen una serie de mecanismos de análisis perceptivo, memoria, categorización, identificación del contexto, organización, familiaridad, clasificación de estilo y contenido, además de dominio cognitivo (figura 7-1).

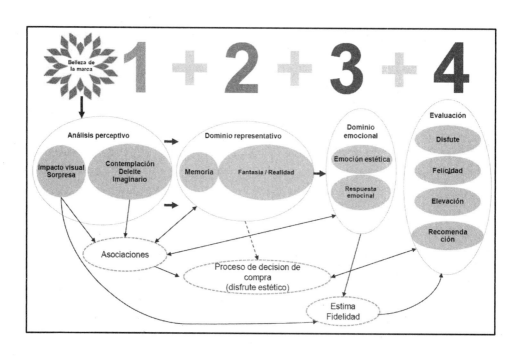

Modelo del Dominio Cognitivo de la Belleza Intencionada

Una distinción interesante surge cuando se analizan el imaginario y las fantasías originadas por la belleza. El producto (o marca) hermoso apela a la imaginación, mientras que sus efectos secundarios encumbran la fantasía. Las cosas imaginadas se ponderan; con las fantasías hay una cierta tendencia a hacerlas vivir en la realidad.

Tanto el imaginario como la fantasía son irrealidades que penetran habitualmente en nuestro mundo. La sociedad moderna se caracteriza por abundantes ofertas que nos animan a hacer posibles nuestros sueños, más que a reivindicar la realidad. Ingresamos en ellas a través de un marco inhibitorio del mundo que nos rodea.

Los aspectos vinculados a la posesión de ciertas marcas de consustanciada beldad (Rolex, Bentley, Louis Vuitton, Prada, iPhone) han sido estudiados con efectos reveladores, comprobando que la compra y el disfrute de un producto (o marca) hermoso incrementa el optimismo, el sentido de autocontrol, la autoestima, la capacidad para tolerar frustraciones o sentimientos de comodidad y de afecto por las personas; la influencia e impacto que ejerce en la felicidad o en la elevación personal es evidente.

Figura 7.5 Zapatos de Manolo Blahnik convertido en uno de los más afamados diseñadores de calzado, y en un símbolo del más puro estilo clásico para el Siglo XXI.

El saludable y placentero encuentro con la belleza intencionada de un producto (o marca) puede definirse en términos de *fusión*. La profunda idea adicional se asocia con la forma dominante de esta relación que incorpora el deseo de posesión. Se ambiciona (o aspira) que otros nos identifiquen con la belleza del producto (o marca) que poseemos y disfrutamos; de hecho, la idea moderna de belleza sugiere que ciertos productos (o marcas) son considerados hermosos simplemente porque confieren estatus. El proceso de compra de zapatos por la mujer constituye un ejemplo extraordinario.

MUJER, ZAPATOS Y PARAÍSO

Hay algo con respecto a los zapatos. Para la mayoría de las mujeres su compra podría ser ilimitada. Nunca habría suficientes. El diseñador italiano Salvatore Ferragamo en una ocasión le vendió setenta pares de sus zapatos a Greta Garbo en una sola mañana, y en otra, 100 pares a Indira Devi, Maharani de Cooch Behar, quien luego le envió perlas y diamantes para que los engarzara y adornara. Imelda Marcos también es recordada por su pasión desenfrenada para coleccionar cientos de pares de zapatos.

Un gran par de zapatos es el complemento ideal para lucir elegante, también mejora el estado de ánimo en una salida e imaginariamente transporta a otro nivel, incluso económico. Los diseñadores lo saben a la perfección y las marcas exclusivas logran alta rentabilidad capitalizando esta pasión.

En primer lugar, creando el mito de que, a mayor precio, mejor es la calidad. Para ello construyen un aura compleja alrededor de la marca, potenciando incluso orígenes o procedencias extranjeros. En segundo lugar, dedicando presupuestos a publicidad y logrando que celebridades los usen y promocionen, para luego venderlos en tiendas exclusivas.

El mercado mundial de zapatos de mujer supera los 80.000 millones de dólares anuales. Más del cincuenta por ciento corresponden a la categoría de *stilettos*, tacones o plataformas. Las ventas son supranaturales, y aun en épocas recesivas mantienen el ritmo.

Si le preguntara a una mujer que puntúe de 1 a 10 el nivel de agrado por comprar zapatos, probablemente más de una diría 15, y alguna más desinhibida quizás mencionara 21. ¿Qué es lo que produce la relación tan intensa?

La obsesión de comprar zapatos en la mujer surge con la sola mención «vamos a comprar zapatos». Para ella el zapato es un objeto de deseo. Muchas son *zapatoadictas* con aquellos modelos con plataformas o que les permiten aumentar la altura.

Cambiar el estilo, adecuarse a las temporadas y sentirse confortable despiertan sentimientos incluso de poder y de belleza. Las mujeres realizan un *juego* en las zapaterías probándose modelos distintos y se entusiasman fácilmente al hacerlo. Crean fantasías alegóricas, ilusiones y elevación, experimentando un paraíso imaginario.

Cuando la mujer compra zapatos su cerebro segrega dopamina, que suministra un estado de bienestar, de ánimo y de placer. Comprar un par de zapatos activa un área en el córtex prefrontal, similar a la que se motiva por la colección de objetos. Comprarlos produce incluso una minidosis de adrenalina, idéntica a la satisfacción que produce para un coleccionista de sellos postales adquirir uno que considera rareza.

Además, la mujer asocia altura con poder y estatus. Históricamente los zapatos han sido indicadores de la *clase social*, y este concepto está grabado en sus genes. Asimismo, hay otro elemento vinculado con lo sexual. La mujer asume que, cuando usa zapatos con tacones o *stilettos*, su cuerpo adopta una postura y actitud atractiva, *sexy*, denominada *lordosis*. Su trasero se eleva y su espalda se curva o arquea.

Nuestro cerebro está estructurado para asociar pie con sexo. El área del cerebro que comunica con los genitales está junto a la que coordina los pies. Estas áreas se vinculan desde el punto de vista neurológico, lo que explicaría por qué los zapatos contienen también cierto erotismo. Como se ha analizado, la mujer en el ritual de comprar zapatos adquiere algo más que estilo y comodidad: influye en la percepción de sí misma, persigue el ideal de beldad y se fascina al imaginarlo. ¡Belleza, qué hermoso y peligroso paraíso!

La belleza intencionada del producto (o marca) involucra y despierta placer, aunque esta emoción pueda ser inconsistente al depender del estado de ánimo. El placer que sentimos hoy por un objeto, sus colores, su formato o su tamaño, puede que varíe mañana o se vea afectado por circunstancias especiales. La satisfacción de los sentidos es función del estado psicológico, algo que en su época ya intuyó Leonardo da Vinci calificando al fenómeno como «los ojos son la ventana del alma».

Naturalmente, la beldad enriquece el vínculo con el producto (o marca). Cuando se manifiesta sucede algo muy especial. La belleza despierta sentimientos de ternura y estima que pueden elevar o transportar el espíritu hasta el dulce sueño del éxtasis. Este nivel placentero moviliza la fidelidad activa y favorece la recomendación intensa, o defensa si fuera necesario, del producto (o marca).

BIBLIOGRAFÍA

1. Gotshalk, D. W. (1935): «Beauty and Value». The Journal of Philosophy, vol. 32, nº 22, p. 604-610.

2. Álvarez del Blanco, Roberto M. (2012): «Diálogo con la belleza: perspectiva de neuromarketing». Harvard Deusto Marketing y Ventas, noviembre, p. 62-68.

8
Formular la belleza intencionada

No existe un estándar absoluto para la belleza. Precisamente,
esto es lo que hace su búsqueda algo tan interesante.
JOHN KENNETH GALBRAITH

Ningún objeto es tan hermoso que, en ciertas
condiciones, no resulte desagradable.
OSCAR WILDE

Nunca asumas que no hay nada hermoso en el mundo. Siempre hay algo
que conmueve en la forma de un árbol, en el movimiento de sus hojas.
ALBERT SCHWEITZER

Los productos (o marcas) que apuestan por la belleza intencionada atraen, fascinan, entusiasman, enamoran, inspiran y en ocasiones seducen. Logran relevancia, singularidad, estima, reconocimiento y fidelidad de sus clientes con autoridad objetiva. Construyen su trayectoria trascendente persiguiendo un sentido de la belleza al que consideran un valor real y universal, anclado firmemente en nuestra naturaleza emocional.

Para que un producto (o marca) logre relevancia necesita aspirar a crear su propia belleza. Con decisión, y reconstruyendo su postura de trascendencia, debe perseguir un sentido de belleza. Cuando esta emerja, en el mercado se lo asociará con confianza, calidad y excelencia; incluso hará creíble lo increíble en todas las categorías.

Se ha analizado en capítulos anteriores cómo la experiencia cognitiva ante la belleza incita a que, cuando los ojos ven algo hermoso y el cerebro lo procesa, las manos quieran tocarlo. Incluso provoca réplica, pues incorpora copias de sí misma en el ser: deseamos dibujarla, fotografiarla o describirla a los demás. Causa contagio o imitación, hasta deseo de avaricia y posesión material, e involucra una serie de mecanismos intelectuales y emocionales.

La oferta de 3M Post-it con su nueva orientación al medio ambiente y al reciclado; la presentación del diseño revolucionario de las tiendas Sephora desafiando al modelo tradicional de venta detallista con sus propuestas de experiencias sensoriales; Auction, la envolvente web de eBay con su atractiva imagen y tono de voz; los envases de Duracell con el estilo distintivo que les permite sobresalir y singularizarse en su muy poblada categoría, o los anuncios publicitarios de Old Spice, la calidad del servicio en los grandes almacenes Nordstrom, son algunos ejemplos de gestión exitosa de la belleza intencionada.

Este tipo de belleza se convierte en un valor propietario de la marca (atributos materiales, diseño del sistema visual, acciones de comunicación, conexión emocional con clientes, experiencias en puntos de encuentro, web inspiradora o publicidad memorable), y cuando se manifiesta posee otros valores adicionales. La belleza se hace visible en acciones prácticas: adquisición del producto (o marca), percepción estética, disfrute contemplativo, posesión o consumo y recomendación activa.

El producto (o marca) se convierte en un objeto de deseo, distinto a las necesidades o aspiraciones típicas, y las características o valor sobresaliente en la proposición de valor para estimularlo se fundamenta en esa belleza intencionada. La respuesta consecuente es totalmente emocional, y para poseerla se está dispuesto a realizar esfuerzos y sacrificios si fuera necesario. En ocasiones, se traduce con listas de espera, primas en precio, o ambas simultáneamente.

La observación de la respuesta automática de las personas a la belleza intencionada del producto (o marca) es muy interesante. En particular, la documentación de escalofríos («piel de gallina») se asocian con actividad parasimpática, lo que sugiere que podría haber un sistema nervioso autónomo y específico que produce las emociones y el placer referido a la belleza de los productos (o marcas). Estos hallazgos permiten analizar la actividad neuronal en áreas específicas del cerebro cuando se está expuesto a la belleza del producto (o marca), determinar las preferencias y demostrar las causalidades en el proceso de compra.

Tecnologías como electroencefalografía (EEG), *eye-tracking*, biométricas (sudoración y ritmo cardíaco), transmisión galvánica de la piel, pestañeo y codificación de expresión facial, pueden emplearse para estas investigaciones tanto en estudios de narrativa como en experimentos en laboratorio. El enfoque de estos análisis se centra normalmente en descubrir las emociones (derivadas de la observación fascinada) del asombro, la elevación, la sorpresa (medida a través del neurotransmisor P300), la admiración, el placer, la reverencia e incluso el amor.

GESTIÓN DE LA BELLEZA INTENCIONADA

La conceptualización y la formulación de la belleza intencionada de un producto (o marca) puede ser compleja e idiosincrática. Cada contexto es diferente. Sin embargo, aunque en el proceso los cuatro pasos requeridos no apliquen universalmente, constituyen una hoja de ruta y una guía para definir estrategias, perspectivas, herramientas y conceptos que representen no solo aquello que debe conocerse, sino las opciones que deben considerarse. Estos cuatro pasos propuestos enriquecerán el objetivo de crear y mantener una significativa y duradera belleza intencionada, que contribuirá a que la estrategia del producto (o marca) triunfe[1]. Los pasos significativos son:

1
Compromiso organizativo

Análisis del mercado sobre la categoría (o subcategoría): tendencias y preferencias
Debate interno y compromiso con la experiencia de la belleza; pasión por la creatividad e innovación
Adoptar una visión convincente, irresistible

2
Deconstrucción de la belleza

Conceptualización de la experiencia estética; placer estético por la percepción
del producto (o marca)
Producción del prototipo con los estímulos de belleza

3
Destilación de la belleza

Investigación de la reacción neurológica a la belleza intencionada: juicios sobre agrado y atractivo (fluidez y afecto)
Influencia en la toma de decisión: cómo se procesa la información en el cerebro (fluidez
de la experiencia) y cómo evolucionan los sentimientos hacia el estímulo (reacción afectiva)
Respuesta emocional
Generar una ejecución del producto (o marca) excepcional

4
Dar vida a la belleza intencionada

Refinamiento y posicionamiento del producto (o marca)
Proposición de valor, experiencia del producto (o marca) y relaciones
Mantener relevancia y ejemplaridad

La belleza intencionada se expresará en diferentes colores, formatos, atributos y tamaños en el punto de encuentro entre lo real y lo virtual. Su paisaje será *decorado* por la fusión y la confusión de modelos y normas estéticas, o por su yuxtaposición y combinación. Resultará diverso, variado y, en ocasiones, complejo. Y esta mutación, para muchos productos y marcas, está sucediendo en este preciso momento, ante nuestros ojos.

Hermès es un ejemplo claro de ejecución del modelo de los cuatro pasos y de *diseño emocional*. El ejemplo del bolso Birkin de Hermès es muy interesante. Considerado como el bolso definitivo de estatus, está posicionado en el número 1 de la lista de preferencias y deseos de muchas mujeres en el mundo. Creado en 1984, se inspiró en un diseño de 1892. Sin duda se ha convertido en el bolso de mujer más refinado de todos los tiempos. La calidad del bolso Birkin está verdaderamente inundada por su belleza. Solo usando los mejores cueros y pieles exóticas, cada bolso es fabricado a mano con un exquisito esmero. Todas las pieles exóticas incluyen un certificado que puede utilizarse en los viajes. Su leyenda se ha estimulado por una larga lista de espera de hasta dos años para conseguirlo. En la actualidad la marca no acepta más pedidos, aun con su precio primado (el precio inicial es de 7.500 dólares y puede ascender hasta los 100.000 dólares la unidad, dependiendo del cuero y los acabados).

Figura 8.1 El éxito real de Birkin de Hermès es que ninguna otra marca ha sido capaz de crear un bolso tan icónico en ese nivel de precios.

VÍNCULO RELACIONAL

El nexo entre productos (o marcas) y personas siempre se ha enriquecido con fuertes y silenciosos sentimientos que van mucho más allá de las expectativas funcionales, y que incluyen apego, amor, posesión, celos, orgullo, curiosidad, enojo, e incluso amistad y asociación íntima (piense en la relación de un chef con sus cuchillos).

En nuestra relación con los productos (o marcas), como en toda relación, la indiferencia es la peor ofensa y la dejadez el peor pecado. Para los comportamientos modernos, cada vez más complejos, los productos, desde refrigeradores a aparatos de audio, complementos deportivos o páginas web para la reserva de hoteles, se han convertido en especialmente delicados y emotivos. Nuestra relación con los ordenadores, por ejemplo, en ocasiones genera codependencia.

Algunos productos se han convertido en tan complejos que demandan personas como interlocutores, por lo que parece lógico aplicarles también las reglas de comunicación humana. Además de darles el toque de originalidad, hay que embeberlos con algún tipo de beldad.

En 1907, el escritor y poeta italiano Guido Gozzano, en *La amiga de la abuela Esperanza,* con un tono de afectuosa ironía y con estilo narrativo describe docenas de «buenas cosas de gusto horroroso». Recipientes de golosinas vacíos, un reloj de cuco, un loro de peluche... La escena es al mismo tiempo triste, desordenada y viva con sus íntimos sonidos. Es uno de los ejemplos literarios de la relación próxima entre personas, productos y lugares[2].

El periodista norteamericano Rob Walker, quien en 2001 acuñó el término *murketing* (estrategia publicitaria basada en el rumor, la identidad de marca y la *publicity*), ha lanzado una serie de proyectos vinculados con productos, marcas, edificios, ciudades y sus correspondientes biografías, tanto reales como imaginadas, además de desarrollar su columna semanal «Consumed» en el diario *The New York Times* (2004-2011), especializada en las relaciones humanas con las marcas.

Los productos singulares que encontraba en tiendas de objetos eran usados/donados para causas benéficas y otros *tesoros escondidos* que descubría en sitios inverosímiles, luego los emparejaba con grandes escritores (incluido el escritor de ficción Nicholson Baker y el novelista Jonathan Lethem), que los dotaban de historias hermosas que realzaban en ellos su beldad.

Figura 1.1 Búsqueda de la Belleza por el grupo de la Escuela Bauhaus (1930). Bauhaus fue uno de los movimientos más influyentes del Siglo XX. Según su conceptualización de la estética, la forma precede a la función en arte, arquitectura y en todo lo demás.

Figura 1.2 La escalera más hermosa del mundo. Firenze, Biblioteca Medicea Laurenziana, Escalera de Miguel Ángel. Cortesía: Biblioteca Medicea Laurenziana Firenze.

Figura 1.4 Belleza de las líneas curvas. (Mesa inspirada en Star Wars, por Zaha Hadid). Cortesía: Leblon Delienne.

Figura 3.1 Hello World! Semacode 160 x 160 m., dibujo patronizado en un campo sembrado de trigo en Alemania para beneficio de Google Earth. Cortesía: Bernd Hopfengärtner.

Figura 3.2 Fotografías obtenidas por el telescopio espacial Hubble: Pilares de la Creación, Júpiter, par de galaxias interactivas llamadas Arp 273, la región de estrellas en formación NGC 3603, Nebulosa Horsehead. Cortesía: NASA y Agencia Espacial Europea.

Figura 4.1 Las navajas del ejército suizo *Victorinox* pueden resultar difíciles de definir, aunque sin duda son reconocidas en todo el mundo como símbolo de ingenio, fiabilidad y calidad. El Museo de Arte Moderno de Nueva York (MoMA) ha calificado a esta navaja multiusos como un ejemplo de diseño elegante, y adaptado a su función

Figura 4.3 En 1933, Patek Philippe creó uno de los más hermosos relojes del mundo: el «Graves» supercomplicado reloj de bolsillo, No. 198 385, de Henry Graves Jr. (cara y fondo). El Super Complicado reloj de oro de Patek Philippe con 24 complicaciones (funciones mecánicas distintas a las de las horas, minutos y segundos). Requirió 3 años de diseño y 5 años de trabajo. Un coleccionista anónimo lo adquirió por 24 millones de dólares el 11 de noviembre de 2014 en una subasta de Sotheby´s en Ginebra.

Figura 4.4 La MetroCard Vending Machine tiene personalidad y distinción. El Museo de Arte Moderno de Nueva York (MoMA) exhibió la máquina expendedora durante la exposición «Talk to Me: Design and the Communication between People and Objects», New York, 2011.

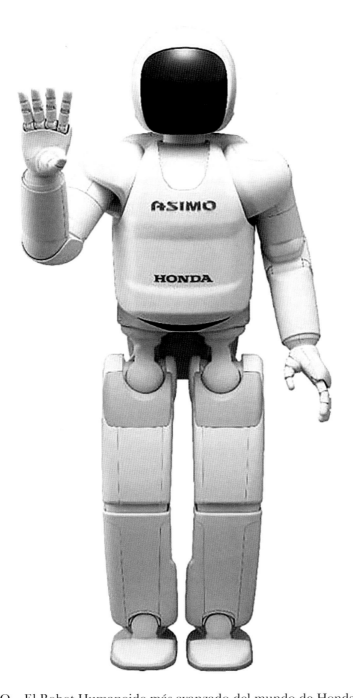

Figura 5.3 ASIMO – El Robot Humanoide más avanzado del mundo de Honda es la culminación de dos décadas de investigación en robótica humanoide realizada por los ingenieros de Honda. ASIMO puede correr, caminar en superficies irregulares, girar suavemente sobre sí mismo, subir escaleras, e interactuar con objetos. ASIMO puede también comprender y responder a simples comandos de voz. Cuenta con la habilidad de reconocer rostros de un grupo selecto de individuos. Mediante cámaras visuales puede mapear su entorno y registrar objetos. ASIMO también puede superar obstáculos móviles que se desplazan en su entorno.

Figura 6.1 David por Michelangelo Buonarotti, (1501-1504). «A su culminación, no se puede negar que esta obra se ha llevado la gloria de todas las demás esculturas, modernas o antiguas, griegas o latinas; ninguna otra obra de arte puede igualarla en cualquier aspecto, con tan exacta proporción, la belleza y la excelencia hizo que Michelangelo la plasmara». Cortesía: Galleria dell´Accademia di Firenze.

Figura 6.2 Nacimiento de Venus, Sandro Botticelli, 1485. Los seres humanos siempre nos hemos reconfortado en la experiencia estética y en el regocijo de la belleza. Cortesía: Galería Uffizi, Florencia, Italia.

Figura 6.3 Playa paradisíaca. Las tecnologías neurocientíficas permiten determinar como el cerebro humano reacciona ante los estímulos de belleza.

Figura 6.4 Ferrari Spider F355. Aunque la belleza de un objeto puede resultar no universal, la estructura neuronal que usamos para apreciarla probablemente sí lo es.

Figura 6.5 Impresión, sol naciente, Claude Monet, 1872. Musée Marmottan Monet, París. Los admiradores de algunas de las hermosas obras impresionistas, como las de Claude Monet *Impresión, sol naciente*, observan que los efectos del reflejo en el agua o el sol poniente en el horizonte surgen porque los objetos en la escena están pintados con la misma luminosidad pero con diferentes colores.

Figura 7.3 Chanel N° 5 Eau de Parfum fue el primer perfume lanzado por la diseñadora de alta costura francesa «Coco Chanel». El hermoso diseño de su botella ha constituido una parte esencial del éxito del producto durante décadas.

Figura 7.4 Todo lo que rodea al iPhone es una apuesta decisiva sobre belleza y futuro. Interior del Apple Store en Regent Street, Londres que recientemente ha sido rediseñado. La tienda Apple de Regent Street fue la primera en Europa.

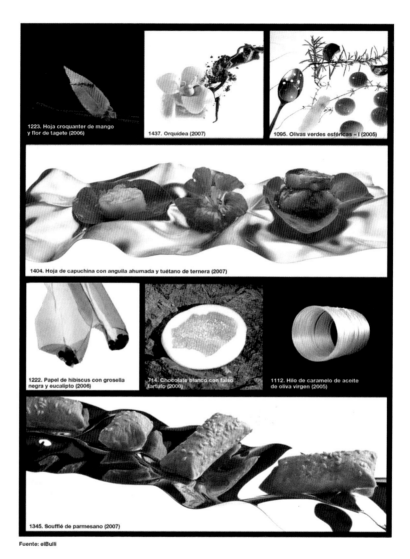

1223. Hoja croquanter de mango y flor de tagete (2006)

1437. Orquídea (2007)

1095. Olivas verdes esféricas – I (2005)

1404. Hoja de capuchina con anguila ahumada y tuétano de ternera (2007)

1222. Papel de hibiscus con grosella negra y eucalipto (2006)

714. Chocolate blanco con falso tartufo (2000)

1112. Hilo de caramelo de aceite de oliva virgen (2005)

1345. Soufflé de parmesano (2007)

Fuente: elBulli

Figura 8.4 Platos de elBulli: en la «síntesis de la cocina,» elBulli la concibió como un lenguaje en el que se puede expresar armonía, creatividad, felicidad, belleza, poesía, complejidad, magia, humor, provocación y cultura.

Figure 9.3 Amazon Go utiliza visión computarizada, fusión de sensores, algoritmos de aprendizaje profundo (aprendizaje automático), inteligencia artificial y tecnología de geolocalización (perímetros virtuales de espacios geográficos reales del punto de venta) para reemplazar a cajeros y hacer posible el pago a través de apps.

Figura 10.3 Los Ángeles de Victoria's Secret en Hollywood. La marca, que diseña lencería y otros productos de belleza femenina, selecciona cada año de veinte a cuarenta de las mejores modelos del mundo de la moda para su desfile de temporada. Además, cuentan con media docena de mujeres conocidas como «ángeles de Victoria's Secret», que ayudan a difundir el evento. Sus bellezas causan furor en el mundo entero.

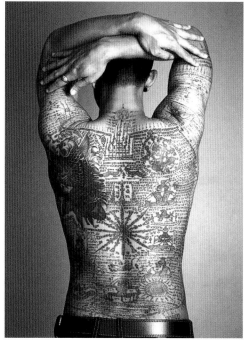

Figura 10.2 En los últimos años, la cultura del tatuaje ha crecido significativamente como concepto alternativo de belleza.

Figura 10.4 Cecil Beaton, Charles James Ball Gowns, 1948. Belleza sin artificios, capturada por un flash. La imagen muestra el corazón de la feminidad con una elegancia y sobriedad que se mantienen en el tiempo. Lo más apropiado es mostrar en una imagen lo femenino que supone un discurso intelectual y una imagen soñadora. Sin emoción, no hay belleza.

Figura 12-1. Tom Cruise in Minority Report: no la primera, pero posiblemente la mejor ejecución de interacción gestual.

Figura 12.2 Sean Bean, interpretando al Dr. Bernard Merrick en La Isla (2005), donde la mesa del Dr. Merrick's tiene un sensible dispositivo táctil. La interface fue diseñada por Mark Coleran y proyecta una aproximación a lo que pueden ser en el futuro los objetos que responden a inputs hápticos. La mesa no solo responde a los inputs hápticos, sino también a ciertos objetos.

Figura 12.3 Las zapatillas autoajustables de *Regreso al Futuro* han sido desarrolladas por Nike. Las *Nike Mag* son una edición limitada y solo se pueden conseguir a través de subasta. Están equipadas con un nuevo sistema de cordones que se autoajusta en cuanto detecta el movimiento del usuario.

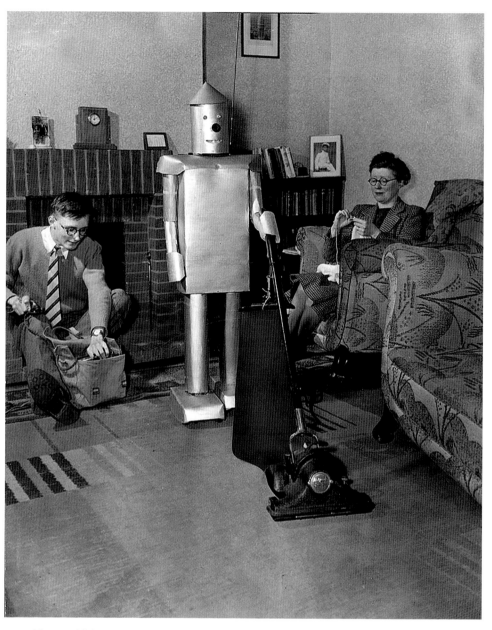

Figura 13.1 La primera versión «George» el robot construido por el piloto de la RAF Tony Sale en 1949, generó un gran impacto debido a su capacidad autónoma de movimiento. George impulsa la aspiradora en el salón de estar de la casa en Londres, mientras que a los dueños se los ve relajados.

Figura 13.2 El investigador Bertolt Meyer, que utiliza una prótesis biónica, observa a Rex. Cortesía: Andrew Cowie.

Figura 13.3 El robot *Pepper* trabaja como dependiente de Nescafé desde 2015. *Pepper* es un robot semi-humanoide fabricado por SoftBank Robotics, diseñado con la capacidad de leer emociones. Fue introducido en una conferencia el 5 de junio de 2014. La habilidad de *Pepper* para detectar emociones se debe a la capacidad de analizar expresiones y tonos de voz.

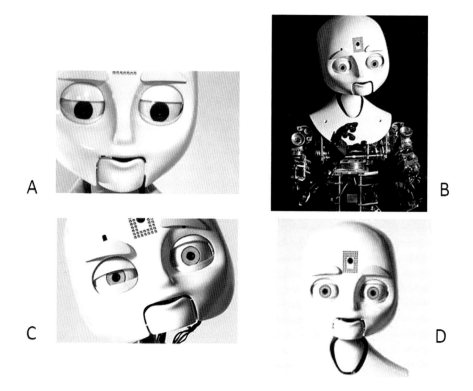

Figura 13.4. A. Nexi, robot móvil/ágil/social. Entiende, habla, hace compañía. La expresión facial, lograda mecánicamente, es posible mediante el movimiento de sus componentes faciales rígidos. B. Yuxtaposición de rostro femenino con expresividad humana. C. Profundos ojos azules sobre una superficie (dérmica) blanca con mecanismos negros y cromados. D. Apariencia tierna, género ambiguo, infantil.

Figura 14.1 El sector de la belleza es muy competitivo, global y sofisticado. Moviliza más de 400.000 millones de dólares anuales en productos cosméticos, fragancias y artículos de aseo personal.

Figura 14.2 Mujer joven luciendo un hermoso tatuaje henna en sus manos. Las niñas, cada vez más, se incorporan al consumo de artículos de belleza con menor edad, fenómeno que puede observarse en distintas culturas.

Figura 14.3 Primer plano de una mujer hermosa con maquillaje y ojos sombreados.

Figura 15.1 Ka-cho-fu-getsu (Belleza de la naturaleza) / tracking a tiempo
real del rostro y proyección de mapa con efectos especiales. Nobumichi
Asai www.nobumichiasai.com. Un rostro puede funcionar como lenguaje
comunicacional. El Proyecto OMOTE, según ha sido acreditado, da origen a
una nueva era en la conceptualización y percepción de la belleza personal.

Figura 15.2 Oleg Dou, Escúchate a ti misma «Naked Faces». Sin pelo y con la piel coloreada se pierde el individualismo. Céntrate en tu vida interior.

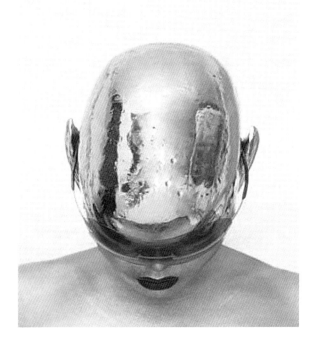

Figura 15.3 Kimiko Yoshida, La Novia Cyber. Auto retrato. La ciencia se prepara para reemplazar a la naturaleza. Una revolución alucinante se está gestando a medida que los seres humanos comienzan a concebir su propia evolución hacia una nueva especie de cyber sapiens.

Figura 15.4 Matthew Barney, CREMASTER, 4, 1994. El futuro quimérico, orgánico, barroco. Foto: Production Still © 1994 Matthew Barney. Foto: Michael James O'Brien. Cortesía Gladstone Gallery, Nueva York y Bruselas.

Figura 15.5 La Belleza Adorna la Virtud, Leonardo Da Vinci (1474). Leonardo
ha sido considerado como el mayor exponente del «Genio Universal»
u «Hombre del Renacimiento», individuo de «insaciable curiosidad» y
«febril imaginación inventiva». Ampliamente considerado como uno
de las personas de mayor talento en la historia de la humanidad.

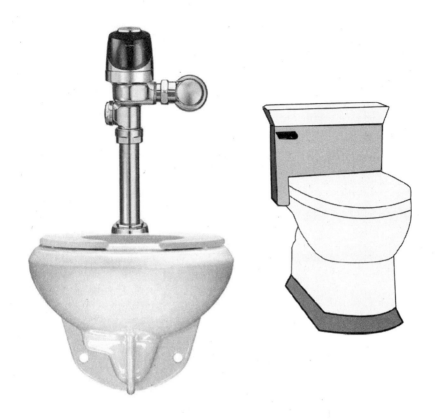

Figura 8.2 La perfección anónima de la producción masiva fascinó a modernistas como Le Corbusier (1887-1965), quien manifiestamente defendió la idea de que «todo puede ser hermoso» (aún los objetos más indignos). Cada objeto puede ser dotado con un significado estético. Como si hubiera sido manipulado por las manos del autor.

El *phonebook* (figura 8-1) del diseñador japonés Yuki Kishi es un magnífico ejemplo de las relaciones que un producto hermoso puede desarrollar con los usuarios. Diseñado en 2009 por el Mobile Art Lab, centro de investigación japonés especializado en contenidos para teléfonos móviles, el proyecto se enfocó en dar respuesta a nuevas formas de conexión entre padres e hijos usando el iPhone. Este híbrido entre tecnología digital y analógica utiliza una aplicación móvil específicamente diseñada para interactuar con una historia que se lee en un libro físico y que tiene gran potencial para numerosas interacciones en el futuro, desde herramienta educativa a productos comerciales de diversa naturaleza[3].

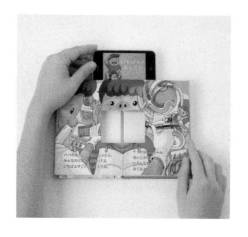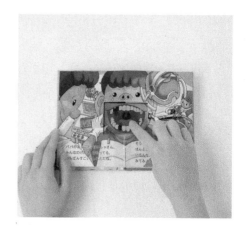

Figura 8.3 «Phone Book Ichiban no oshigoto oyako de tanoshimu oshigoto bukku», 2010, Kodansha Ltd. Impresión láser, software Flash y Photoshop. Fabricado por Kodansha Ltd., Japón.

Sergio Pininfarina, reconocido por diseñar los coches de Fórmula 1 de Ferrari y por revolucionar el diseño de coches de uso cotidiano, sostenía que «la belleza en el diseño determina su longevidad; cuanto mejor sea el diseño, más tiempo vivirá». Indudablemente, el sentido de elegancia prevaleció en sus esculturales Ferrari con el típico color rojo sangre (donde arte, diseño, pasión, creatividad y tecnología vibran al unísono [incluso el motor es sexy]). Con ello consiguió cambiar la percepción normal de los automóviles más allá de lo puramente funcional, impulsando sentimientos y vínculos emocionales.

Incluso lo logró en los menos exóticos Peugeot, Volvo y Mitsubishi, en los que también aplicó su talento creativo. Los usuarios han considerado estas marcas según cómo reflejarían su propia personalidad, realizando juicios sobre quiénes son y qué representan. En el diseño de su propuesta, Pininfarina siempre fue fiel a su propia receta: seguir la tradición de la elegancia y el estilo constantemente renovada con los más elevados estándares de innovación y armoniosa belleza.

ECONOMÍA DE EXPERIENCIAS

La elevada rivalidad competitiva del mercado actual exige que los productos y las marcas innoven constantemente sus estrategias para lograr diferenciación y relevancia. En los últimos años una nueva actividad se ha manifestado rentable para ayudar a que los consumidores experimenten las marcas. El *marketing experiencial* ha surgido como apoyo a las actividades tradicionales de publicidad y promoción para crear inmersiones sensoriales en productos y marcas, involucrando a la mayor cantidad posible de sentidos. El objetivo final es construir un vínculo emocional y memorable entre el producto, la marca y el cliente que genere fidelidad como consecuencia de experiencias sensoriales, afectivas, intelectuales y de comportamiento.

La cantidad de productos y servicios ofertados en el mercado necesita expresarse en una economía de experiencias y lograr sobresalir adecuadamente mediante innovaciones rupturistas[4]. Al mismo tiempo estos productos necesitan suministrar a sus clientes acontecimientos memorables embarcándolos en una conexión emocional con la marca. Algunas propuestas novedosas incluyen experiencias interactivas diseñadas para favorecer la exploración y desbloquear la imaginación. P&G en su revista del *Estado de la Belleza del Diseño* analiza los cambios necesarios que se deben provocar para poder sobresalir, más allá de presentar *displays* y materiales promocionales hermosos[5]. Concluye que hay que imaginar y construir un futuro interactivo de experiencias de compra que permita a los usuarios navegar entre ofertas alternativas, realizar selecciones y visualizar futuras posibilidades de la marca. La manifestación de la belleza en este proceso juega un papel fundamental para nutrir impresiones y lograr una participación social que favorezcan estilos de vida.

Marcas como Nokia, Heineken, Electronics Arts, Vodafone, MTV, Samsung, Red Bull, Adidas, Sensodyne, son solo algunos ejemplos de puesta en marcha de campañas de experiencias que reconocen que las interacciones sensoriales influyen en las percepciones, juicios y comportamientos humanos, y que estos estímulos sensoriales nos afectan subconscientemente. Los avances en las tecnologías de la información, la extensión de las redes sociales y los descubrimientos y las aportaciones de las neurociencias aplicadas posibilitan el desarrollo exitoso de este tipo de acciones.

El ejemplo de Starbucks Café, presentado en el cuadro 8-1, ilustra la conceptualización de la estética y la belleza que debe caracterizar sus puntos de encuentro con el cliente (conocidos como *touchpoints*), para modificar percepciones y deleitar con la propuesta de valor, creando una experiencia inolvidable.

NUEVO AROMA DE STARBUCKS CAFÉ

Starbucks Café ha inaugurado recientemente varias cafeterías conceptuales en diversas metrópolis del mundo. Una de las últimas, conocida como El Banco, está operativa en Ámsterdam. La idea, que representa la visión de futuro de la marca, se basa en el café sosegado que puede disfrutarse en un ambiente teatral, con espacios compartidos en distintos niveles, favorecedores de la socialización y el desarrollo cultural. El objetivo, más que redefinir la calidad de los productos, es reinventar la atmósfera donde se consumen. Esta cafetería es el inicio de una trayectoria estética radical, una propuesta innovadora. Ha sido creada ex profeso para trasladar a Starbucks más allá de su zona de confort en términos de innovación y de experimentación. La expresiva belleza intencionada del diseño interior, de los acabados y del mobiliario suministra a los clientes nuevas oportunidades para el descubrimiento y un elevado nivel de interacción, además de una profunda conexión con el café y con la comunidad local. Los medios sociales también tienen cabida en este modelo, sobre todo para comunicar momentos importantes. Por ejemplo, la sección de pastelería envía tuits al vecindario anunciando «tartas recién hechas» en el momento en que salen del horno. Este concepto aporta un gran ejemplo de cómo el cerebro puede ser impactado por la belleza intencionada que expresa armonía, y que a través de los sentidos deleita a la mente.

La plataforma digital Songza es una página inteligente que anticipa y suministra deleite con un servicio extraordinario. Su colección de música es maravillosa y la tecnología para sugerirla asegura una experiencia inolvidable, tanto que muchas organizaciones la analizan y aprenden de su buen hacer. Sobre todo, de la página web, simple, hermosa e increíblemente inteligente.

Si uno la visita un sábado por la tarde, la página lo detecta. Al momento crea, *automática y mágicamente,* cinco opciones musicales probablemente deseadas: opción festiva, opción relajante, opción entretenida, opción amigable u opción para la cena. Solo pulsando una opción… ¡zas, se hace la música! Para ellos no es nada complejo lograrlo. La tecnología que emplean de *geo/ip* les permite saber la localización de cada usuario. Se aseguran de que el servicio pueda suministrarse (no funcionan en todos los países) y operan con el horario local del usuario. Luego lo ajustan a las condiciones de su servidor para suministrar la mejor opción. Si conecta con Songza a diferentes horas del día realmente se sorprenderá de lo inteligentes que llegan a ser con las opciones musicales que ofrecen. Por ejemplo, a las 6 de la mañana (¡música para cantar en la ducha!), o a las 13:00 h o las 20:00 h. Fantástica demostración de uso de la tecnología para suministrar deleite con una proposición de valor hermosa, de solo ocho palabras: «Música seleccionada por expertos. Gratis 100%. Sin anuncios». El 2 de diciembre de 2015 Google anunció que Songza se fusionaría a Google Play Music el 31 de enero de 2016.

Las grandes marcas narran historias que captan el corazón y el cerebro de los clientes, a los que sumergen en un relato continuado. Diseñando cuidadosamente cada atributo experiencial en línea con el conjunto de valores organizativos, crean significados que conectan a los clientes con la verdadera esencia de la marca. Consustancian con este enfoque la fidelidad y satisfacción de sus clientes.

SENSORIALIDAD

El análisis de los sentidos, actividad que desarrolla con éxito la nueva disciplina de neuromarketing, constituye el marco perfecto para postular la *multisensorialidad*, plataforma estimulante para la belleza intencionada. Cuando se combinan acertadamente y se formula un diálogo mediante la *sinfonía* sensorial, el resultado para el producto (o marca) puede ser extraordinario. Según se procesa la señal en el cerebro, el estímulo impactará en un sentido, que impresionará a otro, que a su vez afectará a los demás, construyendo un efecto cascada y originando un estímulo emocional que se graba firmemente en la memoria[6].

Crear esta sinergia y construir el producto (o marca) *multisensorial* que busca la belleza intencionada requiere de un proceso organizado y complejo, más allá del marketing tradicional. Fiel a su misión, su visión, su identidad y su personalidad, el producto (o marca) debe asegurar su posicionamiento en el mercado, fortalecer el coraje competitivo, clarificar la proposición de valor y la involucración de los sentidos en el proceso de decisión de compra. La clave consistirá en crear relaciones sensoriales significativas basadas en la belleza que puedan sobrevivir de manera individual o integrada con otras, para elevar la relevancia del producto (o marca).

Comer, por ejemplo, es una experiencia multisensorial, algo que en elBulli, el mejor restaurante de todos los tiempos, supieron orquestar como nadie. La experiencia de los comensales era como magia; vivían grandes y memorables emociones. Con la singularidad y belleza de sus creaciones, propusieron un cambio de paradigma en la restauración y lograron crear una marca ícono, un referente mundial y un verdadero punto de ruptura. Basta mencionar algunos de los comentarios de los comensales para entender el fenómeno con plenitud[7]:

Figura 8.4 Platos de elBulli: en la «síntesis de la cocina,» elBulli la concibió como un lenguaje en el que se puede expresar armonía, creatividad, felicidad, belleza, poesía, complejidad, magia, humor, provocación y cultura.

TESTIMONIOS DE COMENSALES DE ELBULLI

Fui a elBulli el 4 de julio de 2007. Fue una noche maravillosa y ha sido la única vez en mi vida que he llorado mientras comía, porque me sentía muy emocionada y plena de felicidad.

INES DOUJAK

Fue una experiencia que constantemente nos transportaba al límite, no podíamos intuir hasta dónde nos llevaría.

ANYA GALLACCIO

Nunca nos habíamos preparado tan bien para una comida. Atrás quedaban horas y horas de búsqueda en internet. De forma puramente teórica lo sabíamos todo sobre nuestro cocinero estrella, la cocina científica molecular y los platos que nos podían servir; una preparación que luego se demostró necesaria pero insuficiente. Estábamos preparados para una gran aventura, un reto, una experiencia existencial y, sin embargo, quedamos sorprendidos.

ANJA BESSAND Y MARK ARENDHOVEL

Es una experiencia para toda la vida que nunca podría describir totalmente y que tanto me ha conmovido; y por la cual quiero agradecer a todas las personas que la hicieron posible. Gracias.

MAX KONEK

La experiencia en elBulli es, desde mi punto de vista, muy compleja; suceden más cosas en tu cerebro que en tu estómago, lo que transporta a un estado al límite de tus posibilidades.

VANESA FERNÁNDEZ RODRÍGUEZ

Esta cena me ha hecho comprender mi visión limitada de la cocina. Ferran Adria ha hecho explotar los límites. Ha sabido divertirme, seducirme, hacerme feliz en la mesa.

ROMUALD HAZOUMÉ

El sabor era, o bien de pronto peligrosamente explosivo, o increíblemente armónico y, en todo caso, completamente diferente al que imaginaba.

DAVID CLASSEN

Y mientras parecía que las papilas gustativas y los ojos eran magistralmente dirigidos, el estómago se erigió igualmente como invitado principal. Aquí está la sorpresa, el placer, el delito sensual, la repulsión, la irritación, la incomodidad, el agotamiento, el embrujo, el estupor.

SIMRYN GILL

Fuente: *Comer para pensar, pensar para comer*. Richard Hamilton y Vicente Todoli.

Si a la experiencia de la belleza se la considera seriamente, es inevitable que el estudio de la sensorialidad tenga algo importante que decir para provocarla. Explorar sus oportunidades para las combinaciones multisensoriales resulta interesante y necesario con el objetivo de estimular múltiples sentidos para un máximo efecto e influencia. La respuesta será inconsciente, pero la fusión de diferentes estímulos sensoriales basados en la belleza elevará la experiencia y el recuerdo mediante un proceso conocido como *superadicción*.

El amor por la belleza es un relevante atributo en la experiencia humana, y cuando se manifiesta en el producto (o marca) constituye una promesa de felicidad. Para crear los momentos emotivos, de gran satisfacción, y para convertirlos en inolvidables, la beldad estará siempre disponible, esperando por nuestra conexión, enamoramiento y pasión.

BIBLIOGRAFÍA

1. Álvarez del Blanco, Roberto M. (2015): «Intentional Beauty: All in Mythical Proportions», Monografía, New York University.

2. Antonelli, Paola (2011): *Talk to Me: Design and the Communication between People and Objects*, The Museum of Modern Art, MoMA, p. 6.

3. Para obtener una impresión detallada del funcionamiento del *phonebook* puede consultarse: http://www.moma.org/interactives/exhibitions/2011/talktome/objects/146372/

4. Pine II, Joseph B. y James H. Gilmore (2011): *The Experience Economy*, Harvard Business School Publishing Co.

5. P&G (2011): *Beauty State of Design Review*, Memoria Anual.

6. Álvarez del Blanco, Roberto M. (2011): *Neuromarketing, fusion perfecta*, FT Prentice Hall Financial Times, p.: 181.

7. Álvarez del Blanco, Roberto M. (2013): «elBulli Foundation: A Delicate Experiment», Caso MK1-151, IE Business School, Madrid.

9

¡Qué hermoso producto!
¡Qué maravillosa experiencia!

Lo mejor de la belleza es aquello que ninguna pintura puede expresar.
FRANCIS BACON

*El amor por la belleza en sus múltiples formas es el
regalo más noble del cerebro humano.*
ALEXIS CARREL

*La belleza es una experiencia, nada más. No es un patrón fijo o un arreglo de
atributos; es algo sentido, un fulgor o una representación entendida de finura.*
D. H. LAWRENCE

Desde que el filósofo y crítico literario alemán Walter Benjamin descubriera el *flâneur* de las arcadas y calles de París en el siglo XIX, curiosear, seleccionar y salir de compras ha sido reconocido como una actividad característica de la vida urbana. En la actualidad, el salir de compras ocupa, una vez más, un lugar muy destacado en el imaginario social, no solo porque sea una actividad de ocio y de disfrute de primer orden, sino porque numerosos artistas y creativos contemporáneos participan activamente en la conceptualización de sofisticadas estrategias de presentación de productos (o marcas), de distribución y de consumo.

El acto de compra se ha convertido en un fenómeno cultural dominante en los siglos XX y XXI, y numerosos procesos de intercambio se caracterizan por un diálogo creativo entre arte y presentación comercial. Diseño interior, escaparatismo, presentación de productos y la promoción de marcas han adoptado estilos y estética singulares que atraen y deslumbran por su belleza.

La aparición de los grandes almacenes, iniciada por La Maison du Bon Marché en la calle Sévres de París en 1852, a los que Emile Zola definió como «catedrales del consumo», cambió para siempre la experiencia de compra en las grandes ciudades. El desarrollo de los autoservicios, creados por Claurence Saunders en los Estados Unidos en 1916, hizo las compras más fáciles, y el auge de los supermercados, apoyado por la masificación del automóvil a partir de la década de 1930, contribuyó a consolidar una transformación no solo en el consumo, sino en los envases y presentación de los productos. Las ofertas variadas y a precios competitivos de productos listos para el consumo han hecho que el acto de compra se convierta en una actividad favorecedora de las expresiones humanas y de la creatividad.

Internet, que en un principio se pensó que limitaría las ventas debido a que priva del deleite táctil de la compra, tan importante en los intercambios presenciales, ha demostrado ser capaz de superar esta debilidad incrementando las transacciones *online* de forma exponencial, hasta provocar un nuevo fenómeno favorecido por el marketing digital. La compra por internet no atiende a horarios ni a localizaciones geográficas; posee ofertas generalizadas de precios más bajos y se ha consolidado como una alternativa que encaja a la perfección con los estilos de vida actuales.

Comprar es mucho más que satisfacer necesidades básicas o cotidianas, se ha convertido en un ritual de la vida social que ayuda a crear o modificar la identidad personal, ya sea a través de la participación activa o de la observación, que en algunos casos lleva a la fascinación. El acto de compra ha sido comparado con la *caza moderna* y con el *acto de encuentro y reunión*, debido a que provoca una especie de confesión espiritual y creativa de nuestro estilo de vida. La adquisición de productos (o marcas) cotidianos se ha convertido en un anhelado acto de autodefinición personal.

Para el filósofo y sociólogo francés Jean Baudrillard, la ubicuidad del sistema de comercialización y la estética de la compra representan la frontera en la diversa complejidad de la vida humana: «Hemos llegado a un punto donde el consumo atrapa la vida…, el trabajo; la naturaleza y la cultura, antes dispersas, separadas y más o menos instituciones irreductibles, productoras de ansiedad o de complejidad en nuestras vidas y en nuestras anárquicas y arcaicas ciudades, y que son las que finalmente se convierten en más organizadas, domesticadas por la simple actividad de las compras perpetuas»[1].

Comprar y consumir se ha convertido en una satisfacción narcisista de deseos, al mismo tiempo que fomenta la obtención, en un formato fácilmente consumible, del sentimiento de realización y de felicidad.

COMPRO, LUEGO EXISTO

Comprar es un verbo que implica consecuencias en la relación de buscar y poseer. Combina, a través de una búsqueda o especulación visual, la experiencia, el ocio, la autogratificación y el traslado físico. El diseño interior de los puntos de venta, la presentación o *visual merchandising* de los productos en su interior y la puesta en escena del escaparatismo motivan, atraen y movilizan a la caza de productos (o marcas).

El arquitecto holandés Rem Koolhas sostiene que el siglo XXI será recordado como el momento definitivo en que el urbanismo no puede ser entendido sin tener en cuenta la comercialización y el consumo cotidiano[2]. Su influencia es tan poderosa que hasta forma ejes urbanos comerciales en las ciudades donde preferentemente se generan las actividades de intercambio.

Hoy en día, las cosas están cambiando aceleradamente. Comprar sin tener que desplazarse hasta la tienda, navegar electrónicamente entre distintas ofertas en el equivalente digital, significa ingresar en un centro comercial a través de un ordenador o del televisor. Los grandes almacenes y centros comerciales han constituido las últimas expresiones de espacios urbanos postmodernos. Ahora, las tecnologías digitales proporcionan información, entretenimiento, productos y servicios en el propio hogar: pantallas de televisión y de ordenadores se convierten en escaparates y los píxeles reemplazan a los desplazamientos físicos[3].

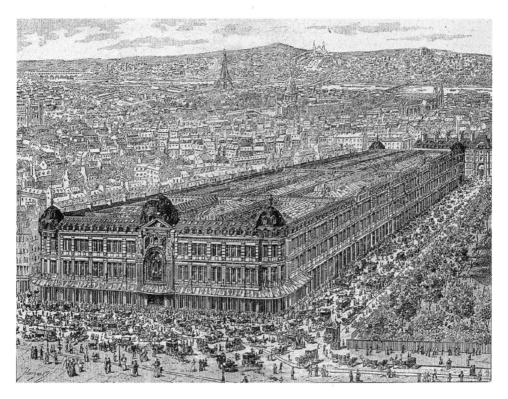

Figura 9.1 Grabado del primer gran almacén «Au Bon Marché», fundado por la familia Boucicaut e inaugurado en 1887, París, rue de Sèvres.

Como respuesta a la desmaterialización del formato físico tradicional, recientes desarrollos en diseño y arquitectura proponen nuevos formatos para los espacios comerciales. La complementariedad de la compra y el ocio se intenta satisfacer mediante elaboradas e inversivas puestas en escena. Los componentes visuales de la comercialización y la espectacular interacción del cliente se amplían hasta involucrar a todos los sentidos, creando entornos muy atractivos para el consumo.

Estos entornos teatralizados son una síntesis comercial de compra y ocio en la que la relación entre productos (o marcas) y experiencias incentiva las ventas. En sentido figurado, es como si el cliente se convirtiera en una especie de turista que disfruta de su viaje y la compra es un *souvenir*.

Figura 9.2 Barbara Kruger – Untitled (I shop therefore I am) – Compro,
luego existo. Cortesía: Barbara Kruger y Mary Boone Gallery, New York.

Compras, consumo y los escenarios donde se producen atraviesan
una metamorfosis profunda. Los cambios de modas, nuevas tendencias e innovaciones tecnológicas radicales crean simultáneamente otras
variables. El comprador actual, inmerso en este escenario, es más que
un simple consumidor. Se convierte en un comprador de nuevas formas
de consumo, y por lo tanto en un actor y explorador de experiencias,
con nuevos comportamientos.

Un ejemplo interesante de oferta es el de las tiendas National
Geographic, en las que libros, moda y complementos de la marca especializada en geografía y viajes quedan sumergidos en un ambiente
donde se mezclan exploraciones en zonas inhóspitas con una casa de
montaña. Iluminación, música ambiental, efectos especiales, aromas,
texturas, personal, todo queda sometido a una artificialidad destinada
a envolver al cliente en un espacio que es más cinematográfico que
puramente comercial. La experiencia es fascinante.

EXPERIENCIA EN EL PUNTO DE VENTA

La experiencia de compra y del servicio sucede cuando el cliente interactúa con el entorno físico de la tienda, su personal, sus políticas y sus prácticas. Complementando lo analizado brevemente en el capítulo anterior, debemos reseñar que una serie de factores *atmosféricos* y de comportamientos del personal en contacto con los clientes afecta a la experiencia de forma significativa en cuanto a sentimientos, actitud hacia la marca y en satisfacción. Las experiencias también se manifiestan al momento del consumo y uso del producto. Este tipo de experiencia es multidimensional, al incluir dimensiones hedonísticas como *sentimientos, fantasías* y *diversión*. Por ejemplo, piense en todo lo que ocurre durante y tras una visita a un museo, hacer *rafting* en un río de aguas rápidas o asistir a un partido de fútbol.

En síntesis, la experiencia surge de una serie de configuraciones. La mayoría ocurre directamente cuando el cliente visita la tienda, compra y consume el producto; aunque también pueden suceder indirectamente, por ejemplo, cuando el consumidor está expuesto a la publicidad y a la comunicación de marketing, incluyendo páginas web.

La experiencia de compra varía en intensidad, ya que unas pueden ser más profundas que otras. También varían en valía debido a que algunas resultan más positivas que otras; algunas experiencias pueden resultar negativas. Sin embargo, la mayoría suceden espontáneamente, sin mediar mayor reflexión, y tienen corta duración; otras ocurren más deliberadamente y perduran en el tiempo. Estas experiencias de compra duraderas que se almacenan en la memoria afectan a la satisfacción, el deleite y la fidelidad.

La experiencia en el punto de venta se manifiesta por conceptualización estética (incluyendo aspectos visuales, auditivos, olfativos y táctiles), educacional, de entretenimiento y escapista. La experiencia vivida incluye estados de ánimo y emociones. La experiencia sentida incluye cualidades estéticas y sensoriales en las que la convergencia y la imaginación de la belleza afectan al pensamiento y a las acciones motoras de la acción y el comportamiento experiencial[4]. Como ilustración, se presentan sensaciones, sentimientos y pensamientos analíticos de experiencias de distintos puntos de venta:

- Abercrombie and Fitch: «Ingresar a la tienda es una experiencia total», «Me estimula, es sexy», «Es como ser miembro de una sociedad exclusiva, un club de campo único».

- Disney: «Estimula mis sentidos», «Me siento como un niño: me siento acompañado y seguro; quiero descubrir cosas; la marca me propone usar mi imaginación», «Siento parte de la magia».

- Google: «El buscador es elegante; crea la sensación de juego y de curiosidad», «Me siento feliz y orgulloso porque soy *inteligente* y *conocedor*», «Con Google puedo cambiar la forma de organizar e interactuar con la información».

- Starbucks: «Huele bien y visualmente es agradable, hospitalario», «Es cómodo y mejora mi ánimo», «Es como estar en un grupo de Barnes & Noble».

- Target: «La experiencia de compra es simpática», «La presentación de los productos es agradable a la vista», «Muchas tiendas observan a Starbucks para mejorar la experiencia de compra».

- Williams Sonoma: «Me produce sentimientos de nostalgia», «Multitud de recuerdos de mi hogar», «Es relajado y sereno».

Figure 9.3 Amazon Go utiliza visión computarizada, fusión de sensores, algoritmos de aprendizaje profundo (aprendizaje automático), inteligencia artificial y tecnología de geolocalización (perímetros virtuales de espacios geográficos reales del punto de venta) para reemplazar a cajeros y hacer posible el pago a través de apps.

Cuando se realiza el proceso de compra, el cerebro produce diversas reacciones. Por ejemplo, las rebajas, las promociones o los descuentos generan placer, emociones y diferentes procesos mentales. La compra de un objeto deseado, anhelado o bien por capricho (compra por impulso) activa áreas del cerebro relacionadas con la obtención del placer inmediato (núcleo *accumbens*). Comprar es más que efectuar el pago y realizar el intercambio. El proceso suele acompañarse de una serie amplia de rituales: horas de exploración para encontrar la mejor oferta, comparar entre marcas, imaginar el beneficio y transportarlo al lugar de consumo. Es un verdadero trabajo.

La demanda, una vez satisfecha, dará origen a otras necesidades latentes que se pretenderán satisfacer. El hecho de consumir produce felicidad, realización y logro instantáneo, que se disipa una vez consumida la marca. Lo que genera adrenalina es el acto de consumo, ir de compras, ver la marca, tocarla, compararla y hacerla propia. Cuando el cerebro interpreta que la oferta es adecuada, justa o atractiva (como suele suceder en las rebajas), el circuito de la recompensa en el cerebro se activa sobre las áreas más racionales en la corteza prefrontal. Así, las emociones influyen directamente sobre la conducta, guiando las decisiones. Independientemente de la clase de producto ante la que nos expongamos (electrónica, moda, alimentación, cosmética), lo importante es comprar la marca, porque el cerebro desea experimentar placer.

En caso contrario, cuando el precio se juzga desequilibrado, o excesivo, el proceso cerebral es distinto. Otras áreas son activadas, como la corteza prefrontal, vinculada con el análisis de riesgos, incertidumbres o ganancias y pérdidas. La ínsula se activa cuando la oferta disgusta, produce miedo o dolor. Cuanto más injusta sea considerada la oferta, más se activará la ínsula. En caso de que la actividad en estas dos áreas supere la necesidad de placer inmediato, el proceso de compra se abandona.

Una leyenda urbana muy extendida cataloga a las mujeres como las principales compradoras; de hecho, se ha documentado en numerosos experimentos que a la mujer le encanta dedicar tiempo a visitar tiendas y pasear en centros comerciales, algo que a los hombres, si se lo considera como puro placer, suele disgustar. Decidiendo compras, el cerebro masculino funciona de forma totalmente diferente al cerebro femenino. La mujer aspira a vivir una experiencia recreativa, relacional, y cuando compra lo hace considerando cómo beneficiar a su familia.

Por ello tiene en cuenta el entorno, compara entre marcas o atributos y explora, buscando nuevas oportunidades. Sin embargo, para la mayoría de los hombres las compras suelen reducirse a ingresar en la tienda, localizar la marca y comprarla lo más rápidamente posible.

EVIDENCIA CIRCUNSTANCIAL

El sociólogo y filósofo alemán George Simmel acuñó la idea de que las metrópolis de los tiempos actuales están configuradas por un movimiento imperceptible: la circulación de dinero. Calculable solo superficialmente, este movimiento perdura en forma abstracta. Se expresa en forma parcial e indirectamente a través del carácter comercial y expansivo de los productos (o marcas) y de las personas[5].

Otro movimiento es el producido por la iluminación, el colorido y el *glamour* que irradian los miles de escaparates. Como invisibles galerías de una gigante exhibición, la ininterrumpida serie de paredes de cristal de algunas calles y avenidas que presentan moda, lujo y estilo, exhiben productos y acompañan a los transeúntes. Los transportan a una forma especial de *embriaguez* callejera.

Nueva York es reconocida por tener, probablemente, los más hermosos escaparates en el mundo. Por ejemplo, los 17 escaparates de Sacks en Manhattan, los de Bergdorf Goodman y los románticos y mágicos escaparates de Tiffany & Co., todos en la Quinta Avenida, son solo alguno de los claros ejemplos de cómo la belleza intencionada puede incrementar el tráfico hacia el interior de la tienda, generar nuevo interés, introducir tendencias o llamar la atención y la curiosidad de los transeúntes.

El mensaje que traslade el escaparate es un elemento importante del ADN de la tienda y puede emplearse para contar una historia: en qué marcas se inspiran y en qué tendencias se adscriben. La belleza intencionada en el mensaje de los escaparates produce físicamente una transferencia emocional en el cerebro de quien se expone a ellos. Como expresión de armonía, a través de los sentidos, la propuesta del escaparate deleita la mente y transforma a la tienda en un imán para atraer transeúntes, quienes se ven seducidos por el diseño y se sienten, al mismo tiempo, impactados por la fantasía, la beldad y el ingenio de la propuesta.

LOS ESCAPARATES DE TIFFANY & CO

Si hay una tienda famosa en Nueva York, esta indudablemente es Tiffany & Co. Cualquier taxista, todo neoyorkino, incluso cada visitante sabe cómo localizarla rápidamente. Representa un maravilloso lugar donde hacer realidad los sueños. La tienda insignia de la Quinta Avenida, con influencias de *art decó,* se inauguró en 1940, aunque la compañía opera desde 1837. El legado de trabajar con las mejores piedras preciosas, desde diamantes a magníficas colecciones de gemas coloristas, constituyen su mundo. El fundador, Charles L. Tiffany, sostenía lo siguiente: «Belleza es lo que la naturaleza nos prodiga como un regalo supremo». Con esta filosofía fue capaz de crear un mundo mágico de beldad, inspirado en las piedras preciosas y en culturas exóticas. Tradicionalmente, sus escaparates se han convertido en objeto de admiración, y en las fechas tradicionales, como las de Navidad, se transforman en verdaderas obras de arte.

La filosofía que inspira el escaparatismo de Tiffany´s ha sido heredada de su genial creativo Gene Moore, considerado como el mejor escaparatista del siglo xx, quien sostenía que hay que hacer las cosas diferentes para marcar distancia, y así lograr que los transeúntes se asombren y le dediquen su atención. El talento, la sensibilidad artística, la creatividad y el buen gusto de Moore podía otorgar *glamour* a una zanahoria, a un pájaro, a una llave o a un helado. Era capaz de elevar cada escena, creando algo divino a partir de lo ordinario, sin temor a mezclar lo mundano con lo magnífico. Por ejemplo, sostenía que los textos manuscritos generan más interés que los impresos. Para los escaparatistas de Tiffany´s, vestir un escaparate es como enmarcar un cuadro: la composición es esencial para atraer la atención, no solo para mirar, sino para ver y ser seducido. Dentro de estos famosos escaparates, el arte, la escultura, la iluminación y el diseño se amalgaman para crear un momento de pura belleza, quizás el más seductor dada su naturaleza fugaz. Cada escaparate es una invitación para creer en algo superior a uno mismo. Pero, siempre es una invitación amable, distinguida. Son verdaderamente sorprendentes, hermosos e invariablemente modernos.

El verdadero capital psicológico del escaparate se construye por la tensión entre los materiales modernos que emplea y el apoyo de la iluminación o, en algunos casos, también del audio. Significa organizar la belleza del escaparate, más allá de simplemente vestirlo. Asimismo, implica recurrir a la gama de materiales más singulares que puedan disponerse y de dotarlos con máximo poder expresivo. La belleza del escaparate es el resultado de una experimentación estética, provocadora tanto de efectos cognitivos y prácticos como de estatus visual y estético.

El arquitecto austriaco-americano Frederick Kiesler analizó la importancia representativa del escaparate desde diferentes influencias: pintura, escultura y arquitectura. Sostuvo que los principios estéticos del arte contemporáneo pueden aplicarse perfectamente al diseño y el vestido del escaparate, sugiriendo que deberían ser creados como si fueran óleos. Argumentaba: «La asimetría es dinámica. El ritmo que resulta de la asimetría es móvil y cinético. Por lo tanto, se integra correctamente, capta la mirada directamente al punto al que se desea se dirija. En este caso su mercancía»[6].

Tendencias contemporáneas prefieren presentaciones modernas, que suelen adquirir, desde el análisis del arte abstracto, dos formatos que, aunque diferentes, resultan muy innovadores: asimetría, reducción radical del tamaño y colores, simplicidad del significado y mínima presencia de productos en exhibición.

En el contexto de las ciudades modernas los escaparates se han convertido en una configuración de espacio específico portador de belleza. Los escaparates de pequeño tamaño, que una vez caracterizaron a las tiendas, han sido sustituidos por otros de gran dimensión, con enormes cristaleras. Compiten con diferentes lugares de deseo visual, como museos y teatros. Las calles se convierten en escenarios teatrales y se tornan transparentes, vidriadas, impregnadas de luminosidad, presentando decorados coloristas, modificando panoramas y sorprendiendo por la propuesta de su original belleza.

Además de mostrar y de *vender*, entretienen. Y los interesados en la idea moderna de belleza deben interesarse también por el encanto que respiran y exudan.

GLAMOUR DE LAS COSAS

La estética de los productos de consumo y el *glamour* de algunas marcas colaboran a crear un entorno sintetizado del deseo permanente por la continua aspiración de ser deseado. Los productos (o marcas) adquieren, por lo tanto, una nueva identidad, significado y personalidad. Algunos productos (o marcas) adoptan formas de presentación privilegiada, configurando símbolos de estatus y niveles de relevancia en la escala de valores. Se convierten en íconos y son glorificados como objetos de culto. El iPhone de Apple, las motocicletas Harley Davidson, los relojes Rolex o las plumas estilográficas Mont Blanc son claros ejemplos. Estos conceptos atraen la atención, provocan y seducen por su superioridad. En realidad, generan una doble seducción. Una por su calidad intrínseca y otra por su poder de atracción debido al aura de una especie de obra de arte hermosa que los caracteriza. Sugieren la oferta de «absolutamente hermoso y eternamente novedoso»: esto es el significado del consumo perfecto.

La belleza glamurosa potencialmente tiene la capacidad de crear o modificar identidades, percepciones y asociaciones, solo porque el cliente adquiere una nueva autoimagen por la compra y disfrute de marcas con ese prestigio.

Como resultado de la búsqueda del *glamour,* asistimos a un despliegue de atractivos para la presentación de productos (o marcas), al fetichismo de la elegancia de los escaparates, al poder visual de los diseños interiores de los espacios comerciales, a la implementación de acciones sensoriales para impactar en los sentidos y provocar emociones, experiencias, relaciones y recuerdos. Asimismo, la impecable definición de fotografías e imágenes digitales a gran tamaño, el apoyo de tecnologías audiovisuales, imágenes en 3D y la disponibilidad de materiales sorprendentes para los envases y presentaciones colaboran a esta virtuosa evolución.

Todo ello a disposición de productos (o marcas) perfeccionados, cuyos formatos se idealizan, y que son ensamblados para una sociedad cada vez más orientada a lo estético, al ocio y a la calidad de vida.

BIBLIOGRAFÍA

1. Baudrillard, Jean (1988): «Consumer Society». En: Jean Baudrillard Selected Writtings. Mark Poster (ed.), Stanford, California, p. 29.

2. Koolhas, Rem (2001): «Project on the City, 2». Harvard Design School Guide to Shopping, Colonia, Taschen.

3. Friedberg, Anne (2002): The Shopper-Spectator and Transubstantiation through Purchase, *Shopping: A Century of Art and Consumer Culture*, Hatje Cantz Publishers, p. 62-67.

4. Brakus J. Josko, Bernd H. Schmitt, Lia Zarantonello (2010): «Brand Experience: What is? How do you Measure It? And Does It Affect Loyalty?» Monografía, Columbia Business School, p. 4-6 y 39.

5. Simmel, George (1903): The Metropolis and Mental Life. En: *Simmel on Culture*. David Frisby y Mike Featherstone (eds.), Londres, Sage 1997, p. 174-185; Peter Weibel, Schaufenster-Botschaften. En: Künstler-Schaufensten, Graz: Steirischer Herbs 1980, p. 5-17.

6. Kiesler, Frederick: «Some Notes on Show Windows». Monografía no fechada, Austrian Frederick and Lilian Kiesler Privat Foundation, Viena, p. 106.

PARTE III

Belleza que atrae y enamora

10

Belleza física

*La belleza, sin necesidad de valedores, persuade
por sí misma los ojos de los hombres.*
WILLIAM SHAKESPEARE

*Los hombres creen que las mujeres son como los libros, si la portada
no capta la atención no se preocupan por leer en su interior.*
MARILYN MONROE

*Supe de la garantía incondicional de la crema de belleza. Fui a
la tienda. Me miraron y me la pagaron por adelantado.*
PHYLLIS DILLER

La sociedad moderna se apasiona por la belleza personal. Desde el instante en que uno es capaz de reconocer su rostro ante el espejo hasta el momento en que la edad senil se apodera e impregna el cuerpo, el ser humano se preocupa (y se ocupa) seriamente por su imagen personal. Dedicamos tiempo y dinero a arreglar nuestra apariencia, a usar productos cosméticos, de higiene personal y de perfumería, a utilizar y a vestir modelos de ropajes y de calzado a los que se dedican esmeradas decisiones de compra antes de incluirlos en el guardarropa.

La seducción por la belleza personal se remonta a tiempos inmemoriales. Descubrimientos arqueológicos demuestran que los neandertales y los paleolíticos decoraban y ornamentaban sus cuerpos con plumas, huesos y piedras trabajadas. Lo hacían por motivos rituales, fúnebres, al igual que para festejos y demostraciones de jerarquía. Los tatuajes fueron práctica común en numerosas culturas prehistóricas, igual que la utilización de adornos. Impregnar el cuerpo con pigmentos coloristas y usar atavíos ha sido una constante en la historia de la humanidad.

Los egipcios creían que no solo la higiene, sino también la belleza acercaba a los seres humanos a los dioses. En el antiguo Egipto, el color de la piel también señalaba estatus social, ya que la piel clara de una mujer era un indicio de que no trabajaba al aire libre. Esta distinción del bronceado se mantiene todavía en algunas culturas.

En el antiguo Egipto las personas de mayor rango usaban perfumes, bicarbonato de sodio para higienizar la dentadura y máscaras (llamadas *souabou*) para tratamientos exfoliantes que contenían una mezcla de ceniza y arcilla. Así mismo, practicaban masajes con aceites perfumados e incienso. Las mujeres se pintaban el contorno de los ojos con malaquita, turquesa o terracota, se empolvaban la piel con ocre y se coloreaban los labios con carmín. Utilizaban adornos en el pelo, que arreglaban, y cuyo aspecto mejoraban con agujas y diademas de marfil, oro y diversos metales, malaquita, turquesa y otras sustancias preciosas.

La joyería en general abundaba, tanto para propósitos decorativos como en forma de amuletos para ahuyentar los malos espíritus. Las uñas se pintaban con tintes naturales *(henna)* y el espejo era ya de uso corriente. Aunque no haya pruebas fehacientes de que Cleopatra se bañara en leche de burra para ser más hermosa, la leyenda indica claramente que la belleza se constituyó en una expresión de divinidad; el perfume y los polvos significaban estatus.

Los griegos desarrollaron una actitud espartana. Asumían que la belleza descansa en la armonía natural más que en la aplicación de pinturas en la cara. Aun así, el maquillaje fue utilizado en ceremonias como la del matrimonio, permitiendo a la mujer que se decorara por una noche. El hombre esculpía su cuerpo con gimnasia, además de practicar masajes con aceites perfumados.

En la antigua Roma los romanos desarrollaron gran interés y orgullo por su apariencia. Los baños públicos desempeñaron una función social respondiendo al deseo no solo de estar limpio sino de resultar atractivo. La mujer romana se higienizaba, se depilaba y se sujetaba el contorno con una visión sílfide de hermosura. Igual que los griegos, aclaraban su piel con cerusita a pesar del conocimiento de que su uso continuado resultaba dañino, ennegrecía la dentadura y perjudicaba el sistema nervioso, anticipando incluso la muerte.

Hasta la Edad Media, el deseo de mantener la piel clara se mantuvo en la mujer, sin importar el coste. El cristianismo generó una presión en la mujer con el fin de conformar una nueva visión de la belleza. Se la exhortaba a que apareciera pura y virginal, con juventud eterna. Esta nueva mujer tenía senos pequeños y elevados, pelo largo y vientre prominente como símbolo de fertilidad. La demanda puritana exigía que luciera natural y que asumiera que los tratamientos de belleza que llegaban desde Oriente conducían a vivir una interpretación irreal de esa perfección.

Igual que en la cultura egipcia y romana, los brillos, la simplicidad y los rayos solares se vincularon con la *cercanía espiritual*. Debido a las asociaciones con juventud y divinidad, el cabello rubio comenzó a ser usado. Para lograr las tonalidades rubias, las mujeres venecianas se teñían el pelo con una mezcla de zumo de limón, orín y amoníaco, y luego se sentaban a secarlo en las terrazas con sus cabezas protegidas con gorros que evitaban que la piel se tiñera del mismo color.

A mediados del siglo XIX emergió otro tipo de ideal de mujer. Esto fue consecuencia de que ocupaba, por primera vez, territorios típicamente reservados al hombre: jineteaba, practicaba esgrima, nadaba y se informaba leyendo los periódicos.

Anticipó lo que luego sería *la mujer de Gibson*, un arquetipo de mujer americana creado por el ilustrador Charles Dana Gibson, quien la imaginó alta, esbelta, delgada, atlética, y como parangón de belleza, con ojos brillantes, pestañas sensuales y abundantes mechones de pelo arreglados artificial y despreocupadamente en la cabeza (1). *La mujer de Gibson* fue una figura de ficción. Sin embargo, prosperó la idea que concibió a la mujer como más decorada que nunca: sus curvas exageradas por el corsé pronunciaron la cintura, las caderas y el arqueo de las piernas invisibles por el miriñaque.

A inicios del siglo XX, la belleza comenzó a democratizarse, propulsada por la publicidad y la mayor circulación de revistas. Asimismo, el poder lograrla en el propio hogar artesanalmente, con productos fabricados en forma industrial, incidió en su expansión. El surgimiento de los salones y *boutiques* de belleza constituyó otro importante hito. La escena culmina con la creación de la primera marca global de productos de belleza, Helena Rubinstein. Su talento para exacerbar el miedo femenino ante la vejez dio inicio a la actual y multimillonaria industria de la belleza.

Hoy participan en el sector marcas globales muy bien posicionadas que otorgan un importante dinamismo al desarrollo de nuevos productos. Son claro ejemplo de ello marcas como Estée Lauder, L'Oréal, Procter & Gamble (P&G), Unilever, Max Factor, Chanel, Christian Dior, Shiseido, Revlon, Bobby Brown, Body Shop, Avon, Clarins, Puig, Natura Bissé y L'Occitane en Provence, entre otras. Asimismo, *megastores* especializadas como Sephora y Douglas facilitan la distribución y ofertas de productos de belleza.

Figura 10.1 Imagen de la Mujer de Gibson por Charles Dana Gibson,1891.

En promedio, el hombre americano casado dedica 32 minutos al día a higienizarse, vestirse y mejorar su apariencia, mientras que la mujer casada dedica 44 minutos. No hay edades para la vanidad: entre las mujeres americanas con 70 o más años que viven solas, para las cuales se podría pensar que las limitaciones físicas reducen la posibilidad de dedicar tiempo para mejorar su imagen, el tiempo dedicado a esta actividad es de 43 minutos al día.

Un estudio conducido sobre 8.600 mujeres en Francia en 2010 por la web aufeminin.com suministra datos adicionales. El 25% de las respuestas de las participantes de distintos países de Europa admitieron su adicción a la belleza, y que rara vez salen de casa sin aplicarse algún tipo de maquillaje. Consideran además el rímel particularmente indispensable.

El uso de tatuajes ha crecido significativamente en los últimos años. Ha pasado de ser un símbolo de rebeldía a otro de estatus y constituye un concepto alternativo de belleza. La fijación permanente del tatuaje convierte el grabárselo en un acto radical, ya que es para toda la vida. Por este motivo, últimamente se ha incrementado la práctica de los tatuajes temporales. En los Estados Unidos, alrededor del 40% de la población entre 26 y 40 años tiene un tatuaje; y el 36% de los jóvenes entre 16 y 25 lleva alguno. Los datos indican que, para ciertas personas, grabarse un tatuaje puede significar una manifestación temprana de crisis de la mediana edad.

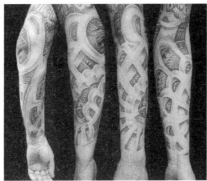

Figura 10.2 En los últimos años, la cultura del tatuaje ha crecido significativamente como concepto alternativo de belleza.

La aplicación de bótox y de procedimientos similares también se ha visto incrementada en los últimos años, convirtiendo las intervenciones médicas en rutinarias. Asimismo, el aumento de alarmismo sobre el uso de determinados productos químicos ha incrementado la demanda por productos de belleza naturales y orgánicos; de hecho, una nueva marca en esta categoría parecería emerger cada media hora. Muchas marcas internacionales se orientan a los mercado chino e indio y a otros de países emergentes en los que la demanda de belleza está en pleno crecimiento.

El sector de cosmética y de cuidado personal genera en la actualidad ventas de más de 400 mil millones de dólares anuales, de los cuales el mayor porcentaje corresponde a productos para el cuidado y protección de la piel. El 94% de los hogares consume algún tipo de productos de esta categoría, que los consumidores consideran como gastos discrecionales y que representan el 5% del total del consumo. Sin duda, parte de estos gastos se originan para evitar ofensas olfativas o visuales a los miembros de la familia, amigos y otras personas con los que nos vinculamos, pero estas cantidades son mínimas y están alejadas del total de lo que actualmente se dedica a esta categoría de productos de belleza.

BELLEZA FÍSICA, CÓMO MEDIRLA

La belleza física es escasa. Este es un principio indudable debido a las diferencias genéticas en la apariencia personal, lo que produce que por algunos criterios sociales algunas personas sean percibidas más hermosas que otras. A medida que unos quieren distinguirse de los demás, se aumenta el gasto para intentar singularizarse.

Las personas atractivas tienen, en principio, una serie de ventajas en la sociedad, que se pueden resumir en:

—Los niños guapos son más populares, tanto entre los compañeros como con los maestros. Los maestros evalúan por encima el trabajo de estos niños y desarrollan mayores expectativas sobre ellos (lo que se ha demostrado que provoca una mejora el rendimiento).

—Los solicitantes de empleo atractivos tienen más posibilidades de obtener trabajo y de recibir mayor salario (un estudio ha demostrado que los hombres altos ganan 600 dólares más por cada 2,55 cm que los hombres bajos).

—En temas legales, las personas atractivas son declaradas culpables con menos frecuencia. Cuando son condenadas, reciben sentencias menos severas.

—La preferencia de la belleza opera en casi todas las situaciones sociales. Todos los experimentos realizados demuestran reacciones más favorables hacia las personas atractivas.

—El estereotipo de que «todo lo bello es bueno» está muy extendido y se asocia a las personas hermosas con características como inteligencia, competencia, habilidades sociales, confianza e incluso virtudes morales.

Por lo tanto, queda claro por qué el atractivo físico es tan importante para la mayoría de las personas y, al mismo tiempo, resulta tan fascinante como para que se dedique tiempo y dinero para intentar lograrlo.

Según la mitología, la belleza femenina ha logrado perturbar la razón de algunos hombres poderosos hasta llevarlos a declarar la guerra. Recientes investigaciones han podido demostrar que el hombre toma peores decisiones tras estar expuesto a la belleza femenina, y las neurociencias han explicado los orígenes neuronales de este fenómeno.

Por ejemplo, en hombres expuestos a fotografías de mujeres hermosas se produce un aumento significativo en el *retardo de descuento*, aquella disminución del valor actual de una recompensa con respecto a su valor futuro. Significa que se prefiere obtener una menor recompensa inmediata en lugar de otra mayor diferida en un tiempo prolongado (la misma tendencia se documenta en personas adictas o que padecen deterioro de autocontrol). Por el contrario, la visión de imágenes de hombres atractivos no afecta en lo más mínimo a la toma de decisión de la mujer.

El efecto que los rostros hermosos producen en el cerebro se localiza parcialmente en la amígdala. Su activación, que detecta el valor de los estímulos sociales, se ha asociado con la apreciación de todo tipo de recompensas futuras, y por supuesto esta área demuestra mayor actividad ante rostros hermosos que ante los poco agraciados.

Tanto en hombres como en mujeres, los rostros hermosos causan mayor actividad en otras áreas del cerebro involucradas con el procesamiento de recompensas. Incluye el núcleo *accumbens,* que también se activa como respuesta a los estímulos que involucran recompensas monetarias, y la corteza prefrontal media. La corteza cingulada anterior, relacionada con la evaluación de recompensas de comportamientos actuales, también se activa como respuesta a los rostros atractivos, demostrando una clara orientación a la utilidad presente más que a la de futuro.

¿Se puede medir rigurosamente la belleza personal? ¿Puede ser por el tipo de pelo o por su color? ¿Por el peso? ¿Según la altura? ¿Por la fisonomía del rostro? ¿Por la belleza interior, el carácter y su expresión? ¿Por la generosidad? ¿Simpatía? ¿Expresión facial? ¿Por la forma de vestir? ¿Por la combinación de todos ellos? Hay quienes sostienen que la cara es lo primero y definitivo, bajo la perspectiva estética, que determina la belleza (2). Según este punto de vista, las personas construyen sus opiniones sobre belleza basadas solamente en la fisonomía. Para el poeta libanés Kahlil Gibran, sin embargo, «la belleza no descansa en el rostro, sino que es la luminosidad del corazón».

En una investigación desarrollada en el Instituto Tecnológico de Massachusetts se analizó la «información configurativa» que determina la distancia, la posición y el tamaño de las características del rostro. Se descubrió que, aunque la información de los rasgos es suficiente para que se puedan distinguir los rostros de otros objetos, la información configurativa es necesaria para distinguir un rostro de otro, algo especialmente importante para evaluar su belleza[3].

Trabajos posteriores lograron evidencias sobre esta configuración del atractivo explorando una serie de cuestiones: ¿la valoración del atractivo facial requiere de información de los rasgos o información configurativa? Utilizando rostros mejorados de mujeres se pudo determinar cuáles eran los rasgos atractivos y así se pudo recrear un atractivo promedio. Exagerando los rasgos del atractivo promedio (mayor tamaño de ojos o menor distancia entre la boca y nariz, por ejemplo), el juicio de belleza o atractivo aumenta[4].

Como se sabe, la exageración es una técnica utilizada por los dibujantes y artistas expresionistas, quienes en esencia toman una característica del rostro, sustraen de ella lo estándar y aumentan la singularidad. Se ha demostrado que el cerebro responde en forma muy activa, especialmente en las neuronas de las áreas cerebrales dedicadas al reconocimiento del rostro, cuando la información es holística.

La realidad es que son escasos los métodos cuantitativos que puedan comparar con auténtica precisión las percepciones diversas sobre belleza personal. A pesar de que sí existen estándares universales sobre belleza, escasean los estándares comunes para que las personas de distintos países y culturas puedan valorar coherentemente a otras personas.

¿Son las mujeres más hermosas que los hombres? Cuando se trata este aspecto objetivamente (sin romanticismos), parecería que los niveles de belleza entre sexos son prácticamente idénticos. Resultados similares se obtienen cuando la comparación es entre razas o etnias. Por el contrario, sí hay diferencias significativas cuando se compara entre edades. Evidentemente, los jóvenes son considerados más hermosos que los adultos.

Figura 10.3 Los Ángeles de Victoria's Secret en Hollywood. La marca, que diseña lencería y otros productos de belleza femenina, selecciona cada año de veinte a cuarenta de las mejores modelos del mundo de la moda para su desfile de temporada. Además, cuentan con media docena de mujeres conocidas como «ángeles de Victoria's Secret», que ayudan a difundir el evento. Sus bellezas causan furor en el mundo entero.

ESPEJITO, ESPEJITO

El mensaje del espejo se procesa a diario; de hecho, al inicio de cada día recibimos su *comentario*. Las personas se obsesionan con su apariencia mucho más de lo que se suele admitir. Aunque no debe considerarse un indicador de vanidad, la vanagloria significa un excesivo concepto u orgullo en la propia apariencia. La preocupación por el aspecto o el tipo es totalmente normal y comprensible.

Un estudio sobre estudiantes universitarios demostró que el 74,4% de las mujeres con peso normal piensa «todo el tiempo» o «frecuentemente» en su peso o apariencia. Y las mujeres no son las únicas: la investigación demostró que el 46% de los hombres de peso normal respondieron de forma similar. Preocuparse por la apariencia se ha convertido en algo muy extendido en nuestra cultura actual, lo que favorece el aumento de la idea de la imagen negativa. Parecería que se manifiesta un círculo vicioso: a medida que la persona se enfoca más en su cuerpo, peor tiende a sentirse con su apariencia (la obsesión alimenta el descontento).

¿Qué factores afectan a la apariencia? Tanto si es positivo como negativo, el aspecto se conforma por una variedad de factores:

—Comentarios de los demás (positivos o negativos).

—Ideales desarrollados de la apariencia física.

—Frecuencia con la que nos comparamos con los demás.

—Exposición a imágenes idealizadas frente a cuerpos normales.

—Experiencia de actividades físicas.

—Experiencia de abusos (sexual, físico o emocional).

—Experiencia de prejuicios y discriminación (racial, étnica, religiosa, inteligencia, orientación sexual).

—Experiencia sensorial (placer, sufrimiento o enfermedad).

Muchos de estos factores son gestionables, mientras que otros quedan fuera de nuestro control. Tener la imagen de un cuerpo sano requiere comprender los factores controlables y tomar las precauciones para preservar el aspecto.

Se disfruta de la imagen positiva de la propia belleza personal cuando se desarrolla una percepción realística del propio cuerpo y se acepta tal cual es. Implica además entender que los cuerpos hermosos vienen en distintos tamaños y formatos, y que la apariencia física dice poco sobre el carácter y los valores personales. La imagen de cuerpo sano significa que el juicio sobre el propio cuerpo es independiente del sentimiento de autoestima, y asegura que no se dedica demasiado tiempo a preocuparse por la dieta, el peso y las calorías.

Puede incluso que las personas atractivas no se miren al espejo a diario por vanidad, sino por inseguridad. Suele olvidarse que la belleza personal puede generar algunas desventajas: las personas atractivas reciben más presión para mantener su apariencia. Algunos estudios incluso demuestran que no se benefician del hecho de la belleza en términos de autoestima. Suelen poner en duda su propio talento y sus capacidades, en la creencia de que las valoraciones positivas están influidas por su aspecto.

INFLUENCIA DE LOS MEDIOS

La imagen corporal es la forma como alguien percibe su propio cuerpo, asumiendo que los demás lo percibirán con el mismo resultado, positiva o negativamente. Esta imagen, a menudo, se ve afectada por la opinión de la propia familia, la de los amigos, los compañeros de trabajo o por la presión social y los medios de comunicación.

Los medios son reconocidos por su capacidad de otorgar un toque de *glamour* a las cosas. Por ejemplo, se ha documentado que, para algunas personas, la exposición a ciertos medios vinculados con la moda que resaltan la delgadez y figura de las *top models* aumenta la preocupación (y obsesión) por cuidar el peso y la adscripción a comportamientos y dietas de alimentación de dudoso resultado para el bienestar y la salud.

Adicionalmente, propician que las preocupaciones normales sobre la apariencia se conviertan, en ciertos casos, en obsesión. Habría, al menos, tres razones para ello:

—Los medios han adoptado un estándar uniforme y bastante rígido de belleza.

—La televisión, las vallas publicitarias, las revistas y los pósteres logran que la exposición a *gente guapa* sea constante, mucho más frecuente incluso que a ciertos miembros de la propia familia, lo que provoca que lo excepcional del atractivo personal parezca real, normal y alcanzable.

—Los estándares de belleza de hecho se han convertido en cada vez más difíciles de mantener, sobre todo en el caso de las mujeres. El ideal mediático actual de delgadez femenino solo puede lograrlo menos del 5% de la población femenina.

Un estudio sobre 4.294 anuncios de televisión ha revelado que 1 de cada 3,8 anuncios envía un mensaje sobre *el atractivo*, mencionando lo que es o no hermoso[5]. Programas de adelgazamiento, píldoras para perder peso y métodos de gimnasia corporal suelen ser frecuentes en los medios de comunicación. En cierto modo, definen una forma de belleza que tratan de imponer en la sociedad. La realidad es que esta influencia, además de llegar a los adultos, está impactando en los segmentos infantiles. Niñas entre 5 y 8 años objetivan la figura ideal femenina en revistas, películas, programas de televisión e incluso en los dibujos animados. Para contrarrestar este efecto, una serie de organizaciones sin ánimo de lucro y fundaciones privadas promueven movimientos para evitar estigmas y lograr la apreciación de la imagen real del cuerpo, el cuidado de la salud y la aceptación de la propia identidad.

La Universidad de Stanford y la Universidad de Massachusetts documentaron en una investigación que el 70% de las estudiantes se sentían frustradas con su propia imagen tras leer revistas dirigidas a mujeres. Otro estudio realizado en 2006 demostró que, no solo ver programas de televisión en horarios de máxima audiencia o estar expuestos a videos musicales hace que los hombres se sientan incómodos consigo mismos, sino que esta insatisfacción incluso provoca problemas de tipo sexual y comportamientos peligrosos.

Al ver las imágenes una y otra vez, las personas tienden a creer que constituyen versiones de la realidad. Si estos cuerpos son reales y uno está imposibilitado para lograr el parecido, ¿cómo evitar sentirse mal consigo mismo? Lo que vemos en televisión y en las revistas eventualmente se convierte en un estándar de la realidad, imposibilitando la percepción de deficiencias o de fantasías[6].

Los medios son poderosos vehículos de transmisión o de refuerzo de creencias y de valores culturales. Aunque no se les pueda atribuir en exclusiva la responsabilidad de la determinación de los estándares que cualifican el atractivo físico, escapar a la influencia de las imágenes es prácticamente imposible.

La marca de jabones Dove (Unilever) ha enfocado desde hace años su promoción en el tema de la belleza personal con excelentes resultados. Basándose en los hallazgos de una investigación realizada en todo el mundo en 2004, *La verdad real sobre la belleza: Informe mundial*, lanzó la campaña *Belleza real*. La idea propició un diálogo sobre la necesidad de una mejor definición de belleza personal una vez que el estudio demostrara las hipótesis de que la definición existente era limitada e inapropiada. Entre los hallazgos del estudio se documentó que solo el 2% de las mujeres en el mundo se describían a sí mismas como hermosas. Desde entonces Dove ha empleado varios vehículos de comunicación para desafiar a varios estereotipos de belleza e invitar a la mujer a participar en el debate. En el 2010 la campaña evolucionó con un esfuerzo sin precedentes para lograr que la belleza se convierta en una fuente de confianza y no de ansiedad poniendo en marcha «Movimiento Dove de Autoestima». Hasta el momento han participado alrededor de 15 millones de mujeres en este movimiento.

En abril de 2015 la marca puso en marcha una nueva campaña internacional, lanzando «Elige belleza». La idea se fundamenta en que la belleza es una opción y decisión personal que tomamos diariamente, y trata de inspirar a las mujeres alrededor del mundo a que modifiquen la forma en que se ven a sí mismas.

«ELIGE BELLEZA» DE DOVE

La campaña «Elige belleza» se lanzó simultáneamente en cinco ciudades: San Francisco, Shanghái, Nueva Delhi, Londres y San Pablo, para captar la consideración de la mujer moderna sobre su propia belleza. En las tiendas donde se instrumentó instalaron un sistema de doble puerta de acceso. Una puerta indicaba «Belleza», mientras que la otra adyacente se identificó con «Promedio». La mayoría de las mujeres decidían ingresar por la puerta Promedio. ¿Por qué? «Alcanzar la belleza es muy difícil para mí —declararon algunas—, por eso elijo Promedio».

Otras participantes creen que su decisión pudo estar influida por los estándares sociales de belleza. «¿La selecciono debido a que constantemente me están bombardeando con ideas y por lo que me han dicho debería aceptar?, ¿o decido según lo que realmente creo?». Las mujeres que seleccionaron Promedio indicaron sentirse mal consigo mismas, pero las que seleccionaron Belleza pensaban totalmente diferente. «Ha sido un sentimiento de triunfo —mencionó alguna—. Ha sido como decirle al mundo que pienso que soy hermosa». Autoproponerse reconocer la propia belleza puede afectar no solo la forma de enfocar el día, sino a mejorar sustancialmente la autoimagen. La campaña, que invita a un «juego para el cambio» y que representa un «aire fresco», también estimula un diálogo global para mejorar la definición de belleza personal.

El éxito de «Elige belleza» tuvo un significativo impacto a varios niveles. Despertó mayor interés en la base de clientes por un tema de gran preocupación: su propia apariencia y autoconfianza. Además, trató sobre aspectos de inseguridad y autoestima en las mujeres jóvenes. Logró gran repercusión. Suministró un propósito superior a la marca y un interés común con los clientes.

El éxito de la marca Dove no sucedió por casualidad. Se basó en una investigación y en una batería de métodos que permitieron comprender lo que la mujer asocia con los productos Dove y la percepción de la belleza, satisfacción en la vida y felicidad. Hay también una voluntad y una predisposición de la marca para estimular y promover el pensamiento creativo desde todo el mundo, y llevar las mejores ideas al mercado. Permitir que surjan las ideas y que luego florezcan no es una cuestión natural en la mayoría de las organizaciones. Los esfuerzos de Dove son notables.

BELLEZA Y FELICIDAD

La felicidad es escurridiza, difícil de conseguir. Además carece de definición universal y objetiva, aunque existe. Aristóteles hablaba de *eudainomia,* una especie de realización personal, y la concibe como un hábito, o como el resultado de varios hábitos. Para algunos, la felicidad es una especie de continua competencia de élite para tener más, ser más exitoso, sentir más placer, lograr hacer más cosas y ser popular.

Figura 10.4 Cecil Beaton, Charles James Ball Gowns, 1948. Belleza sin artificios, capturada por un flash. La imagen muestra el corazón de la feminidad con una elegancia y sobriedad que se mantienen en el tiempo. Lo más apropiado es mostrar en una imagen lo femenino que supone un discurso intelectual y una imagen soñadora. Sin emoción, no hay belleza.

¿Por qué la felicidad es tan esquiva? Una razón se debe a que la auto-perspectiva, el razonamiento y la revelación de la felicidad se modifica cada tres o cuatro años durante el transcurso de la vida. Su significado no es idiosincrático, individualista, aleatorio o estable. Por el contrario, tiene patrones claros, que indican que las personas aspiran a cosas diferentes durante la trayectoria vital. Por ejemplo, para una persona joven (25-35 años), el dinero y la apariencia se vincula con la felicidad. A posteriori, el significado y la trascendencia comienzan a brillar por su importancia. A partir de una determinada edad la vida significada, con sentido, es lo relevante[7].

¿Son las personas hermosas más felices? Teniendo en cuenta considera-ciones específicas sobre aspectos particulares de la vida, incluyendo vida laboral, vida familiar y logros materiales, puede asumirse que las personas hermosas no son más felices que las que se consideran están-dares. Incluso hay quien pudiera pensar lo contrario: que las personas hermosas son menos felices que las demás.

Sin embargo, ambas ideas carecen de rigor. Las personas hermosas son tan felices como el resto. En un estudio realizado en Estados Unidos, Canadá, Gran Bretaña y Alemania se analizó la relación belleza perso-nal/felicidad y, particularmente, se investigó su impacto en el campo laboral, en el de los ingresos económicos y en las perspectivas en el matrimonio.

Por ejemplo, en la cuestión de satisfacción de la vida, basada en la percepción actual y en la experiencia totalizadora, el 55% de las perso-nas consideradas entre las hermosas indicaron estar muy satisfechas; el 53% de las personas en la mitad del *ranking* de hermosura manifestaron lo mismo; solo el 45% de los menos agraciados en apariencia menciona-ron que estaban satisfechos.

El incremento en satisfacción/felicidad generado por la belleza per-sonal se debe a que las personas hermosas logran mejores resultados en el mercado de trabajo, mejores remuneraciones salariales y mayores beneficios en el matrimonio, al casarse con personas que también dis-ponen de mejores ingresos económicos[8].

Mala apariencia e infelicidad en la vida están vinculadas. Esto es especialmente verdadero para las personas que son juzgadas, según la mayoría, como poco atractivas. La relación es válida tanto para las mujeres como para los hombres, por lo que no es una cuestión de sexos.

Parecería que la belleza solo está en la superficie de la piel, pero la fealdad cala los huesos de todos.

Quizás la importancia en las diferencias en la belleza personal que
producen estos impactos negativos disminuya en el futuro. Aunque los
rasgos físicos de belleza personal sean difíciles de modificar, el aumento
de la renta disponible, la abundancia de productos de belleza, los ade-
lantos en cirugía estética y los avances tecnológicos, contribuirán a que
la apariencia personal mejore en promedio.

Adicionalmente a la fuerza y el poder adaptativo, según se analizará
en el próximo capítulo, lo importante, lo trascendente, lo que verdaderamente contribuye a la realización, a la felicidad personal y a la trascendencia, es la belleza interior. Gran parte de esta riqueza interior
puede ser preconcebida y gestionada, al depender de una serie de factores controlables, como el compromiso y opción personal por los valores
o virtudes y la ejemplaridad.

BIBLIOGRAFÍA

1. Tungate, Mark (2011): *Branded beauty: how marketing changed the way
   we look*. Kogan Page Limited, p. 16.

2. Hamermesh, Daniel S. (2011): *Beauty Pays: why attractive people are
   more successful*. Princeton University Press, p. 12.

3. Carey, Susan y Rhea Diamond (1977): «From piecemeal to confi-
   gurational representation of faces». Science, 195, p. 312-314.

4. Perrett D., K. May y S. Yoshikawa (1994): «Facial shape and judge-
   ments of female attractiveness». Nature, 368, p. 239-242.

5. Signorielly, Nancy, Douglas McLeod y Elaine Healy (1994):
   «Gender stereotypes in MTV commercials: The beat goes on».
   Journal of Broadcasting & Electronic Media, Vol 38(1), p. 91-101.

6. Schooler, Deborah y L. Monique Ward (2006): «Average Joes: men's
   relationship with media, real bodies and sexuality». Psychology of
   Men & Masculinity, vol. 7, nº 1, p. 27-41.

7. Álvarez del Blanco, Roberto M. (2011): *Neuromarketing, fusión perfecta: seducir al cerebro con inteligencia para ganar en tiempos exigentes.* FT Prentice Hall Financial Times, p. 201.

8. Hamermesh, Daniel S. y Jason Abrevaya (2011): «Beauty is the promise of happiness?» Institute for the Study of Labor, Bonn, monografía n° 5600, marzo.

11

Belleza interior

*En realidad, no hay belleza más auténtica que la sabiduría que
encontramos y apreciamos en ciertas personas. Prescindiendo
de su rostro, que puede ser poco agraciado, y haciendo caso
omiso de la apariencia, buscamos su belleza interior.*
PLOTINO

*La belleza física es pasajera —es una posesión transitoria—, mientras
que la belleza de la mente, la riqueza de espíritu y la ternura del
corazón no se pierden, sino que crecen. ¡Aumentan con los años!*
TENNESSEE WILLIAMS, *Un tranvía llamado deseo*

*Valora a la persona por sus cualidades humanas, por
sus valores, por la compatibilidad contigo, más que por
su estatus representativo, poder o hermosura.*
CAROL BOTWIN

La belleza exterior e interior juegan un importante papel en la vida, ya
que influyen en la realización personal que todos ambicionan alcanzar.
Las dos son necesarias, aunque, si una resultara muy superior a la otra,
la disparidad podría constituir una fuente potencial de problemas. Si la
belleza exterior sobresaliera exageradamente sobre la belleza interior,
podría asociarse a esa persona con egoísmo, codicia y arrogancia, mez-
clada con buena presencia. Cuando la singularidad personal surja por
la apariencia o bien por la belleza que emana del carácter, será perci-

bida y sentida por los demás. La belleza es un activo necesario en la vida y ambas, la beldad exterior e interior, son importantes.

El equilibrio entre la belleza exterior e interior aumentará las oportunidades para lograr la diferenciación y los objetivos personales. La belleza interior excepcionalmente puede manifestarse en solitario, igual que la belleza exterior no puede sostenerse aisladamente, pero siempre podrá iluminarla a lo largo del tiempo. Ser conscientes de las características (aquellas que atraen a los demás) y de las consideraciones para la verdadera belleza personal resulta de una exploración y descubrimiento trascendente o de un ejercicio intelectual de autorreconocimiento.

Evaluamos continuamente la apariencia de las demás personas: nuestro detector de belleza nunca deja de funcionar, trabaja sin cesar. Identificamos automáticamente el atractivo de cada rostro y registramos si resulta o no familiar. El detector de belleza escanea el entorno como si fuera un radar: podemos ver un rostro en fracciones de segundo (150 milisegundos según las investigaciones realizadas) y ponderar su belleza, incluso valorándola en forma similar a una inspección más detallada o prolongada. Luego, invalidamos y olvidamos una serie de detalles, aunque la primera impresión se mantiene grabada en la memoria.

La evaluación de la belleza interior requiere de mayor análisis sobre aquellas propiedades de calidad personal. Puede requerir horas, días, semanas o meses. Estará en función de la relación personal, de la transferencia que se produzca en la interacción, de la conexión amigable y de los juicios objetivos y subjetivos que se produzcan. Es una interpretación tanto literal como metafórica de la belleza interior que, una vez descubierta, se mantiene firmemente grabada en la memoria. Inclusive, algunas de las calidades percibidas suelen ser emuladas.

Según la visión de Platón, la persona hermosa se identifica con la persona moral. En visiones más contemporáneas, la belleza interior se asocia con inteligencia, humor y optimismo. La belleza interior, por lo tanto, no es física sino psicológica. Se refiere a la personalidad, a los rasgos del carácter, a los hábitos y a los modos de comportamiento personal. Se asocia al tipo de persona que uno es.

Más específicamente, se vincula la belleza interior con las personas que se preocupan por los demás, que son altruistas, leales, honestas, confiables, generosas, tolerantes y solidarias. Asimismo, son carismáticas, seguras de sí mismas, auténticas y despliegan buenos modales en todas sus relaciones sociales.

La persona íntegra actúa moralmente. En su teoría moral, Kant enfatiza que la motivación detrás de cada acción es importante. Por lo tanto, la belleza interior es compatible con su teoría cuando una persona que es internamente hermosa actúa diligentemente, más allá del respeto a la ley moral, superando los imperativos categóricos[1]. Según el poeta y filósofo alemán Johann Friedrich von Schiller, actúa moralmente en segundo orden, debido a que obligación e inclinación están en armonía[2]. Esta armonía asegura la moralidad al silenciar la batalla constante entre razón y emoción.

En cuanto al carácter personal, los rasgos propios pueden ser positivos en dos aspectos: en la vida social o en las relaciones interpersonales. Ambas son deseables en el marco de la sociedad. Análogamente a la diferencia entre moralidad requerida y acciones dignas de alabanza, podría también denominarse *carácter meritorio de elogio*. Estos atributos del carácter influyen profundamente en la belleza interior, aunque no constituyen el final de la historia. La belleza interior también depende de ciertas particularidades neutras del carácter. Por ejemplo, piense en propiedades como la inteligencia, el humor, el espíritu o la elocuencia. Estas peculiaridades, en términos generales, son signos de alto nivel intelectual de una persona. Pueden denominarse características deseables del carácter que contribuyen positivamente a la belleza interior.

Compare, por ejemplo, a una persona aguda, ingeniosa e inteligente con otra aburrida, sosa, malhumorada. ¿Cuál es más hermosa? La respuesta es muy evidente. Si una persona se siente segura de sí misma, es carismática, auténtica o feliz consigo misma, se convierte en interiormente hermosa. Estos atributos del carácter son signos demostrativos de que la persona se conoce a sí misma, acepta su personalidad y está dispuesta a manifestarse tal cual es. Por lo tanto, generará impresiones positivas en los demás.

En síntesis, cuatro son los atributos típicos del carácter para la belleza interior: compromiso moral, actuación diligente, características intelectuales y aquellas que muestran una autoimagen positiva. Esta clasificación no pretende ser selectiva o ambigua; todo lo contrario, intenta proporcionar una descripción sistemática de aquellos atributos típicos del carácter asociados con la belleza interior. La pregunta de cómo se conectan estos atributos entre sí aún está por responder. La idea inspirada en la virtud ética de Aristóteles podría ser de ayuda: la persona es interiormente hermosa cuando está dominada por el virtuosismo.

VALORES

Cuando la persona actúa directamente sobre los valores surgen cuestiones de prioridad moral. Asistimos, en Occidente al menos, a una importante crisis de valores. Los destacados profesores de finanzas Michael Jensen, de la Universidad de Harvard, y William Meckling, de la Universidad de Rochester, en un artículo muy citado introdujeron cinco modelos de la *naturaleza del hombre*. Rápidamente desdeñaron tres de ellos, los que describen el comportamiento humano desde la perspectiva de la sociología, la psicología y la política. El cuarto, basado en la economía, no llegaron a rechazarlo, sino que lo integraron en el quinto, y lo otorgaron el curioso nombre de *modelo de recursos, evaluador y maximizador* o *REMM*.

Según los autores, con el modelo REMM todo el mundo es un evaluador. Las personas tienen todo tipo de deseos y eligen entre ellos, concretamente entre las cantidades de cada uno de esos deseos (los autores admiten que las cantidades de algunos de estos deseos, como el dinero y los automóviles, pueden evaluarse y medirse mucho más fácilmente que otros deseos como la confianza y la integridad). Estos deseos son ilimitados, por lo que el REMM nunca puede llegar a saciarse. Siempre quiere más, de modo que todo individuo es un maximizador[3].

Una consecuencia significativa es que el REMM carece de absolutos. Concretamente, según los autores, la necesidad es algo inexistente. Todo es elección de una cosa por encima de otra (exceptuando naturalmente la necesidad de tener más). Lo ilustran con un sorprendente ejemplo. Se dice que George Bernard Shaw, el famoso autor y pensador social, declaró una vez que, durante un viaje transoceánico, conoció a una famosa y bella actriz en cubierta y le preguntó si estaría dispuesto a acostarse con él por un millón de dólares. Ella accedió. Le siguió él con una contrapropuesta:

—¿Y por diez dólares?

—¿Quién se piensa que soy? —respondió ella muy indignada.

Y él replicó:

—Lo que usted es ya lo hemos dejado claro… Ahora, simplemente estamos renegociando el precio.

Lo sorprendente, más allá de la conocida historia, es el hecho de que, en lugar de calificarla de un modo u otro, Jensen y Meckling continúan con la siguiente afirmación: «Nos guste o no, los individuos estamos dispuestos a sacrificar un poco de cualquier cosa que nos importa, incluso la reputación y la moralidad, por una cantidad lo suficientemente grande de otras cosas que deseamos». Implica que, empujado al límite, todo el mundo está dispuesto a corromperse. Nada nos importa. Los REMM están por todas partes, proclaman los autores[4].

CASA DE VALORES PERSONALES

En el ser humano convergen la beldad y la fealdad, el altruismo y el egoísmo, el juego y el rigor, el placer y la grandeza, la soledad y la compañía. Adquieren un dinamismo centrípeto y centrífugo. Armonizar esos elementos contradictorios exige un gran alarde la inteligencia, o de algo superior: la sabiduría. Se entiende por sabiduría la inteligencia habilitada para la felicidad privada y para la felicidad política, es decir, para la justicia[5].

La inteligencia triunfadora es la que inventa lo valioso, lo hermoso para la persona, tanto en su vida privada como pública. Es su gran posibilidad, la gran hazaña o, en términos clásicos, su *areté*. Una capacidad se convierte en *areté* cuando alcanza la excelencia. Admiramos la *areté* musical de Mozart, de Haydn o de Schubert. Su talento inicial se fue ampliando, profundizando, perfeccionando, debido a un trabajo minucioso y oculto. Adquirieron la virtud creadora, la potencia de inventar sonoridades nuevas con las notas de siempre.

La persona alcanza su *areté* básica en la sabiduría, que es la inteligencia aplicada a la creación de valor mediante la gestión de virtudes. Es un modo de hacerla expansiva, optimista, resuelta, inventiva, cuidadosa, ingeniosa, intensa y estimulante. Para ello se deben coordinar esfuerzos dispares y captar valores, aprender de la experiencia y comprometerse en la práctica de lo que considera mejor. Sabio no es quien sabe muchas cosas, sino quien actúa sabiamente. Es un modo elegido de ser, un trabajado proyecto de misión en la vida, el talento para formularse las preguntas adecuadas y buscar respuestas inteligentes. Es la poética de vivir la vida como si fuera una obra de arte hermosa. La buena noticia es que este proceso podemos gestionarlo, ya que está bajo nuestro control.

La escala de valores morales que crean significado y belleza interior se pueden observar en los 10 principales, según se muestra en la figura 11-1. Redescubrir cuáles la iluminan es una parte significativa en el proceso constructivo de la belleza interior, una forma de conectar con la autenticidad y de resultar interesante a los demás. Por lo tanto, independientemente de dónde se esté posicionado en la vida, la oportunidad de conocimientos, sabiduría e inteligencia ganados a lo largo de la trayectoria significará un magnífico avance para comprometerse y representarse con un sistema de valores sólidos en la vida.

LOS 10 PRINCIPALES DE LA BELLEZA INTERIOR

Casa de Valores

En la realidad, la persona se enfrenta constantemente a situaciones en las que surgen presiones o tentaciones para actuar en forma contraria a la que dictan los valores. Esos compromisos son llamadas que a menudo originan respuestas imprevistas. En cambio, si los valores son firmes y se tiene una clara perspectiva de cómo afectan a la belleza interior, será más fácil encontrar la vía adecuada.

Un aspecto relevante en la creación de belleza interior es identificar el propio decálogo de valores. Una investigación desarrollada en la Universidad de California, Berkeley, demostró fuertes conexiones entre la comprensión de los valores más importantes y una mejora en el proceso de toma de decisión (el tipo de decisiones que contribuyen a mejorar las relaciones con los demás). En el estudio se definieron los valores personales como las reglas internas o principios que usa cada individuo para conducir la propia vida.

Estos valores que cada uno selecciona y con los cuales se compromete constituyen el carácter, la personalidad y el ejemplo de la persona hasta convertirla en referente. Se convierten en los aspectos que sirven de ancla cultural y social, además de fuente ideológica de cómo se desea vivir la vida.

CASA DE VALORES Y EL ESPÍRITU OLÍMPICO

Olympic logo, ©International Olympic Committee (IOC)

EJEMPLARIDAD

La ejemplaridad es consecuencia del significado, la trascendencia y la ética en la vida. Surge de la belleza de poder transmitir y traducir a los demás con la fuerza y los símbolos del ejemplo. Implica el gran reconocimiento de una proposición universal que eleva a alguien desde un estatus particular a otro ideal, y a quien se le reconoce capacidad para suministrar *consejos* morales de vida.

Pero ¿quién es ejemplo de algo? ¿A quién le interesa o se dirige? ¿Qué nos hace ejemplares? ¿Qué nos eleva de una instancia particular a un estatus de *gravitas*? ¿Es la ejemplaridad solo limitada —accidental— o constituye un verdadero paradigma, un modelo dechado de virtudes? La ejemplaridad deriva de la experiencia acumulada y por la práctica regulada de la transmisión o narrativa. Su valoración surge del reconocimiento de conceptos clave como la genialidad y los juicios reflexivos de estética, que conllevan a la imitación mecánica o a la emulación del modelo considerado arquetipo[6].

La excelencia moral puede ejemplarizarse de diversas maneras. Considere los casos del activista social Martin Luther King frente a la voluntariosa caridad de Madre Teresa frente a la filantropía y heroicidad al rescatar judíos durante el holocausto de Oskar Schindler, considerados todos ellos como ejemplos modélicos por una serie de valores bien diferentes. La ética se ejerce según una variedad de formas, por lo que no habría un único tipo ideal de personalidad moral.

Una investigación realizada sobre 805 participantes ha permitido documentar los atributos que las personas consideran descriptivos a tres tipos de ejemplaridad moral (rectitud, valentía y bondad), concluyendo que la excelencia moral puede ejemplificarse de diversas formas, con un amplio espectro de valores[7]. Algunos de los descriptores hallados son exclusivos de cada tipo de ejemplaridad, mientras que otros son compartidos, según puede observarse en el cuadro 11-1.

DESCRIPTORES DE EJEMPLARIDAD

Rectitud	Valentía	Bondad
Buena escucha	*Heroísmo*	*Buen corazón*
Íntegro	*Intrépido*	*Comprensivo*
Razonable	*Enfrentar peligro*	*Protector*

Rectitud + valentía	Valentía + bondad	Rectitud + bondad
Honorable	*Sacrificio*	*Buena escucha*
Coraje	*Dedicación*	*Justo*
Principios	*Altruista*	*Intachable*

El afamado actor Tom Hanks es considerado por sus colegas, además de celebridad ícono, como personalidad ejemplar. Nada desdeñable, teniendo en cuenta que en la forma de vivir y relacionarse en el teatro de las vanidades de Hollywood siempre se ponen en escena los sentimientos más viscerales, muchas veces nacidos de la envidia o los egos, que suelen provocar arrebatos pueriles.

Hanks ha declarado:

> No deseo admitir ante el mundo que puedo ser una mala persona. No quiero que nadie tenga una mala impresión de mí. Hacer películas es muy duro, incluso inestable, y a menos que se pueda ser implacable y cruel, hay una buena probabilidad de desaparecer de la escena muy rápidamente. Por ello, la apariencia en Hollywood puede ser particularmente engañosa.

Es interesante analizar en qué se basa su imagen, su atractivo, y cuáles son las características que los demás reconocen como singulares cualidades estéticas. En este caso, conceptos como la familiaridad, la proximidad y la autenticidad son productores de afecto y reconocimiento. Concretamente, del análisis de su atractivo, su admiración y su percepción de su trascendencia personal sobresalen:

- Buena presencia (principio de atracción).
- No demasiado hermoso (principio de similitud).
- Personalidad confiable (principio de empatía).
- Famoso y amigable (principio de familiaridad).
- Abierto y afable (principio de autenticidad).

En síntesis, alguien que nos agradaría conocer y a quien nos quisiéramos semejar.

La ejemplaridad, como se ha analizado, contiene numerosos elementos u orientaciones y despliega, con coraje o decisión, iniciativas excepcionales para la búsqueda de causas morales. Victor Frank describió en su clásico libro *El hombre en búsqueda de sentido* su experiencia en campos de concentración nazis[8]. Sostuvo que no importa cómo de horrible sea el entorno, siempre se pueden adaptar las actitudes y respuestas a las circunstancias. Si se decide vivir apegado a los valores se logrará autenticidad, energía y ejemplaridad, a pesar de los riesgos de esa alternativa.

FIGURA 11.3 Modelos ejemplares desde diferentes perspectivas del sistema de valores. De izquierda a derecha y de arriba a abajo: Dr. Albert Schweitzer, Mohandas K. Gandhi, Madre Teresa de Calcutta, y Nelson Mandela.

BELLEZA INTERIOR Y FELICIDAD

¿Por qué la belleza física, que proporciona tantas ventajas, *per se,* no necesariamente promete mayor dicha? La felicidad, según se ha demostrado, está más relacionada con cualidades personales como el optimismo, la seguridad, el dominio o el control personal, la autoestima, la capacidad para tolerar las frustraciones y los sentimientos de agrado y afecto por los demás, que con la apariencia o el dinero[9]. La propia naturaleza humana exige ajustar continuamente las expectativas según las circunstancias: cuanto más tenemos, más deseamos al compararnos con otras personas que poseen aún más.

Ningún instinto indica que se ha acumulado suficiente estatus, riqueza material o amor... Por el contrario, ese instinto, si existiera, pondría en duda al principio básico de la evolución. Las personas atractivas se comparan a sí mismas con aquellas aún más hermosas, el rico con el aún más acaudalado. La clave para la felicidad es, en ocasiones, poder superar la actitud de «más es mejor», y apreciar y disfrutar agradecidamente lo que se posee.

La autoestima es un ingrediente importante para la felicidad. Está más vinculada a cómo nos vemos a nosotros mismos que a cómo nos ven los demás. Según remarcara Eleanor Roosevelt: «Nadie puede hacerte sentir inferior sin tu consentimiento». Cuando los demás juzgan la integridad, la sensibilidad y el interés por las personas a partir de la apariencia del rostro, la belleza adquiere poder relativo. Una cara irradiadora de bondad, gentileza y simpatía puede no ser hermosa, y por el contrario otra hermosa podría lucir distante, vacía, altiva o absorbida en no perder el atractivo.

Se asume que hay fisonomías más propicias que otras. Y en una multitud de competidores anónimos estaremos dispuestos a seleccionar a algunos sobre otros para confiar aspectos de nuestra vida. La decisión no se basará solamente en conceptos de belleza externa o apariencia. Aunque se le otorgue consideración, el aspecto es una garantía insuficiente[10]. La belleza interior y la ejemplaridad, en cambio, parecerían ser un buen camino hacia la felicidad. No obstante, nadie a quien se le ofrezca ser más hermoso rechazaría la oferta. Según mencionara la comediante Sophie Tucker: «He sido pobre y me convertí en rica; ser acaudalada es mejor».

El reconocimiento de los valores, la autenticidad y las capacidades surge de lo que los demás ven que uno hace; las percepciones y las asociaciones que se originan de la observación de las acciones cotidianas. A través de los hechos, por lo tanto, la persona construye su propia marca. Edifica una dimensión personal, su posicionamiento en el mundo, beneficiándose del reconocimiento de su originalidad e idiosincrasia.

Las personas más realizadas y destacadas son aquellas que construyen valor en lo que hoy se conoce como marca personal. Luego lo difuminan, además de en su trabajo, en sus relaciones y en la sociedad. Lo hacen tanto en su vida familiar como en los círculos de amigos, en la vida profesional, en la espiritual o en los grupos de influencia. Logran el magnífico propósito de la vida: búsqueda de virtuosismo, de felicidad y de trascendencia.

BIBLIOGRAFÍA

1. Schmalzried, Lisa Katharin (2013): «Inner Beauty – The Friendship Hypotesis». Proceedings of the European Society for Aesthetics, vol. 5, p. 613-635.

2. Schiller, Friedrich (1971): «Kallias oder über die Schönheit. Über Anmut und Würde», Stuttgart: Reclam.

3. Michael Jensen y William Meckling (1994): «The Nature of Man». Journal of Applied Corporate Finance, 7, n° 2, p. 4-10.

4. Álvarez del Blanco, Roberto M. (2008): *Tú, Marca Personal: Gestiona tu vida con talento y conviértela en una experiencia única.* FT Prentice Hall Financial Times, p. 51.

5. Marina, José Antonio (2004): *La inteligencia fracasada: teoría y práctica de la estupidez.* Anagrama, p. 170.

6. Gelley, Alexander (1995): Unruly Examples: *On the Rhetoric of Exemplarity.* Stanford University Press.

7. Walker, Lawrence J. y Karl H. Hennig (2004): «Differing Conceptions of Moral Exemplarity: Just, Brave and Caring». Journal of Personality and Social Psychology, vol. 86, n° 4, p. 629-647.

8. Frank, Victor (1959): *Man's Search for Meaning*. Beacon Press, Boston, p. 77.

9. Myers, D. y E. Diener (1995): «Who is happy?» Psychological Science, 6, p. 10-19.

10. De Montaigne, Michel (1958): *On Physiognomy*. En: M. de Montaigne, Essays. Traducción de J. M. Cohen, New York, Penguin.

12

Hollywood: fábrica espectacular de belleza

Carezco de paciencia para explicar algo que, a pesar de su belleza, no es entendido. Si necesitara de una interpretación adicional de alguien que no es su creador, entonces dudo que cumpla su verdadero propósito.
CHARLIE CHAPLIN

Belleza es lo que sientas en tu interior, y que se refleja en la mirada. No es la apariencia física.
SOFÍA LOREN

Para ojos hermosos, mira por lo bueno de los demás; para labios hermosos, pronuncia solo palabras amables; y para tener aplomo, camina con la seguridad de que nunca estarás solo.
AUDREY HEPBURN

Belleza, moda, *glamour*... se reconocen como las marcas registradas de Hollywood. Incluso la exuberancia es belleza en ese escenario de las vanidades. En Los Ángeles, y especialmente en Hollywood y sus alrededores, probablemente se concentra la mayor parte de personas atractivas del mundo. La razón es muy simple: Hollywood actúa como un imán que atrae la belleza. La mayoría de los jóvenes americanos que han ganado un concurso de belleza en el colegio secundario o en su pequeña ciudad, que desean ser modelos o sueñan con ser actores, se mudan a Los Ángeles a probar fortuna.

De hecho, el porcentaje de la población juvenil es significativo y se incrementa constantemente. En los restaurantes, bares, cafeterías, centros comerciales la gente luce diferente. Es muy común que los que visitan la ciudad por primera vez se impresionen por la cantidad de gente atractiva que se concentra en cada lugar. Y la experiencia visual funciona tanto para mujeres como para hombres.

El clima cálido del sur de California ayuda en este sentido, ya que, al no ser necesario cubrirse en exceso, la vestimenta al uso permite lucir tipos y la gente está en mejor estado físico. Debido a que Hollywood es la *meca* del cine mundial, y la belleza y el *sex appeal* son dos características consustanciales a las celebridades y estrellas de cine, también abundan aquí las personas extravagantes.

Tanto el cine como la televisión son reconocidos como medios donde priman los primeros planos sobre caras de actores y actrices. De esta manera, los realizadores articulan y narran visualmente mejor las historias que ponen en escena. Explicaría en parte por qué la belleza exterior cuenta tanto, o más, que las habilidades artísticas. En ocasiones, la condición de estrella de cine no necesariamente significa ser buen actor o actriz. El término, sin embargo, siempre denota que sí son grandes bellezas.

Hollywood es una maquinaria cinematográfica para el entretenimiento que difunde belleza a raudales, hasta convertirla en objeto de deseo. Es una institución cultural que por definición constituye un sistema simbólico, mediando entre el espectador y el mundo de fantasía. De esta manera se posiciona en la vida visual, influyendo las percepciones, desde romance y amor platónico, hasta belleza física y elegancia.

Asimismo, Hollywood impulsa la idea de observar el cuerpo como algo caracterizado por un elevado y magnífico nivel de perfección. Presenta lo imaginario y lo fantástico; este es uno de los mecanismos de ilusión que singulariza a la mayoría de sus producciones. Esta dimensión fantástica del cine es la que suministra sentimientos de placer, satisfacción y proeza física. La fantasía, incluso, puede hacer creíble la idea de posibilidades de nuevos logros en nuestras vidas: invita a la exploración y al descubrimiento de nuevas *aventuras* y estilos de vida.

El cine se ha convertido en un instrumento gigante de diseminación ideológico que impulsa un exacerbado idealismo representado en la paradoja de la belleza; asimismo, también se ha convertido en un mecanismo de solaz y gratificación. En síntesis, es un medio ideal donde se encuentra la compensación y la reafirmación de identidad. La pantalla es, en este contexto, el lugar donde descargar tensiones y disminuir la presión de la psique. La pantalla seduce, se transforma en espejo, induce placer y provoca felicidad.

La pantalla se abre como una ventana, es transparente. Esta ilusión es el secreto sustancial de la ideología específica de la cinematografía, que le permite ser la máquina ideológica en la que se ha convertido para establecer normas o valores, ideas, creencias y símbolos. Gran parte de la audiencia, sin embargo, percibe el cine solo como un instrumento para satisfacer sus deseos de individualidad, armonía y belleza.

TOMA 1: INFLUENCIA DEL CINE. LUCES, CÁMARA, ACCIÓN

El principal objetivo de Hollywood siempre ha sido entretener audiencias, y así lo ha hecho durante décadas. Desde la introducción del cine mudo en blanco y negro hasta las proyecciones en 3D, el espectador ha vivido experiencias memorables (malas o buenas). La industria ha visto desarrollarse grandes productoras como Warner Brothers, Metro-Goldwyn-Mayer Pictures, Columbia Pictures, 20th Century Fox o Paramount Pictures. También ha llevado al estrellato a grandes figuras, desde el genio musical de Frank Sinatra al talento interpretativo de Marlon Brando, Robert de Niro, Elizabeth Taylor o Bette Davis.

Consistentemente, a lo largo de las décadas ha presentado celebridades que se han consolidado como nombres totalmente familiares en el mundo entero, ya que han entretenido (e incluso hecho soñar) a millones de personas de diversas culturas y orígenes. Celebridades como Clint Eastwood, Audrey Hepburn, George Clooney o Julia Roberts han creado sus propias olas de influencia y se han convertido en roles modelos, en figuras muy respetadas y adoradas que han pasado a formar parte de nuestras vidas.

La influencia de Hollywood se manifiesta en la creación de tendencias que han impactado poderosamente el mundo moderno. Siempre habrá una parte de la sociedad que desea emular a sus ídolos comportándose, vistiéndose o maquillándose como ellos lo hacen. Solo basta recordar la trascendencia de Marilyn Monroe con su estilo, su belleza y su sentido de la moda, que fue emulado por multitud de mujeres durante décadas. De hecho, Hollywood, que mueve más de 760.000 millones de dólares anuales, se ha convertido en una industria eficaz por su capacidad para promover nuevos estilos de belleza debido a la formidable influencia que ejerce.

Durante las décadas de 1920 y 1930, con el aumento de la popularidad de las películas de Hollywood, los ídolos de la pantalla comenzaron a convertirse en roles modelos para las masas. Las mayores tendencias de moda ya no se dictaban solamente desde las casas de moda en París. Los modelos y los estilos de corte de pelo y de peinados usados por las actrices glamurosas, tanto dentro como fuera de la pantalla, llamaron la atención de los entusiastas del cine, lo que provocó incalculables modas pasajeras.

En Hollywood, los diseñadores de moda jugaron un papel crítico para dictar nuevas tendencias de moda. Entre 1928 y 1941, Gilbert Adrian estuvo a cargo del departamento de diseño de vestuario de la Metro Goldwyn Mayer, por aquel entonces el estudio de cine más prestigioso. Además de crear estilos propios para las actrices, impuso varias modas. Una fue la popularidad del vestido a cuadros, en tela de algodón, que diseñó para que Judy Garland lo usara en *El mago de Oz* (1939). Otro diseñador famoso de Hollywood fue Hubert de Givenchy quien, inspirado por su musa, Audrey Hepburn, diseñó para ella modelos elegantísimos para que los luciera en *Desayuno con diamantes* (1961), *Sabrina* (1954) y *Funny Face* (1957)[1].

Los modelos presentados en las películas rápidamente fueron copiados por fabricantes y detallistas. La mujer que se enamoraba de un vestido o de una novedad presentada en una película podía comprarlo a un precio razonable en una tienda, un gran almacén o por catálogo. Las revistas publicaban los patrones basados en el vestuario de películas permitiendo que la mujer accediera a vestirse como una estrella. Uno de los patrones más popularizados fue el que usó Vivian Leigh en la escena del picnic en *Lo que el viento se llevó*, una de las películas más taquilleras de todos los tiempos.

Los artistas comenzaron a asociarse con moda y estilos de corte de pelo, maquillajes y colores de lápices de labios que se convirtieron en *marca* de belleza. El teñido del pelo se generalizó a partir de aquella época, especialmente el rubio platino popularizado por Jean Harlow. Shirley Temple personificó la dulzura y la inocencia infantil, las madres vistieron a sus hijas según el estilo Temple y estilizaron sus cabellos copiando su corte de pelo. La mujer incluso comenzó a usar el pantalón como prenda de vestir, después de que lo pusieran de moda en sus películas estrellas como Katherine Hepburn, Greta Garbo, Marlene Dietrich o Lana Turner.

En paralelo, las cintas del oeste popularizaron las camisas y los pantalones que usaban los vaqueros, tanto en niños como en adultos. Los hombres de entonces usaban camiseta como ropa interior. Clark Gable en una escena de la película *Sucedió una noche* se quitó la camisa y mostró su torso al desnudo, revelando que no las usaba. A partir de ese momento las ventas de camisetas disminuyeron el 75%.

Las películas y las estrellas de cine continúan influyendo en las tendencias de moda y de belleza personal hasta nuestros días. Hoy en día, la alfombra roja de la entrega de los premios Oscar se convierte en una pasarela que inspira a diseñadores, detallistas de ropa y a millones de fans en todo el mundo. Lo mismo sucede con la ceremonia de los premios Emmy, en la que, además de modelos, se lucen cortes de pelo y peinados que luego marcan tendencia. Celebridades como Madonna, Angelina Jolie, Sarah-Jessica Parker, Jennifer Aniston, Lupita Amondi Nyong´o o Lady Gaga (con su exuberante extravagancia) han impuesto modas en sus reiteradas apariciones.

TOMA 2: FACTOR DE BELLEZA DEL CELULOIDE. LUCES, CÁMARA, ACCIÓN

Muchas personas que siguen la vida de las celebridades emulan algunos de sus comportamientos y buscan la perfección física. ¿Qué otra explicación puede tener si no la popularidad de los programas de entretenimiento y reportajes sobre las estrellas en televisión o los desfiles de los artistas en los actos de entrega de premios? La afición por este tipo de programas, en un tiempo exclusiva de mujeres, hoy se ha popularizado también en los hombres. Algunas bellezas de las estrellas despiertan admiración en ambos sexos. Las cejas bien definidas y la mandíbula un tanto afeminada de Johnny Depp son motivo de deseo y envidia tanto en las mujeres como en los hombres.

Los profesionales especializados en cirugía estética suelen contar que algunos de sus pacientes, influenciados por la apariencia de las celebridades, manifiestan sus deseos de tener los mismos atributos físicos: «nariz como la de Julia Roberts», o «nalgas como las de Jennifer López». Tanto hombres como mujeres suelen someterse a estrictas dietas para lograr figuras similares a las de sus ídolos.

El deseo de emulación llega hasta considerar la sonrisa. Internalizar los estándares de Hollywood de lo que constituye una sonrisa hermosa puede tener una serie de implicaciones, especialmente para aquellas personas que desean *interpretar* el papel de sus ídolos y recurren, para ello, a la cirugía dental para transformar sus sonrisas. Hollywood ha inventado una forma de sonreír, y para potenciarla suele exigir por contrato a sus actores que sus dentaduras sean nuevas y reluzcan.

La sonrisa genera atracción y admiración. Cuando se manifiesta, envía una señal de apertura, amistad y buen estado de ánimo. Las personas que proyectan una imagen positiva se asocian, generalmente, con apertura y flexibilidad. Una sonrisa hermosa es un activo añadido a un rostro.

En un experimento biológico diseñado para examinar la correlación neuronal de la belleza, o el mecanismo en el cerebro que se activa por el sentido de belleza, John O' Doherty y sus colegas del Instituto Tecnológico de California exploraron el papel de la sonrisa. Hallaron que la región orbitofrontal (ventrolateral) del córtex prefrontal, que es activada por recompensas y considerada como el *apogeo* de la representación del placer en el cerebro, también se activa por los rostros atractivos. Más aún, la respuesta en esta región se amplifica por la presencia de la sonrisa[2].

En líneas generales, debe asumirse que el cine evoluciona permanentemente; nada persiste, en especial la percepción de la belleza. Para los estándares actuales, Marilyn Monroe (arquetipo de belleza en décadas pasadas) sería considerada hoy algo voluminosa. Esta particulariza-ción hace que la belleza por momentos pueda ser irreal. La búsqueda de la perfección, donde todo debe lucir prístino e incluso algo exótico, conduce a la manipulación fotográfica de la imagen. El maquillaje y el Photoshop sobre la piel, las marcas de nacimiento, la dentadura, los ojos, el pelo, el cuerpo desproporcionado, entre otros, contribuyen a modificar enormemente la apariencia, incluso a lograr que después de la alteración el resultado (que debe lucir perfecto) difiera mucho del original.

¿Cuáles son las bellezas favoritas de Hollywood? El resultado de diver-sas votaciones realizadas a través de Internet sobre las bellezas de todos los tiempos se sintetiza en el cuadro 12-1, y el secreto de la belleza de Elizabeth Taylor se presenta en el cuadro 12-2.

CUADRO 12_1

ACTRICES	ACTORES
Marilyn Monroe	Brad Pitt
Elizabeth Taylor	Paul Newman
Beyoncé Knowles	James Dean
Ginger Rogers	Johnny Depp
Brooke Shields	Jude Law
Carmen Electra	George Clooney
Halle Berry	Robert Pattinson
Vanessa Williams	Ashton Kutcher
Audrey Hepburn	Orlando Bloom
Dorothy Dandridge	Hugh Jackman

CUADRO 12_2

Elizabeth Taylor, además de haber sido considerada como una de las estrellas de Hollywood más imponentes, fue valorada como la mujer más hermosa del mundo. Su rostro maravilloso la ayudó a seducir a siete maridos, disfrutar de una carrera exitosa y a tener millones de seguidores. Pero ¿qué fue exactamente lo que la hizo tan especial? Por supuesto sus inolvidables ojos violeta le ayudaron a tener una belleza muy singular y espléndida. Richard Burton la definió como «milagro de la construcción humana»[3]. Los ojos violeta, la piel blanca y el pelo negro produjeron una combinación encantadoramente atractiva. Ese contraste convirtió su rostro en muy femenino. La ciencia ha demostrado que los rostros con fuertes contrastes (por ejemplo, ojos y labios) son mucho más femeninos que aquellos que tiene menor contraste.

También tenía una mandíbula pequeña, agraciada, un atributo que pocos consideran como atractivo de belleza, aunque, verdaderamente, sí lo es. Asimismo, contaba con un atributo de hiperfemineidad originado en su rostro exageradamente pequeño con labios grandes y mandíbula pequeña. Este es un aspecto muy notorio de belleza en los rostros.

Su marido en dos ocasiones, Richard Burton, también definió sus pechos como «apocalípticos» y posibilitados para «conquistar imperios», complementados con una cintura delgada y pequeña. De hecho, las proporciones de 0,6 en Elizabeth Taylor fueron excepcionales, próximas al ideal de belleza situado en el índice de 0,7. Podría juzgársela como demasiado voluptuosa, pero sus líneas, caracterizadas por una cintura delgada, la convirtieron en exageradamente femenina y atractiva.

Hoy tenemos diferentes estándares de belleza. Distinguimos belleza en cosas que antes no eran percibidas como hermosas. Esto no implica que a Elizabeth Taylor no se la valorara como la más hermosa en la actualidad, aunque quizás no alcanzara el mismo nivel de consideración del que gozó en su época. Lo cierto es que en las diferentes etapas de su vida fue hermosa, nunca disminuyó su atractivo e inspiró a muchas mujeres en el mundo a cuidar su propia imagen, independientemente de la edad o la apariencia.

TOMA 3: BELDAD A LA CARTA
LUCES, CÁMARA, ACCIÓN

En Hollywood, todas las estrellas han sido *alteradas*. Este es el procedimiento secreto que se ha venido produciendo durante años. Siempre se han mantenido en reserva sus trucos mágicos. Dietas con pastillas, cirugía plástica y bótox eran prácticas habituales, realizadas con sigilo antes de que se convirtieran en normas aceptadas.

La belleza artificial es tan vieja como el propio cine, y en la actualidad no ha hecho más que acentuarse. La carrera de Rita Hayworth despegó después de que un ejecutivo de los estudios le sugiriera un método pionero (y doloroso) llamado electrólisis para resaltar su crecimiento del cabello. Marlene Dietrich se hizo un estirado facial llevando hacia atrás su pelo y piel mediante agujas y cintas. Marilyn Monroe inventó básicamente el retoque de los labios y el retoque de los pechos. Jennifer Grey alteró su imagen mediante rinoplastia, que luego, en la década de 1990, se convertiría en práctica extendida.

Hoy, la alteración es digital y se la conoce como *trabajo de belleza*. Consiste en un procedimiento digital en el cual artistas muy capacitados utilizan *software* muy especial en el escalón final de la postproducción para embellecer la cara y mejorar la figura de los actores. Esta es la versión que las audiencias luego ven. Si se produce alguna sorpresa por lo inesperado de la imagen, se debe a que la primera regla profesional de esta intervención es: «El trabajo de alteración de la belleza se mantiene en secreto».

Lo que Photoshop es a las ilustraciones de revistas, la belleza digital es a las celebridades, una potente combinación de maquillaje, cirugía plástica, escultura muscular, arreglo del pelo, arreglo dental y dermatología. Incluso los personajes más agraciados recurren y pasan por el bisturí digital. En esta era de gran definición de imagen las estrellas están obligadas a hacerlo. En algunos casos puede que sea por pura vanidad, en otros porque la producción lo requiere. Cuando a una actriz de 25 años se la contrata para representar el papel de una heroína de 17 años, la belleza digital y la *alteración a la carta* se convierten en totalmente necesarias.

En los últimos años, la neuroestética también se ha hecho presente en la industria cinematográfica. Algunas productoras han decidido abandonar la tan usada práctica de investigación de audiencias basada en la metodología de grupos enfocados (análisis de asociaciones, interés y agrado/desagrado de las películas). Ahora, las tecnologías permiten la obtención de imágenes del cerebro para luego analizarlas y poder suministrar determinadas alternativas estéticas de iluminación, acción y montaje.

Con ello, se pretende lograr un mayor agrado y éxito de las producciones mediante la construcción intencionada de secuencias con elevados significados estéticos empleando la *neurocinemática*. Mediante el uso de estudios neurocientíficos se pueden conocer las respuestas cognitivas y emocionales a las películas, series o documentales, y proponer estímulos específicos para captar la atención, la motivación, la sorpresa, las emociones y la memoria.

La neurocinemática es una nueva metodología que permite determinar los efectos que provoca en el cerebro de los espectadores una determinada película. Algunas producciones cinematográficas pueden lograr captar un elevado nivel de atención (gran actividad cerebral y movimiento ocular). Evidentemente, la atención puede variar en función del contenido, la edición y el estilo de dirección de la película, que provocará distintas emociones, pensamientos, asociaciones y actitudes.

Mediante escáneres del cerebro a través de resonancia magnética funcional mientras las personas miran una película, se pueden analizar las distintas reacciones del cerebro. Con ello, es posible estudiar cómo se produce la coherencia temporal y el proceso cognitivo en el cerebro (requerido para integrar información ante la sucesión de eventos).

La cinematografía utiliza una serie de técnicas (iluminación, composición de tomas, movimiento, vestuario, maquillaje, ambientación) para controlar el realce de ciertos escenarios en cada escena. Poder analizar las respuestas que generan estas técnicas en la atención y en el movimiento ocular de los espectadores permite predeterminar estímulos e imágenes adecuadas.

Considerando que cada persona en cada momento presta diferente atención y procesa la información de forma distinta, la variabilidad de juicios ante las imágenes podría producir interpretaciones contradictorias. La medición de los efectos de las películas con precisión espacial y temporal posibilita soluciones para mejorar ciertos aspectos de la filmación y de estilos que aseguren la involucración colectiva en forma homogénea (evocar respuestas similares en todos los miembros de la audiencia).

Indudablemente, las facultades mentales para procesar y sumergirse en una película difieren según los géneros cinematográficos (drama, misterio, comedia): una película muy emotiva, por ejemplo, activará el sistema emocional del cerebro, pero una película que sea contemplativa activará zonas del córtex prefrontal. El proceso interpretativo de distintas escenas puede activar diferentes áreas del cerebro, aun para una misma película.

La aplicación refinada de este conocimiento neurocientífico se puede usar para hacer más efectivas las secuencias de la película, en función de las áreas del cerebro que activen. Cuando se produce una disminución involuntaria en las respuestas de los miembros de la audiencia ante una escena particular de la película, puede surgir la necesidad de reeditar y mejorar la escena, hasta lograr la respuesta emocional deseada.

La asociación entre el cine y las neurociencias cognitivas se enmarca en un vínculo que pretende relacionar arte y neurociencias. Permite el empleo de nuevas herramientas para estudiar distintos aspectos de la realización cinematográfica, considerando los aspectos cognitivos, además de poder evaluar los contenidos estéticos, artísticos o sociales de una determinada producción.

TOMA 4: FICCIÓN TECNOLÓGICA
LUCES, CÁMARA, ACCIÓN

Además de plataforma y escaparte de la belleza de sus estrellas, Hollywood también se ha convertido en un laboratorio de nuevas tecnologías, especialmente de aquellas vinculadas con el Technicolor, el sonido, la realidad virtual y los efectos digitales especiales, que han provocado un enorme impacto en la belleza de sus producciones.

Figura 12-1. Tom Cruise in Minority Report: no la primera, pero posiblemente la mejor ejecución de interacción gestual.

George Lucas y Steven Spielberg han liderado durante los últimos 30 años innovaciones significativas que han permitido llevar a la pantalla imágenes nunca vistas. Ha sido posible por el uso de animación digital *(pre-viz)*, que ofrece mejor profundidad de campo, velocidad y movimiento. Otras técnicas, como la proyección en 3D, la resolución 4K Ultra HD y las plataformas VR con pantallas de 360 grados, elevarán al cine a un nuevo nivel, y los escenarios virtuales darán una apariencia maravillosa a las imágenes[4]. El HDR favorecerá, en paralelo, una nueva paleta de colores que aumentarán significativamente la belleza de las imágenes.

Actualmente, han emergido grupos creativos dispuestos a desarrollar cosas espectaculares. La cinematografía se ha convertido en una industria donde las nuevas ideas son más que bienvenidas. Se está produciendo un movimiento sísmico muy importante en Hollywood y todos los involucrados en la actividad sienten la presión. La complejidad y la exigencia es cada vez mayor. Por ejemplo, una película como *Spiderman 2* requirió de más de 800 efectos especiales, a los que hubo que darle el toque final[5].

La tecnología especializada en efectos especiales ha avanzado tanto en las últimas décadas que ha originado que los entusiastas del cine la den por hecha. Desde 1975, cuando Steven Spielberg usó un artilugio mecánico para filmar *Tiburón*, los directores han empleado distintas tecnologías para animar escenarios y personajes fotorrealísticos, y así poder explotar sus sueños más extravagantes. Películas como *Gravity* son un ejemplo reciente de este tipo de ejercicio revolucionario que fue iniciado por Stanley Kubrick con *2001: Odisea del espacio* (1968), seguido por *La guerra de las galaxias* de George Lucas (1977), *Parque Jurásico* de Steven Spielberg (1993), *El señor de los anillos* de Peter Jackson (2002) y *Avatar* de James Cameron (2009).

Imágenes de automóviles voladores, criogenia o robots inteligentes son solo ejemplo de algunas de las tecnologías que abundan en el futuro imaginado por los guionistas de Hollywood. Y, aunque el objetivo del cine es entretener más que predecir el futuro, es sorprendente lo frecuentemente que suelen acertar; de hecho, el cine quizás no prediga el futuro, sino que lo influya.

Una de las escenas más memorables de la película *Minority Report* (2002) es cuando Tom Cruise, vestido de negro y de pie frente a una serie de pantallas transparentes que lo rodean, realiza una serie de gestos dramáticos para navegar en un denso despliegue de información imaginaria. Las imágenes son tan impactantes que logran que se olviden las otras predicciones tecnológicas desplegadas en la película: escáneres de retina, automóviles autodirigidos o papel electrónico. Es esta escena la que capta la imaginación de la audiencia, en parte porque parece muy real, pero principalmente porque nos hace pensar en la forma en que interactuamos con los ordenadores.

Dada la historia de la producción de la película, no sorprende que las tecnologías presentadas tengan que ver con un futuro posible, más que con simple ciencia ficción. Spielberg reunió a cincuenta expertos, incluyendo arquitectos, investigadores y científicos informáticos durante tres días para explorar cómo será la tecnología en el año 2054[6].

Después de *Minority Report* se han visto una serie de interacciones con ordenadores basadas en lo táctil y lo gestual. Otra escena memorable es la que realiza Sean Bean en *La isla* cuando interactúa con una gran mesa multiháptica mediante gestos y usando objetos físicos, como la pirámide de cristal.

Figura 12.2 Sean Bean, interpretando al Dr. Bernard Merrick en La Isla (2005), donde la mesa del Dr. Merrick's tiene un sensible dispositivo táctil. La interface fue diseñada por Mark Coleran y proyecta una aproximación a lo que pueden ser en el futuro los objetos que responden a inputs hápticos. La mesa no solo responde a los inputs hápticos, sino también a ciertos objetos.

Figura 12.3 Las zapatillas autoajustables de *Regreso al Futuro* han sido desarrolladas por Nike. Las *Nike Mag* son una edición limitada y solo se pueden conseguir a través de subasta. Están equipadas con un nuevo sistema de cordones que se autoajusta en cuanto detecta el movimiento del usuario.

Hollywood manifiesta de forma continuada su predilección por las novedades usando tecnologías (incluso imaginarias) y así asegura su novedad permanente. Algunas de las innovaciones que promueve se convierten en boga, otras modifican tendencias o iluminan el futuro, tanto en modas como en la percepción de la belleza[7].

Una serie de desarrollos tecnológicos promovidos a través del cine hoy son realidad. Los robots mecánicos presentados en *Pacific Rim*, los metales líquidos vistos en *Terminator 2*, el trasplante de cara mostrado en *Misión imposible*, la modificación corporal de *Gattaca*, los tricodificadores presentes en *Star Trek*, la comunicación holográfica usada en *La guerra de las galaxias*, o la asistencia robótica de *Yo, Robot*, son claros e ilustrativos ejemplos.

Algunos de estos nuevos *gadgets* pueden ser catalogados como de ciencia ficción, aunque su desarrollo potencial anuncia la tipología tecnológica que experimentaremos en el futuro. Pronto, lo que seamos capaces de producir en la vida real podrá superar a lo imaginado y plasmado por la magia del cine. Sin duda, la belleza que propone Hollywood en estos asuntos inspirará su conceptualización, aspecto que será tratado en el próximo capítulo.

BIBLIOGRAFÍA

1. «Hollywood Influences Fashion», Fashion Encyclopedia, Modern World 1930-1945, www.fashionencyclopedia.com

2. Kandel, Eric R. (2012): *The Age of Insight*. Random House, New York, p. 385.

3. Heussner, Ki Mae (2011): «Science of Beauty: What Made Elizabeth Taylor So Attractive?» Abc News, 23 de marzo.

4. Kirsner, Scott (2008): *Inventing the Movies: Hollywood's Epic Battle Between Innovation and the Satus Quo, from Thomas Edison to Steve Jobs*. Cinema Tech Books.

5. Huang, Gregory T. (2005): «The New Face of Hollywood». MIT Technology Review, 1 de septiembre.

6. Kelly, Gavin (2011): «How´s Hollywood at Predicting the Future of Technology?» Artefact Group, 25 de febrero.

7. Riordan, Teresa (2004): *Inventing Beauty: A History of the Innovation.* Broadway Books, New York.

13

La belleza en las nuevas tecnologías y la robótica

Cosas que al inicio pueden parecer improbables aun prestándoles poca atención, si se les quita el camuflaje que las oculta, se mostrarán desnudas y simplemente hermosas.
GALILEO GALILEI, *Diálogos sobre dos nuevas ciencias, Día 1*

Toda tecnología, lo suficientemente avanzada, es indistinguible de lo mágico.
ARTHUR C. CLARKE

La inteligencia artificial crece rápidamente, igual que los robots cuyas expresiones faciales pueden generar empatía y hacer estremecer tus neuronas espejo.
DIANE ACKERMAN

El nacimiento y el desarrollo de la era de la electricidad, la aviación, la informática, internet o la nanotecnología, entre otras, sugiere que, para progresar, más que responder a las fuerzas de la naturaleza, el ser humano ha creado una nueva realidad. Todo indica que las limitaciones que en el pasado se asociaban a la naturaleza dan paso, a través de las nuevas tecnologías, a abundantes ideas poco motivadas por estar vinculadas a ella.

Esta noción sugiere lo contrario: el pensamiento se inspira en mejorarla sustancialmente, y en ocasiones, en modificarla. En este camino evolutivo, nos hemos situado en una era en la que las máquinas se vinculan con máquinas, las máquinas con personas y las personas entre sí.

Johan Huizinga, historiador holandés, ha analizado el concepto de *Homo ludens* u «hombre que juega». Huizinga duda que seamos los seres vivos más inteligente del mundo, instaurando la idea de que nuestro destino es crear las cosas más inteligentes en el planeta y usarlas para continuar el trayecto de la autoactualización. En este juego, la creatividad se ha puesto al servicio de los responsables de la toma de decisiones para conceptualizar innovaciones tecnológicas disruptivas que cada vez adquieran mayor nivel de complejidad. La simbiosis y la oscilación entre nuevas tecnologías y belleza suele ser fuente de tensión y dar origen a una nueva paradoja.

La belleza de un nuevo desarrollo tecnológico se articula por el encuentro entre simplicidad y poder, siendo el poder la capacidad de producir una gran cantidad de logros, hacer muchas cosas bien. Los criterios de simplicidad y poder se aplican para ordenadores, las teorías científicas y los artilugios tecnológicos de todo tipo. Es la denominada *belleza tecnológica*; en ella hay siempre un feliz matrimonio, una articulación armónica entre simplicidad y poder.

Debido a que la tecnología informática ha ido más allá de su confinamiento para el trabajo diario, jugando un papel significativo en diversos aspectos de la vida cotidiana, su uso se ha expandido a una amplia gama de requerimientos. Si en el pasado el valor de la tecnología informática se medía básicamente por su capacidad resolutoria de problemas y por su facilidad de uso, requerimientos adicionales, como el atractivo, ahora emergen con fuerza. Aspectos vinculados con la apariencia visual y la estética se han convertido en parte integral (y relevante) en el diseño de los sistemas interactivos. El deseo expresado por los usuarios de personalizar la forma y el aspecto de las aplicaciones se ha precipitado a través de una creciente demanda, que busca enriquecer la experiencia de uso.

Las personas quedan impactadas por la belleza de las nuevas tecnologías, tanto como por la belleza arquitectónica, artística o de la naturaleza; de hecho, se ha documentado que la beldad juega un papel fundamental en el desarrollo de nuevos productos, estrategias de marketing y en el entorno de los puntos de venta, concluyendo que la forma física en el diseño de un producto es un elemento incuestionable para su éxito en el mercado.

El interés en la estética visual (diferenciada de la elegancia abstracta) es vigente y aumenta en la demanda de las nuevas tecnologías. Los estudiosos y participantes de la comunidad estética informática, integrada por artistas, diseñadores, científicos informáticos y matemáticos, postulan la aplicación del arte a la informática. Exploran las formas que la estética del arte puede desempeñar en las diversas áreas de la ciencia informática. Uno de sus objetivos es modificar la disciplina informática mediante la aplicación de definiciones y categorizaciones normalmente asociadas con la creación artística.

Por ejemplo, estructuras en computación podrían representarse usando el estilo Gaudí o de la escuela Bauhaus. Estas estructuras van más allá de la definición de estética informática, que generalmente se refiere a las calidades formales y abstractas, para considerar la belleza y la elegancia de un diagrama. Consideran las cualidades abstractas de la simetría de las formas hasta las ideas de expresión y placer creativo en el contexto informático. En la búsqueda de inspiración para aumentar las representaciones y nociones de estética informática, los estudiosos de su estética analizan incluso la creatividad y la exploración innovadora de los medios de comunicación.

Constituye todo un desafío, especialmente si se considera la animosidad que en el pasado algunos manifestaban por la estética, a la que suponían como carente de sustancia e inútil. Este pensamiento está quizás influido por el origen de la disciplina informática, que enfatizaba la idea de ciencia dura, eficiencia y utilidad.

Los hallazgos sobre la importancia de la belleza en la mayoría de los aspectos de la vida convierten en necesario incluirla también en la agenda de las nuevas tecnologías. Su disponibilidad afecta tanto a la decisión de compra de los usuarios como a las percepciones, asociaciones y experiencia de uso. Asimismo, influye en la credibilidad y confiabilidad, y en un importante factor que influye en la satisfacción y la fidelidad de marca.

No hay limitaciones a la innovación. El concepto de belleza se ha convertido en recurrente en el ámbito de las nuevas tecnologías. La noción de estética se asocia tanto a las pantallas de ordenador, tabletas, teléfonos móviles, televisores, escaparates digitales, como al campo aeroespacial o al área emergente de la robótica.

TRIUNFO DE LA BELLEZA ASTRINGENTE

La estética de las nuevas tecnologías está caracterizada por una belleza intencionada que se configura por estructuras de precisión balanceadas y compactas para lograr el máximo rendimiento. La miniaturización de objetos (ordenadores personales, tabletas, teléfonos, GPS) y el peso liviano de los productos *high-tech* son demandados por el mercado, que cada vez valora más funciones, versatilidad, menor tamaño y mayor rendimiento, en un producto diminuto de mayor capacidad.

La miniaturización de objetos requiere de una expresión mental asociada a la apreciación del detalle infinitesimal. Exige comprender un microcosmos estético que encaje en las preferencias y los gustos del mercado. Plantea reconocer una nueva serie de valores y gustos producidos por el fenómeno social y cultural de una sociedad conectada, interdependiente e hiperactiva, además de entender las preferencias y los comportamientos de las microculturas, como la del segmento juvenil ávidos de intercambiar mensajes en las redes sociales, denominados *mensajeros de textos*.

En algunos casos, la belleza intencionada requiere de una simbiosis en el trinomio integrado por herramienta-máquina-*gadgets*. La evolución comenzó con la Game Boy de Nintendo (1989), con el Tamagotchi de Bandai (1996) y continuó con el Aibo Entertainment Robot (ERS-110) de Sony. Hoy, el ejemplo típico se da en la robótica (humanoides) que requieren de tecnología para movimiento bípedo, como los ofrecidos por ASIMO de Honda o Aibo de Sony. El desafío propone encajar y encapsular los conceptos tradicionales e históricos de belleza en un mundo supermoderno.

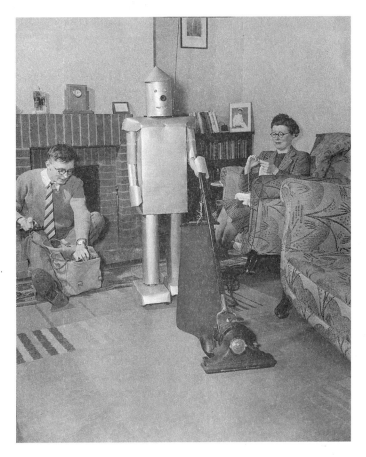

Figura 13.1 La primera versión «George» el robot construido por el piloto de la RAF Tony Sale en 1949, generó un gran impacto debido a su capacidad autónoma de movimiento. George impulsa la aspiradora en el salón de estar de la casa en Londres, mientras que a los dueños se los ve relajados.

La combinación de ideas, divergencias y crecimiento orgánico en la producción del diseño, combinada con la noción de que las innovaciones tecnológicas, deben responder a proporciones gestionables y con la tecnología al servicio del usuario (nunca a la inversa) es parte de la solución de la paradoja. En el caso de Sony, el mercado ha podido disfrutar de una serie de innovaciones que han incorporado esos objetivos, desde el radio transmisor, al *walkman* o al grabador *minidisc*. Algo similar ejemplifica Apple con sus propuestas en los modelos iPod, iPhone, iPad e iPod Touch. Sin duda Apple constituye un caso excepcional en la gestión de belleza tecnológica, según se analiza en cuadro 13-1.

CUADRO 13-1
EJEMPLARIDAD DE APPLE EN BELLEZA TECNOLÓGICA

Cuando un cliente fiel de la marca Apple interactúa con iMac, algo especial sucede: el mundo a su alrededor pareciera que desaparece, mientras él se sumerge en un entorno maravilloso que despliega belleza (la belleza intencionada está en los detalles). Para crear y experimentar esta relación inmersiva, emocional y afectiva, Apple ha superado los límites, repensado los detalles y avanzado el iMac en forma asombrosa.

La estética de Apple ha transformado la forma en que vemos nuestra vida, al igual que imaginamos el futuro. Su belleza intencionada ha reconfigurado la cultura moderna; de hecho, la marca ha inventado un nuevo tipo de futurismo: orgánico, suavemente moldeado, colorista, frescamente alardeado, que enseña lo hermoso que puede ser el diseño doméstico.

La relevancia de su belleza intencionada ha inspirado casi todo, desde artilugios de cocina con originales agarraderas de plástico hasta formatos estructurales en arquitectura o artilugios digitales para el entretenimiento en el hogar. La brillantez real en la belleza intencionada de Apple consiste en humanizar la cultura digital y mantenerla en la corriente de la vida. ¿Habrá un hermoso iRobot algún día?

Otro ejemplo interesante es el del cristal líquido, que aumenta la posibilidad del uso analógico y digital en los usuarios. Propiciar entornos amigables, un uso placentero en línea con el estilo de vida de conexión a internet, web, voz por *i-mode*, requiere de criterios novedosos de belleza.

La estética zen se postula idónea para inspirar la belleza intencionada en este sector: economía de líneas, de formas y eliminación de espacios inútiles constituyen un buen cóctel. El objetivo es evitar la distracción de la marca, transportándola a su formato más puro. Implicaría el triunfo del minimalismo, incluir solo los atributos necesarios, incorporando estilo, fluidez, formato y funciones en el producto.

La afinidad de zen por *shibui* (belleza astringente) sugiere, entre otros aspectos, discernir el gusto, eliminar lo innecesario y mantener la disciplina de la forma. Implica, asimismo, un sistema de gestión garante de que todo es correcto o está convenientemente ordenado, como principios orientados a lograr la perfección, tanto en un disco óptico, en un circuito integrado, en un sistema de composición de imágenes ultra-luminosas, teléfonos móviles o en un sistema rotativo para ahorro de energía.

El zen, al carecer de una división real entre mundos internos y externos, encuentra la belleza en la perfección de los artefactos fabricados por el ser humano, concebidos para lograr la admiración y la estima de los usuarios. La durabilidad, hasta cierto punto, es menos importante que la perfección trascendente.

El diseño de la página web de Google es hermoso por su simplicidad. ¿Cuántos formatos y diseños de una web serían posibles? Por supuesto, la cantidad es infinita. Sin embargo, la página web de Google es considerada legendaria por su aspecto austero: una página limpia, con una ventana de búsqueda, el logo de Google, dos ventanas adicionales de búsqueda (*Google Search* y *I'm Feeling Lucky*).

Actualmente la página web ha sido considerada un triunfo del diseño gráfico, un magnífico ejemplo de comunicación en el complejo y caótico mundo de la World Wide Web, y un ejercicio maravilloso de simplicidad y accesibilidad. Su belleza y su drama inherentes han sido emulados por diversas marcas, incluidas Bing y Twitter, y los usuarios los describen como «insuperables». En este caso, la solución perfecta de la *complejidad de lo simple* se convierte en relevante para la experiencia de marca.

BELLEZA EN EL PAISAJE DIGITAL

De la misma manera que se diseñan entornos físicos hermosos para provocar los sentimientos positivos de los clientes, favorecer la extensión de la vista al punto de venta o incrementar los deseos de compra, también parece lógico esperar ciertas tipologías atmosféricas para modular contextos de la compra *online*. Basadas en la belleza intencionada, estas tipologías influyen en las emociones de los navegantes de la red (sentimientos, satisfacción, volumen de compra y tiempo de visita en la tienda virtual o en la web).

Esta atmósfera creadora de respuestas emocionales es muy importante en el contexto del ciberespacio por varias razones.

En primer lugar, las compras en internet se caracterizan por un proceso de decisión más complejo, debido a que el producto *online* no se puede tocar físicamente. En situaciones de tareas complejas, el estado de ánimo se convierte en determinante para la toma de decisión. Por lo tanto, en el contexto de compras en internet, el estado de ánimo positivo afecta a la intención de compra.

En segundo lugar, es más fácil (solo se necesita un clic) que el navegante en internet abandone la tienda virtual si la atmósfera resulta poco placentera. Esto implica que el impacto suministrado por los elementos de la web (colores, música, diseño estético) en los sentimientos del cliente requiera de atención detallada y de ejecución brillante.

Los seres humanos disponemos de un circuito cerebral dedicado a percibir y aprender sobre herramientas y artefactos. Las percepciones sobre los atributos tecnológicos se manifiestan en las áreas corticales que clasifican objetos desconocidos y los categorizan según la utilidad percibida de sus atributos.

Estudios realizados con resonancia magnética funcional demuestran cómo la percepción de la facilidad de uso de una web activa mucho más el córtex prefrontal dorsolateral, que, a su vez, motiva la intención de compra. La activación en la zona bilateral de la amígdala es consecuencia de una interacción dinámica y de un elevado nivel emotivo/cognitivo en el proceso de toma de decisión a la espera de una recompensa satisfactoria por el intercambio.

Este conocimiento puede contribuir al diseño de tecnologías y sistemas amigables que faciliten la adopción tecnológica e incrementen su productividad. Más allá de solo considerar las valoraciones perceptivas del usuario, el análisis de las áreas cerebrales asociadas con aquellos efectos deseados puede usarse como variable dependiente para evaluar las nuevas tecnologías.

Por ejemplo, las áreas asociadas con la utilidad y facilidad de uso pueden emplearse para mejorar el diseño industrial y el estilo, con el objetivo de disminuir la discrepancia cognitiva del usuario. Asimismo, pueden explorarse aquellos mecanismos generadores de confianza capaces de activar el núcleo caudado. La confianza se caracteriza por un componente cognitivo y emocional en la mente, y la belleza, como se ha analizado en capítulos anteriores, es impulsora de la credibilidad y confianza. La credibilidad se asocia con la parte cognitiva del cerebro, la benevolencia se vincula con la parte emocional.

El comercio electrónico requiere de una interacción humana-tecnológica. Las neurociencias cognitivas demuestran que la activación del cerebro es mucho más pronunciada cuando las personas interactúan entre sí que cuando lo hacen con ordenadores. Por lo tanto, el comercio de la web debe tener en cuenta aquellas características humanas que activan la corteza orbitofrontal.

El concepto de paisaje digital (*e-paisaje*) describe un nuevo tipo de entorno físico electrónico basado en la belleza en el cual las variables música-color puedan ser conceptualizadas e incluidas. Sin duda, los estímulos visuales y auditivos son más aplicables en los entornos *online*.

Las investigaciones indican que los internautas desean intensamente estímulos auditivos y visuales cuando compran *online*. Señalan, además, que numerosas tiendas virtuales no suministran estos estímulos para atraer la atención. El 61% de los compradores *online* manifiestan que la experiencia podría mejorar si se suministraran estímulos musicales y cromáticos congruentes[1]. Recientes estudios sobre aspectos sensoriales en las redes sociales son reveladores.

CUADRO 13-2
LOS SONIDOS EN LA COMPRA *ONLINE*

Una serie de investigaciones en curso se orientan a analizar cómo afectan los sonidos a lo que compramos *online*. Desde que en la década de 1930 se comenzó a incorporar la música ambiental en hoteles y restaurantes, los acordes musicales han jugado un papel importante en la experiencia del cliente. Sin los sonidos de guitarras, percusión o sintetizadores, los clientes, en determinados contextos, sienten que les falta algo en el ambiente mientras se prueban una prenda informal o llenan el carrito de la compra en el supermercado. En los últimos años, ha prosperado el diseño de programas de audio para influenciar el sentimiento de compra y satisfacer los gustos de los clientes. La idea de entretener para prolongar el tiempo de visita a la tienda ha logrado excelentes resultados. La música de artistas reconocidos funciona mejor que aquella de producción genérica.

La compra *online* constituye un área inexplorada de la musicología aplicada al intercambio. Un nuevo estudio encargado por eBay para su web de compras estimula una nueva tendencia. Se solicitó a alrededor de 1.900 participantes que simularan una compra *online* mientras escuchaban diferentes sonidos. Algunos resultados son verdaderamente sorprendentes. El sonido de trabajo de reparaciones de la vía pública o de bebés llorando perjudica la percepción de los productos en oferta. El sonido del canto de los pájaros mejora las ventas de parrillas para barbacoas, pero perjudica el de las batidoras o de los juegos de mesa[2].

Los sonidos asociados con la calidad y el lujo parecen ser arriesgados para la compra de billeteros. El estudio ha demostrado que la música clásica o el murmullo y ruido de un restaurante provoca sobrevalorar la calidad física del producto en oferta y la disponibilidad a pagar un precio extra. Esto retrotrae a los experimentos del pasado, que demostraban que los compradores expuestos a la música clásica en una tienda de vinos compraban botellas más caras que aquellos que escuchaban música pop.

Lo que pretende eBay es que los consumidores no se sientan influidos por estímulos negativos mientras se dedican a la compra *online*. Han mezclado el sonido del canto de los pájaros con el de música suave y con el de trenes en movimiento (aunque placentero no es seductor) para crear un ambiente de compra más *sensible* y hermoso.

En las tiendas tradicionales emitir música clásica puede que sea insuficiente para atraer el interés e invadir el cerebro. Algunos ingenieros de sonido están experimentando con un *tag* digital inaudible, incluido en la banda sonora, que se reproduce en el ambiente, capaz de activar una aplicación en los teléfonos móviles de los visitantes. La aplicación les puede informar (y tentar) con descuentos especiales, o bien suministrar mayor información sobre los productos en oferta.

Tradicionalmente, la web se ha caracterizado por un entorno poco estético. Sin embargo, en la actualidad se manifiesta un cambio significativo de visión. Las nuevas propuestas de las agencias digitales se basan en un extremado sentido del detalle, proponiendo soluciones más sofisticadas, buscando la belleza digital.

Los internautas confían en un 80% en las recomendaciones recibidas de otros internautas (frente a la confianza del 20% que genera la publicidad tradicional). Considerando que la belleza produce comentarios y recomendación activa, lograrla en estos entornos es muy interesante, necesario y rentable.

P&G promociona su marca de cuidado personal masculino Axe a través de Facebook con un criterio atractivo, venciendo sus reticencias iniciales a usar esta plataforma como herramienta de marketing. Ha aceptado que los avances tecnológicos contribuyen constantemente a hacer más enriquecedoras las experiencias *online*, comprometiéndose seriamente a provocar respuestas favorables a la marca.

La realidad aumentada del mundo virtual transformará la experiencia de compra con espejos virtuales que harán posible tener cambios de imagen personal sin la necesidad de aplicar el producto, sentir aromas de la web y perfumar los *e-mails* mediante *scent dome*, o emplear la mano virtual con el cibernético *guante háptico* (guante inmersivo), que permite sentir formas, movimientos, peso, texturas y temperaturas cuando la mano enguantada interactúa con la pantalla digital. La frontera entre la pantalla y la realidad se está evaporando.

BELLEZA EN LOS CUERPOS RÍGIDOS ROBÓTICOS

El impacto positivo de la Ley de Moore, que indica que la capacidad de procesamiento informático se duplica aproximadamente cada dos años, está produciendo un progreso sostenido en genética, análisis de datos o robótica, entre otras áreas. El crecimiento exponencial en la capacidad de los chips de silicio, los sensores digitales y las comunicaciones de banda ancha mejora significativamente la tecnología robótica, igual que impacta positivamente en otras áreas de la tecnología. La investigación en robótica está madurando aceleradamente.

Nuevos estándares compartidos logran que las buenas ideas sean trasladadas desde una plataforma robótica a otra, y el conocimiento acumulado hace que construir estas plataformas resulte cada vez más económico. Por ejemplo, un robot como *Baxter,* con dos brazos y un programa sencillo, ha sido concebido para que pueda comercializarse por 25.000 dólares. Debemos prepararnos para una invasión de robots que cambiará la forma en que las personas ven la tecnología, y para asistir a una producción masiva de robots *low cost.*

La robótica ya ejerce una influencia importante en distintos sectores industriales, desde fabricación hasta agricultura, y desde el comercio detallista hasta el sector de servicios. Según la Federación Internacional de Robótica (IFR) el mundo cuenta con 1,1 millones de robots operativos, y en el caso particular del sector automotriz aportan el 80% del trabajo en el ensamblado del automóvil.

Seguramente, la sociedad más familiarizada con este fenómeno es la japonesa. En Japón disponen de robots humanoides de entretenimiento, androides, robots animales (cuatro patas), robots sociales, robots guardianes y muchos más. Incluso hay distintas características, como la cronología (primera, segunda, tercera o cuarta generación) y las estructuras (configuración general del robot: poliarticulados, móviles, androides, zoomórficos). La industria robótica en Japón es más importante que en cualquier otro país del mundo. El país nipón emplea en la actualidad a 250.000 robots en trabajos industriales, y en los próximos 15 años se estima que el número ascenderá a más de un millón. Las previsiones indican que los ingresos en robótica en Japón superarán los 70.000 millones de dólares en el año 2025.

Google y Amazon están experimentando con robots y han invertido en compañías dedicadas a la investigación de inteligencia artificial y a la producción de estos artefactos. En Corea del Sur la fabricación de robots se encamina hacia nuevas fronteras, y algunos fondos de inversión se muestran muy interesados en promover estos desarrollos en otros países.

Los robots pueden hacer operaciones mecánicas y rutinarias (ensamblaje), actividades para las que el ser humano está imposibilitado (investigar Marte), lograr máxima precisión en la operativa (cirugía), volar por control remoto (drones) o trasladarse por locomoción independiente (automóviles sin conductor, aviones sin pilotos), y respuesta rápida (interactuar con humanos por reconocimiento de voz, reconocimiento facial, habla sintética). Unos robots probablemente moverán objetos, otros servirán de compañía o ayudarán a la educación infantil, y en sus diversas operativas se harán visibles creando una nueva perspectiva, no solo visual sino de interacción y comprensión tecnológica. Algunos ejemplos sorprendentes de robots son:

— SDR *(Sony Dream Robot)* fue presentado recientemente en la Exposición Robodex de Yokohama, nueva exhibición de robots personales. Se considera que por sus características se ha iniciado la nueva generación de *robot-sapiens*. Con el tamaño de la mitad de un ser humano, es un robot bípedo que puede caminar en forma autónoma, tanto en superficies lisas como irregulares, y mantener su postura ante la presión exterior. Incorpora tecnología multimodal de interacción humana que incluye: 1) detección personal individual y tecnología de aprendizaje del reconocimiento, 2) reconocimiento continuo de voz y adquisición de vocabulario desconocido, 3) tecnología de conversación y de control basada en memoria de corto y largo plazo, y 4) síntesis de habla y ejecución de letras de canciones.

— ASIMO, producido por Honda, ha sido diseñado como asistente móvil multifunción para ayudar a las personas con dificultades de movilidad. También es usado para incentivar el estudio de las ciencias y de las matemáticas. Puede caminar y correr a una velocidad de 6 km por hora. Algunos de estos artilugios *actúan* en la atracción Innoventions de Disneyland, en museos o en festivales de electrónica.

— Otonaroid y Kodomoroid son dos androides que trabajan como asistentas permanentes en el Museo de Ciencia de Tokyo y forman parte de una serie de robots creados para la interacción con personas. Una es recepcionista en el museo y la otra está diseñada para encarnar a una reportera y divulgadora científica.

— Robothespian es el robot humanoide que enseña a los niños en el centro espacial Kennedy. Care-O-Bot es el robot desarrollado en Alemania para ayudar a las personas mayores e imposibilitadas para mantener independencia en sus estilos de vida: guía y ayuda a personas con dificultad de movimientos y opera electrodomésticos. Accompany es el robot social desarrollado en Gran Bretaña para ayudar a las personas mayores, prevenir el aislamiento y la soledad. Mertz, desarrollado en el MIT, está programado para detectar caras e iniciar conversación. Pearl, desarrollado en el Instituto de Robótica de la Universidad Carnegie Mellon y dotado con una cara simpática, entrega medicinas a los pacientes y puede conversar con ellos sobre temas médicos y de salud. El hospital Aidu Chuo de Japón utiliza robots guía para llevar a los visitantes al lugar deseado.

— Jibo, patrocinado por L'Oreal, reconoce voces y produce contacto personal, como contar historias a los niños o grabar mensajes de miembros específicos de la familia. También tiene capacidad para el asesoramiento personal y desarrollar actividades que ayudan a las personas a adquirir nuevos conocimientos o capacidades.

— Nao, incorporado a la plantilla del banco japonés Mitsubishi UFJ, es capaz de responder a preguntas básicas sobre los servicios de la entidad. La compañía suiza Nestlé ha decidido también incorporar el mismo androide como dependiente en sus puntos de venta en Japón, con intención de emplearlos en unas 1.000 tiendas en todo el mundo en los próximos años.

— Aviones sin pilotos: algunos avances en inteligencia artificial están logrando que los pilotos humanos sean cada vez menos necesarios en la cabina de mando. Agencias gubernamentales experimentan el reemplazo de copilotos, e incluso de pilotos en aviones de carga, con robots o controladores remotos.

— En Nagasaki se ubica el hotel Henn-na, un lujoso espacio donde los robots atienden a los huéspedes: unos se encargan de la recepción, otros suben las maletas a la habitación y otro grupo de androides se encarga de limpiar la habitación y llevar la comida. En total, 90 robots para 72 habitaciones, en lo que se considera el hotel más eficiente del mundo. El objetivo es tener más del 90% del servicio operado por robots.

Recientes investigaciones han podido determinar las reacciones de las personas cuando interactúan con robots humanoides a los que se ha caracterizado con rostros con expresiones humanas. Más del 80% de los investigados los encontraron «entretenidos», el 73% los calificó de «atractivos», y más del 85% los considero como objetos «vivos» y «no muertos». Las personas que interactuaron personalmente con los robots documentaron no sentir temor o perturbación, incluso algunos espontáneamente los acariciaron o abrazaron al final de la interacción[3].

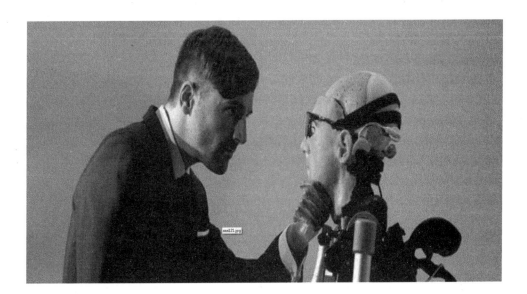

Figura 13.2 El investigador Bertolt Meyer, que utiliza una prótesis biónica, observa a Rex. Cortesía: Andrew Cowie.

Los diseñadores de robots imaginan una gran variedad de formas antropomorfas para caracterizarlos. Todo indica que tanto el antropomorfismo positivo (realización correcta de un objeto) y el negativo (otorgar características sobrehumanas) parecería la forma adecuada para lograr su equilibrio estético y las percepciones adecuadas.

Para la familia de robots dedicados a tareas simples (brazos en líneas de ensamblaje), la estética sería algo secundario: lo que importa es la ejecución de la tarea rutinaria, y por ello se los conoce como *robots no estéticos*. Pero para los robots de la familia de humanoides, la consideración se vincula a cómo los seres humanos deben percibirlos y a qué características y *presencia* (o cara) deben tener para distintas ocasiones y usos particulares. ¿Deben ser los robots atractivos? ¿Debe su beldad ser distinta según contextos? La solución semiótica a esta paradoja tendrá, en el futuro, en cuenta las señales sociales y significados que se quieran otorgar a la identidad de los robots para la interacción social y cultural.

Algunos proyectos en desarrollo consisten en dotar con sensores a los humanoides para que puedan reproducir ciertas características humanas, como el ritmo cardíaco, el movimiento de los músculos faciales, la sudoración, y que, además, puedan ajustar sus acciones de forma acorde. Otro nivel de complejidad bajo investigación se centra en que puedan expresar temor, felicidad o desconcierto.

Por ejemplo, Han es un humanoide desarrollado recientemente por la compañía Hanson Robotics, que además de contar con una función de reconocimiento de voz que le permite interactuar y sostener una conversación sencilla, capta y recrea las expresiones faciales de las personas. Mira, es capaz de reconocer un rostro, de sonreír, de guiñar un ojo, de enarcar las cejas, de mostrarse triste… Asombra por su capacidad de recrear expresiones humanas. Está previsto que se usen en la recepción de hoteles, en oficinas o en centros comerciales, como guía de museos y como acompañante de personas mayores o ayudante en entornos educativos y de aprendizaje. Han ingresa al mercado acompañado de una versión femenina, que se llama Eva.

El conocimiento actual predice que la apariencia de estos humanoides debería situarse entre cierta animación y lo perfectamente real, y que además muestre el nivel adecuado de respuesta inteligente para evitar efectos indeseados en la interacción con los humanos. El realismo, por lo tanto, debe considerarse en diferentes dimensiones, incluyendo el estático, el dinámico y el contextual (contingente o interactivo). En cada dimensión habrá subcategorías de realismo, como geometría física, textura y coloración, contrastada con la biología humana.

Considerar todas estas posibilidades origina un espacio estético con diversas variables (proporción facial, textura de la piel, estilo corporal), que podrán modificar la apariencia y movimientos del robot sin alterar su realismo, pero que además impactarán en las reacciones de las personas en un sentido o en otro. La cuestión es demostrar y alcanzar el atractivo permanente. La belleza es más importante en la robótica que en cualquier otra tecnología, tanto por su complejidad como por su dificultad conceptual, significancia de la imaginación o de la relación humana con objetos extraños[4].

A medida que los robots proliferen, las personas interactuarán más frecuentemente *cara a cara* con ellos. El éxito de estos encuentros dependerá sustancialmente de la estética de la robótica. Identificar los principios fundamentales de la belleza que debe caracterizar a los robots contribuirá a acelerar su éxito y su desarrollo. Todavía algunas personas perciben a estos artilugios como «parcialmente muertos», ya que solo algunos aspectos son activos; ciertas asociaciones son de artilugio frío, que sufren averías, que contienen materia muerta e incluso que parecen un impostor.

Figura 13.3 El robot *Pepper* trabaja como dependiente de Nescafé desde 2015. *Pepper* es un robot semi-humanoide fabricado por SoftBank Robotics, diseñado con la capacidad de leer emociones. Fue introducido en una conferencia el 5 de junio de 2014. La habilidad de *Pepper* para detectar emociones se debe a la capacidad de analizar expresiones y tonos de voz.

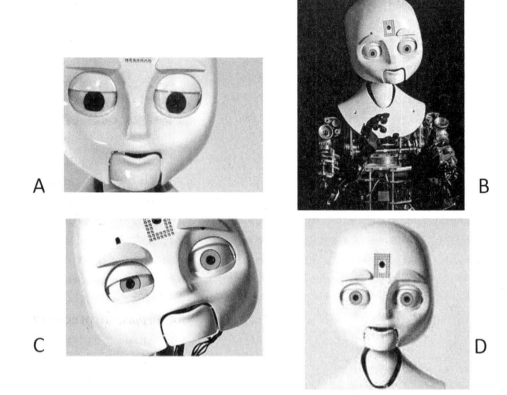

Figura 13.4. A. Nexi, robot móvil/ágil/social. Entiende, habla, hace compañía. La expresión facial, lograda mecánicamente, es posible mediante el movimiento de sus componentes faciales rígidos. B. Yuxtaposición de rostro femenino con expresividad humana. C. Profundos ojos azules sobre una superficie (dérmica) blanca con mecanismos negros y cromados. D. Apariencia tierna, género ambiguo, infantil.

Pero si estos condicionantes se superan para hacerlos amigables, atractivos y cuasi vivos, el nivel de realismo logrará otra dimensión. El buen diseño y la *cosmética humana* los hará *criaturas adorables*, hasta convertirlos en parte de la familia humana. El tránsito de lo abstracto a lo real se acelerará a medida que el agrado y la aceptación de las personas se manifieste, porque la estética es sorprendente y atractiva.

Sin duda, los Juegos Olímpicos de Tokyo, postergados al 2021 por el coronavirus, supondrán una oportunidad excepcional para que los anfitriones demuestren el espíritu de creatividad y modernidad del país. La candidatura olímpica de la ciudad ya fue impulsada por Mirata y Kirobo, dos robots capaces de responder al movimiento y a la voz, además de reproducir movimientos de disciplinas deportivas (esgrima). Se espera que tanto en las instalaciones deportivas como en la villa olímpica, los aeropuertos, el centro de prensa y los hoteles oficiales la presencia de robots sea numerosa. El mundo tendrá una oportunidad de exponerse a los humanoides actuando en el mayor espectáculo deportivo moderno, lo que contribuirá a la familiarización tecnológica.

Recientemente, dos empresas (DeNA y ZMP) se han unido para lanzar taxis y autobuses autónomos en los JJOO de Tokio 2021. La idea es que taxis robots funcionen a través de los teléfonos móviles: el usuario pedirá el taxi en una aplicación e indicaría a dónde ir. El coche le llevaría a su destino, mientras que también se podría pagar desde la *app*. El Gobierno de Japón estudia cómo modificar las leyes de tráfico, ya que de momento no se permite la circulación de coches sin conductor.

Probablemente, junio de 2015 marcó un hito en la difusión de la robótica *low cost*. La compañía japonesa SoftBank Mobile sacó a la venta la primera tirada de 1.000 ejemplares del robot *Pepper*, al precio de 198.000 yenes (1.400 euros) que se agotó en un minuto. Este robot *con corazón*, que ya está en el mercado doméstico, utiliza una tecnología que le permite generar artificialmente sus propias emociones. Si apagan las luces se asusta, si le dedican palabras hirientes se entristece y cuando se le trata con cariño es capaz de llorar de alegría (mediante la luz de sus ojos). *Pepper* ha sido especialmente diseñado pensando en las familias. Puede hacer fotos, cantar *Cumpleaños feliz* o animar a una persona cuando detecta que está triste.

Asimismo, la investigación en robótica social y la exploración de las distintas posibilidades estéticas acelerarán el diseño de los robots humanoides. Más aún, esta exploración contribuirá a comprender la percepción humana, la interacción y la cognición con esta nueva y fantástica tecnología que será cada vez más rápida, con soluciones a la medida, fácil, atractiva de usar y económica.

El arribo de los robots sociales es ya una realidad. Son algo más que una herramienta sofisticada, ya que nos entienden, nos hablan y nos hacen compañía. ¿Cómo deberá ser su aspecto? ¿Qué estética los caracterizará? En el capítulo 15, que trata del futuro de la belleza, se analizan con detalle estas implicaciones novedosas de la robótica.

BIBLIOGRAFÍA

1. Álvarez del Blanco, Roberto M. (2012): «Belleza intencionada: avances y deconstrucción de neuromarketing». Management Herald, Buenos Aires Herald, Ámbito Financiero, noviembre-diciembre.

2. The Economist (2014): «Beware of Beethoven», 23 de agosto.

3. Hanson, David (2007): «Humanizing Interfaces: An Integrative Analysis of the Aesthetics of Humanlike Robots». University of Texas at Dallas.

4. Gelernter, David (1998): *Machine Beauty: Elegance and the Heart of Technology*. Basic Books, p. 22.

14
Aspectos económicos de la belleza

El Ideal tiene diversos nombres, y la belleza es uno de ellos.
W. SOMERSET MAUGHAM

Mira dos veces para ver lo justo. No mires más que una vez para ver lo bello.
GEORGE SAND

La belleza no hace feliz al que la posee, sino a quien pueda amarla y adorarla.
HENRY F. AMIEL

La cantidad significativa de tiempo y dinero que se dedica al cuidado de la belleza en el mundo, o la fascinación que las personas desarrollan por la beldad, son razones más que suficientes para pensar sobre la belleza en términos económicos. El concepto económico de la belleza se vincula al papel que juega en la sociedad o en el mercado, y reconoce el impacto que tiene tanto en las retribuciones salariales como en el diseño de productos, conceptualización de nuevas tecnologías, proposiciones de valor de marcas, políticas de estrategias organizativas o en el éxito de las relaciones y experiencias de clientes. También se asocia el concepto económico de la belleza al influjo que ejerce esta sobre políticas de precios, y particularmente al papel que el sector de la belleza ejerce en la economía.

El ejemplo del primer debate político televisado de la historia realizado en 1960 para la elección presidencial en Estados Unidos es interesante, ya que permite comprender el efecto de la belleza en la percepción y las asociaciones personales. El entonces vicepresidente Richard Nixon apareció tan demacrado que incluso su madre lo llamó para preguntarle si estaba enfermo; en cambio, su oponente, el senador John F. Kennedy, se mostró relajado, confiado, muy seguro de sí mismo. En consecuencia, los analistas proclamaron a Kennedy vencedor. El aspecto más sorprendente fue que aquellos que no vieron el debate por televisión declararon a Nixon vencedor.

Este resultado indica que los televidentes se vieron influidos por la apariencia física y la elegancia de Kennedy, mientras que los que escuchaban la radio valoraron los argumentos y los méritos de los candidatos, sin considerar la apariencia. Aun hoy, después de medio siglo del debate que encumbró a la televisión y marcó un hito en su papel e influencia en la democracia, los economistas siguen interesados en cómo la apariencia física condiciona los resultados políticos y económicos.

Un caso singular también es el que se produjo en Suiza en 1996. El editor de la publicación semanal *Cash,* interesado por los resultados de algunas investigaciones sobre belleza, decidió organizar un concurso entre sus lectores para elegir al más atractivo de los directivos. Cada lector podía votar al presidente ejecutivo (CEO) de una compañía en Suiza. Se recibieron novecientos votos con el increíble resultado de que el ganador resultó ser el propio presidente de la publicación. En la editorial se disculparon por la situación creada, aunque explicaron que, en el segundo, tercero y cuarto lugar se vieron favorecidos los presidentes de las tres compañías más importantes del país, incluyendo los laboratorios Novartis y al conglomerado de alimentación Nestlé.

El otro CEO del top 4 cambió de trabajo inmediatamente después del concurso y se convirtió en el primer directivo de mayor nivel en el Deustche Bank, uno de los más grandes bancos del mundo. Aunque los resultados del ejemplo no procedan de un estudio científico, sugieren una correlación positiva entre éxito organizativo y apariencia personal de su CEO.

En otro experimento, un equipo de psicólogos mostró a un considerable grupo de estudiantes fotografías de los CEO de las 25 principales compañías del *ranking* Fortune 500 y de los presidentes de las compañías posicionadas entre los puestos 476 a 500. Los estudiantes puntuaron las características faciales según ciertos criterios, incluyendo la apariencia general. Valoraciones sobre *poder* basadas en los rasgos del rostro resultaron más positivas para los directivos de las mayores compañías. A pesar de que los rostros de los CEO de las grandes y las pequeñas compañías no difirieron desde el punto de vista estadístico según atractivo, los presidentes de las grandes compañías fueron considerados como de mejor apariencia y belleza.

PULCROECONOMÍA

Recientemente, el economista Daniel Hamermesh acuñó este nuevo término, para indicar que la belleza influye en el éxito económico[1]. Asimismo, vinculó la belleza a las transacciones económicas y a sus resultados sugiriendo que el mundo se ve diferente (y mejor) cuando hay belleza de por medio.

Nuevas investigaciones demuestran, por ejemplo, cómo las compañías pueden beneficiarse por la contratación de presidentes ejecutivos con atractivo. Un estudio documenta que las compañías del Standard & Poors 500 disfrutan de mayor capitalización bursátil cuando nombran a presidentes de buena apariencia. Los hallazgos surgieron estudiando fotografías de 677 presidentes de compañías incluidas en el S&P 500 a través de un programa que calcula el atractivo del rostro según 17 criterios de belleza.

A cada presidente se le asignó una puntuación de 0 a 10 y luego los investigadores calcularon el efecto de su atractivo personal sobre el valor de cotización de las acciones de sus compañías, cinco días después de que su nombramiento se hiciera público. Por cada punto de atractivo en la escala de 0 a 10, la compañía ganó en promedio el 1% en el valor de la acción (aislando los efectos de mercado)[2]. Por supuesto, es posible que la belleza aumente características apropiadas para el desarrollo profesional, como el carisma y la capacidad negociadora, que impacten positivamente en los resultados financieros.

Otros estudios han documentado que los presidentes ejecutivos atractivos obtienen mejores capitalizaciones bursátiles tras anunciar adquisiciones o fusiones empresariales. Una posibilidad que explica este fenómeno es la tendencia a asumir que la beldad propicia ciertas consecuencias positivas, por lo que a los directivos atractivos se les otorga el *beneficio de la esperanza*, acompañado de una recompensa económica por el potencial incremento en los ingresos.

En el mismo estudio se encontraron otros resultados sorprendentes. Por ejemplo, se ha comprobado que las personas atractivas no son mejores que las de atractivo estándar en la resolución de acertijos. Sin embargo, aunque los resultados son similares, las personas atractivas demostraron mayor confianza en sus habilidades. Se podría concluir que la belleza personal se asocia con autoconfianza, característica valorada por los empleadores.

Esto llevó a los investigadores a centrarse en la autoconfianza. Después de varios experimentos, se comprobó que los empleadores tendían a sobrevalorar la productividad de las personas más atractivas. Los economistas estimaron que entre un 15-20 % del impacto de la belleza es consecuencia de la autoconfianza, mientras que la comunicación verbal y el contacto visual contribuyen cada uno con el 40 %.

Se asume que las personas atractivas son buenos comunicadores y que sus habilidades oratorias contribuyen en la misma medida en que lo hace la percepción de su belleza personal. La expectativa es que las personas atractivas rindan más, tanto en las interacciones verbales como visuales, e incluso que obtengan mayor asociación de confianza.

Estos hallazgos son consistentes con otros de investigaciones sobre expectativas de la belleza personal desarrolladas en la Universidad de California, San Diego, sobre juegos cooperativos. Las reglas del juego se concibieron para que el que coopere más obtenga mayor recompensa económica, pero cada participante tiene la posibilidad de influir en la contribución de los demás. Esto permite motivar a que otros colaboren con la mayor cantidad posible, mientras minimizan sus propias aportaciones.

En los juegos mencionados, los participantes esperan que las personas más atractivas realicen las mayores aportaciones, pero en la realidad sus aportaciones promedio son similares a las del resto de jugadores menos favorecidos. La expectativa de que las personas más atractivas serán las más generosas tiene un coste. Cuando los participantes descubrieron que estas aportaciones no tenían el nivel esperado, también redujeron sustancialmente las suyas.

En consecuencia, la belleza personal presenta una hoja de doble filo. Se espera que las personas atractivas, aún en una tarea mundana, den ejemplo de solidaridad y sean más cooperativas con el grupo. Cuando no actúan según lo esperado, los demás se retrotraen[3].

En un contexto diferente, podríamos preguntarnos por qué la belleza personal influye en la obtención de préstamos financieros. La posible explicación sería similar a lo que sucede en el mercado laboral. El prestamista puede asociar la mala presencia a un alto nivel de riesgo e interpretarla como señal de potencial impago. Estudios realizados por Prosper.com, uno de los mayores intermediarios *online* que facilitan y gestionan prestamos entre personas, suministran información sobre concesión de créditos, términos acordados, tasas de interés, características demográficas personales y asociaciones de la fotografía personal (que se incluye en la solicitud).

Los analistas han utilizado estos datos para determinar cómo la apariencia influye en el mercado crediticio[4]. Los hallazgos indican que los solicitantes con mayor atractivo obtuvieron los préstamos con facilidad (incluso pagaron menores tasas de interés) aun con las mismas características demográficas y antecedentes financieros que los menos atractivos. Sin embargo, disfrutando de las mejores condiciones, presentaron mayor nivel de impagados.

En este caso, la belleza es un indicador insuficiente, y sugiere que los prestamistas prefirieron la apariencia física a considerar rigurosamente y en profundidad otros factores complementarios de riesgo. El ejemplo sugiere cómo la belleza personal puede modificar un intercambio financiero. En conclusión, todos estos hallazgos ilustran de qué forma algunos estereotipos soterrados y ocultos sobre la belleza influyen significativamente en los resultados económicos.

EL SECTOR DE LA BELLEZA

La importancia de la belleza personal es evidente y tiene consecuencias económicas. En estudios realizados en Estados Unidos, se ha podido demostrar que la mayoría de las personas sienten que la discriminación basada en la apariencia es superior a la producida por cuestiones étnicas o geográficas. Incluso han documentado que en algún momento han sufrido esta discriminación por este motivo, más que por cualquier otro. La mayoría de los americanos creen que las desventajas originadas por la apariencia personal son reales y personalmente las han experimentado.

Figura 14.1 El sector de la belleza es muy competitivo, global y sofisticado. Moviliza más de 400.000 millones de dólares anuales en productos cosméticos, fragancias y artículos de aseo personal.

Especialmente, la atracción instintiva que sentimos por aquellos que irradian juventud, complexión robusta, dentadura reluciente, ojos luminosos, cuerpo sano, es universal. Incluso el estatus también juega un papel importante en este juicio, como indicador de seguridad personal, algo que las marcas del sector de belleza conocen y explotan con éxito.

En los anuncios sobre belleza personal es frecuente escuchar términos típicos cómo *juventud, vitalidad, luminosidad, éxito*. Estos son, entre otros, argumentos usados en publicidad por las marcas, que también ofrecen la promesa de estatus con sus envases sofisticados y precios elevados. Además de captar la atención, estos argumentos tratan de persuadir con «los secretos de la belleza» y aconsejar a las personas cómo pueden mejorar su apariencia y autoconfianza en poco tiempo, «con asombrosos resultados».

El sector de la belleza se ha convertido en muy competitivo, global y sofisticado. Aunque sus orígenes fueron modestos, comenzó con la comercialización de productos que en ocasiones fueron criticados como «afrenta a la moral pública». En la actualidad, los consumidores en todo el mundo dedican, según datos de Euromonitor, más de 400.000 millones de dólares anuales a productos de cosmética, fragancias y artículos de aseo personal o de tocador.

La transformación del sector desde una posición inicial criticada por su dudosa moral a otra caracterizada por la competencia de dinámicas marcas globales que ofrecen productos esenciales para la vida cotidiana, constituye una historia fascinante en el mundo económico y empresarial. Su crecimiento en un siglo ha sido prácticamente ininterrumpido, incluso superando crisis económicas y dos guerras mundiales.

Aunque el tamaño del sector impresiona, su naturaleza plantea diversas preguntas. ¿Qué compran realmente los consumidores cuando adquieren un producto de belleza? ¿Será la fragancia de un perfume que solo dura unas horas o una crema facial que una vez aplicada es invisible? Desde luego, ambos no constituyen precisamente productos utilitarios como los alimentos y teléfonos móviles, o símbolos de estatus, como relojes de marca o ropa de diseño. Entonces, ¿por qué están dispuestos los clientes a pagar un precio elevado por productos cuyos ingredientes, según se sabe, representan una pequeña parte del precio final de venta?

Según estudios realizados, el sector de belleza se ha convertido en uno de los más rentables, solo superado por el químico farmacéutico y el de *software*, y muy por delante del promedio del resto de los sectores industriales[5]. En la actualidad las diez marcas más importantes generan el 50% de las ventas totales del sector en el mundo. Las dos más grandes (L'Oréal y Procter and Gamble) producen el 20% de las ventas y cuentan con grandes marcas presentes por todo el planeta. Marcas como Avon, la marca más grande del mundo en la categoría, Dove de Unilever o Pantene de P&G son claros ejemplos de éxito.

Entre los países más desarrollados del mundo, los consumidores en Francia y Japón dedican más de 240 dólares per cápita a los productos de belleza. Los estadounidenses y alemanes dedican 183 dólares y 174 dólares, respectivamente. Entre los países emergentes destaca Brasil, con un consumo per cápita de 110 dólares.

Igualmente, resulta llamativa la variación de tipos de productos consumidos según países. Los europeos gastan más en fragancias y productos para el cuidado de la piel que los estadounidenses, quienes a su vez gastan más en cosmética que los europeos. Los asiáticos conforman un mercado modesto para las fragancias, participan solo del 6% del mercado mundial, pero en cambio representan un significativo 40% del mercado de cuidado para la piel. Mientras que en los Estados Unidos el mercado de maquillaje es el doble que el de China, los chinos consumen cuatro veces más productos para el cuidado de la piel que los norteamericanos. Algunos datos sorprendentes incluyen:

Figura 14.2 Mujer joven luciendo un hermoso tatuaje henna en sus manos. Las niñas, cada vez más, se incorporan al consumo de artículos de belleza con menor edad, fenómeno que puede observarse en distintas culturas.

— La autoestima es un activo muy importante para la sociedad y es donde los sectores de cosmética, perfumería y aseo personal pueden realizar una contribución significativa.

— El valor percibido de los productos de belleza está en aumento. Numerosas ventas corresponden a productos para tratamientos antienvejecimiento o antiarrugas, superando el sentido lógico.

— En el año 2005 la edad promedio de las mujeres que comenzaron a usar los productos de belleza fue de 17 años. En la actualidad se sitúa en 13,7 años.

— El 43% de las niñas entre 6 y 9 años han usado pintalabios o brillo para labios, el 38% usan espumas para el pelo, y el 12% algún tipo de cosmética.

— Las cirugías estéticas realizadas a menores de 18 años se han duplicado en la pasada década y el 69% de los jóvenes de más de 18 años son favorables a su práctica, lo que demuestra el apego a la idea de que se puede acceder a la *perfección* comprándola, más que aceptar la propia naturaleza.

— El 50% del crecimiento del sector de belleza en los próximos cinco años provendrá de los BRICS (Brasil, Rusia, India, China y Sudáfrica).

— Las ventas de productos de belleza en los *free shops* de los aeropuertos alcanza cifras muy significativas. En el aeropuerto de Heathrow, por ejemplo, se produce el 10% del total de las ventas en la categoría de perfumes primados de Gran Bretaña.

— El mercado de la belleza masculina en Europa asciende a 5.000 millones de euros. El hombre gasta un 20% menos que la mujer en líneas de productos similares. En China el mercado de belleza masculina crece al 40% anual.

— Una mujer en Tokio pasa el rímel a sus pestañas de 80 a 100 veces cada vez que se maquilla, mientras que la de Frankfurt lo hace solo una docena de veces.

— El maquillaje en la mujer produce un efecto significativo. En un *pub*, bar o discoteca, las mismas mujeres cuando están maquilladas reciben más galanterías y más rápidamente de los hombres que cuando no usan maquillaje.

Las personas en diferentes países prefieren esencias particulares. Por ejemplo, las mujeres estadounidenses prefieren perfumes con fragancias frescas, limpias, mientras que las europeas tienden a los aromas más fuertes y complejos. Ambas preferencias contrastan con las de Asia por las esencias suaves, naturales. Para un sector con características globales, tener en cuenta las particularidades locales es esencial. Sin embargo, en perfumería, el legendario Chanel N°5, con más de 95 años de antigüedad, disfruta de una cuota de mercado envidiable en el mundo, lo que indica una aceptación histórica en todos los continentes.

Figura 14.3 Primer plano de una mujer hermosa con maquillaje y ojos sombreados.

La perfumería no es el único sector de la belleza que ha evolucionado desde el conocimiento doméstico (y de maestros perfumeros artesanales) hacia una gran industria. La demanda para oler mejor, particularmente en una era en la que las nuevas tecnologías impulsan una enorme atención a la apariencia, crece a ritmo sostenido. Nuevos productos están surgiendo como consecuencia de los avances tecnológicos y científicos.

Imaginemos una prueba de ADN que permite que la marca pueda predecir, en diez minutos, la preferencia personal de fragancias mediante una muestra de saliva. Un diagnóstico exprés basado en salivación (como las pruebas de embarazo) ya está en uso. Permitirá un diagnóstico en el punto de venta, e indudablemente muchas personas estarán dispuestas a realizarla para obtener la fragancia *perfecta*.

Asimismo, la industria de esencias está provocando una nueva orientación a los aromas para ambientes, con el objetivo de contribuir a la belleza de los espacios físicos. El uso potencial para el control de niveles de fragancias ambientales (en oficinas, hogares, museos, espacios comerciales o de entretenimiento como cines y casinos) le otorgan posibilidades extraordinarias de desarrollo, especialmente debido a los mecanismos de *feed back* que la caracterizan (el *olfato-programador* puede mantener un nivel placentero de aroma en el ambiente).

CUADRO 14-1
AROMAS PARA EMBELLECER LOS MOMENTOS COTIDIANOS DE LA VIDA

Ya se dispone de un artilugio del tamaño de una tableta que puede colocarse detrás del sofá y emitir aromas para crear un sentido de intimidad y uniformidad. Este artilugio permite perfumar el hogar de forma personalizada y dar un toque singular a todos los ambientes. En Nueva York, un edificio de cinco plantas en el West Village cuenta con cinco sistemas de fragancias, una en cada piso, y los propietarios pueden usar sus artilugios inteligentes para perfumar los espacios con sus fragancias personalizadas de lavanda, geranio y magnolia *(ylang-ylang)*.

Algunas viviendas ya huelen a limón, higo y cardamomo. Otras disponen de sus propias fragancias basadas en notas cítricas y florales. Las marcas de esencias se han trasladado a la sala de estar en los hogares. El uso de aromas que flotan en los ambientes de hoteles, museos o complejos urbanísticos se está extendiendo progresivamente con propuestas muy singulares. Por ejemplo, un museo en Miami huele a mar y un complejo urbanístico, a pavimento mojado mezclado con aroma floral. La experiencia que suministra es como estar en un *spa* y el aroma propicia un placer interesante.

Recientemente se ha investigado sobre el efecto que los olores tienen en el ánimo y el comportamiento. Se ha descubierto el nuevo concepto de *fragancias funcionales*, que permiten hacer la vida más llevadera y atractiva en ciertos aspectos. Los resultados han inspirado a hospitales a perfumar sus salas con aroma de pepino, que logra que las personas perciban mayores los espacios físicos. Por el contrario, el aroma de barbacoa hace que perceptivamente los espacios físicos parezcan más pequeños.

Se ha descubierto que ciertos aromas florales como el jazmín aumentan la velocidad de aprendizaje un 17 % en todos los grupos de edades investigados (desde primer grado hasta adultos). Asimismo, se ha podido documentar el impacto de los aromas en el atractivo sexual. Por ejemplo, a los hombres les atrae el aroma de lavanda y calabaza, seguido de esencias de rosquillas, *pizza* de queso y palomitas de maíz. A la mujer le atrae el olor a regaliz y magnolia, y mucho más la mezcla de aroma de cereza, barbacoa y colonia masculina.

El aroma de vainilla produce el sueño rápido y la lavanda aumenta las ondas alfa. El aroma de capuchino acelera la percepción del tiempo. Con este tipo de información se puede imaginar el diseño del hogar para mejorar la funcionalidad o programar las diferentes habitaciones con sus propias experiencias aromáticas.

Esta nueva posibilidad se hace real con el reciente lanzamiento del *oPhone*, un artilugio que activa cartuchos aromáticos que dispensan una serie de aromas (chocolate y cítricos, pan recién horneado, café recién hecho, entre otros) cuando se recibe un mensaje por la Red. La idea es, por ejemplo, disponer de una fotografía (una taza de café) y enviar un correo electrónico, un mensaje de texto o un tuit aromatizado a un amigo. El *oPhone*, acaba de recibir la bienvenida en París y en el Museo de Historia Natural de Nueva York, que piensa recrear el aroma de una araña o el hábitat de los dinosaurios.

Crear el aroma o fragancia para el hogar es similar al proceso de crear uno para una marca comercial. La audiencia objetivo es la familia. Por lo tanto, hay emociones, colores y estética que deben compaginarse adecuadamente.

La razón de por qué el uso de aromas se ha convertido en una gran oportunidad y se ha extendido a diversos sectores y actividades se debe en parte al mayor conocimiento científico de sus efectos y al desarrollo de nuevas tecnologías, que permiten el uso de olores más eficientemente y que además pueden controlarse con efectividad.

Revlon, en cosmética, y Nestlé, en alimentación, son algunas de las marcas que analizan los efectos relacionados de los aromas y otros estímulos del producto. Procter & Gamble, Disney, Hershey, Bloomingdales, Lexus, Reebok, Sony, Samsung, Nordstrom, Singapoore Airlines y Starwood Hotels también emplean aromas para diferenciarse de sus competidores.

Estas compañías utilizan los olores para incrementar las emociones, percepciones de belleza, obtener lealtad de marca, incrementar ventas y satisfacción de clientes. El uso de aromas estratégicos ha demostrado, por ejemplo, un incremento en el tiempo de visita de los clientes en el punto de venta de hasta un 40 por ciento.

BELLEZA EN LA ECONOMÍA GLOBAL

La facilidad con la que en la actualidad se difunden las modas entre los continentes impulsa indudablemente la expansión de las marcas del sector de belleza. El apoyo que algunas marcas han recibido de sus compañías en promoción y distribución las han convertido en *megamarcas*. De esta forma, han logrado expandirse por el mundo, posicionándose en diferentes categorías de productos.

En su búsqueda de escala o tamaño competitivo, algunas compañías han crecido orgánicamente o mediante la compra de otras marcas para acceder a nuevos segmentos de mercado o categorías de producto. Particularmente, ha habido un *apetito* por construir el negocio del cuidado de la piel, teniendo en cuenta que el envejecimiento de la población en Occidente producirá un incremento en la demanda de este tipo de productos. Esta preocupación es latente también en la población asiática, convertida hoy en relevante para la economía global.

Asimismo, el sector de la belleza ha comenzado a suscitar atractivo en Wall Street. Diversas compañías de *private equity* han aumentado sus inversiones en pequeñas marcas con el objetivo de construir *activo de marca* y hacerlas atractivas para los grandes conglomerados. La belleza constituye una categoría muy relevante por sus elevados márgenes. Además, el hecho de que el mercado de la mujer entre los 20-39 años se convierta en uno de los de más rápido crecimiento en los próximos 10 años aumenta el interés por este sector.

Las marcas francesas y norteamericanas se sitúan entre las más aspiracionales. Sin embargo, algunas provenientes de Japón, China o India están exportando conceptos de belleza a los mercados occidentales con notable éxito. El cambio en las características demográficas y en los valores sociales también orienta a las marcas a buscar nuevos mercados, incluyendo los segmentos de minorías étnicas, niños y la tercera edad. Las grandes marcas se han convertido en verdaderas orquestadoras de diversidad[6].

La belleza, o más precisamente su actual industria multimillonaria, ha surgido como resultado de la creación humana y no de la evolución de la naturaleza, aunque descansa en los imperativos biológicos de la atracción y de la reproducción humana. Los fundamentos del sector fueron construidos por emprendedores que, si bien no inventaron los rituales o conceptos de los productos de belleza, sí tuvieron la visión de extraer de las sociedades preindustriales las numerosas recetas y tradiciones para transformarlas en una industria fabulosa.

La facilidad de los viajes internacionales propició que muchos emprendedores iniciaran sus proyectos y empresas en países distintos a los de sus orígenes. Eugéne Rimmel, Karl Nessler, Andrew Jergens, Ernest Daltroff, Helena Rubinstein, Elizabeth Arden, Max Factor, entre otras, encajan en esta descripción. Esta tendencia persistió aun después de la Primera y de la Segunda Guerra Mundial. Simone Tata, Vidal Sassoon, Horst Rechelbacher e Yves Saint Laurent, todos construyeron imperios fuera de sus países de origen. Para muchos, las ideas emprendedoras surgieron como consecuencia de la exposición a nuevos lugares. París fue esencial para la estrategia de la empresa sueca de Knut Wulff; Shu Uemura dedicó sus primeros años de formación en cosmética exponiéndose a la cultura de Hollywood.

Más recientemente, los altos directivos del sector han sido figuras cosmopolitas y polígotas, como Lindsay Owen-Jones y Bernd Beetz, quienes también desarrollaron sus carreras fuera de sus países de origen. Coty y Wertheimers llegaron a París desde provincias distantes del interior de Francia; Anita Roddick inició The Body Shop en la costa sur de Gran Bretaña, y no en Londres.

Esta situación ambivalente es una de las razones por las que la industria se ha caracterizado por una gran presencia emprendedora femenina. Harriet Hubbard Ayer, Rubinstein, Arden, Estée Lauder y Mary Kay ejercieron una enorme influencia en la industria en los Estados Unidos, igual que sus colegas Félice Vanpouille, Jung Suk Jung, Simone Tata, Anita Roddick y Lena Philippou Korres lo hicieron en otros países.

La pasión que han desarrollado ha sido un componente esencial para tener éxito en este sector. La industria de la belleza está sujeta a los mismos principios de construcción y gestión de marcas o de estrategia de marketing que aquellos que caracterizan a los sectores más competitivos del gran consumo. Las decisiones y ejecución sobre el lanzamiento de nuevos productos, nombre de marca, presentación de envases y otras variables esenciales de marketing, requieren de una comprensión intuitiva y de un vínculo emocional de los consumidores. La calidad, la estética y el *glamour* son factores esenciales para lograrlo.

La globalización ha convertido a las grandes marcas en todavía más grandes y han introducido un compendio de nuevos retos. Los presupuestos dedicados a publicidad e investigación, la complejidad de los mercados globales o las economías de escala y el tamaño necesario para competir con éxito exigen altas dosis de creatividad, especialmente para resolver los aspectos de tamaño y escala.

A medida que cientos de millones de nuevos consumidores ingresan al mercado de la belleza, las marcas que se orienten deliberadamente hacia ellos y hacia las categorías de productos demandadas estarán entre las triunfadoras. El éxito surgirá asimismo de la comprensión de las tendencias y las dimensiones que caracterizan al nuevo y venidero concepto de belleza, aspecto que considera el siguiente capítulo. ¿En el futuro, las personas se describirán como amantes de la belleza, o por el contrario, como neutras o indiferentes hacia la beldad?

Todo indica que hablaremos de personas cada vez más apasionadas y embelesadas por la belleza. Es probable que nos volvamos más obsesionados con ella a medida que otorgamos más importancia a la imagen. Tanto hombres como mujeres están cada vez más preocupados por su salud, hacen más deporte y comen más sano. Asimismo, los clientes son cada vez más fieles a las marcas de belleza, eligen productos específicos para cubrir sus necesidades personales y los seleccionan con mucho criterio. En otras palabras, todo parece indicar que estamos desarrollando una rutina de belleza cada vez más sofisticada.

BIBLIOGRAFÍA

1. Hamermesh, Daniel S. (2011): *Beauty Pays: Why Attractive People Are More Successful.* Princeton University Press.

2. Alter, Adam (2013): «Does Beauty Drive Economic Success?» The New Yorker, 19 de noviembre.

3. Varian, Hal R. (2006): «Beauty and the Fattened Wallet», The New York Times, 6 de abril.

4. Ravina, Enrichetta (2008): «Love and Loans: The Effect of Beauty and Personal Characteristics in Credit Markets». Monografía no publicada, New York University, marzo; Jefferson Duarte, Stephan Siegel y Lance Young (2008): Trust and Credit, Monografía no publicada, Rice University, noviembre; Devin Pope y Justin Sydnor (2008): «What's in a Picture?» Evidence of Discrimination from Prosper.com. Monografía no publicada, Wharton School, University of Pennsylvania.

5. Porter, Michael E. (2008): «The Five Competitive Forces that Shape Strategy». Harvard Business Review, enero, p. 79-93.

6. Jones, Geoffrey (2010): *Beauty Imagined: A History of the Global Beauty Industry.* Oxford University Press, p. 340.

15
Lo venidero en la nueva belleza

Lo simple es la sofisticación definitiva.
LEONARDO da VINCI

La esencia de la belleza es la unidad en la diversidad.
FELIX MENDELSSOHN

Feliz puedo caminar.
Que haya belleza delante de mí.
Que haya belleza debajo de mí.
Que haya belleza sobre mí.
Que haya belleza alrededor de mí.
En la belleza culmina todo.
TRADICIÓN RELIGIOSA (NAVAJO)
Anónimo: Indígenas de Norte América

Todo proceso de conversación con el futuro comienza con una esmerada comprensión del presente, de los potenciales cambios y sus impactos. Un viejo proverbio árabe formula: «Aquel que predice el futuro miente, aun diciendo la verdad». Acertado y verdadero, rara vez puede asegurarse lo que deparará el futuro; siempre estará rodeado de incertidumbre. Sin embargo, para conceptualizar lo venidero en belleza debemos desarrollar una visión sobre alrededor de qué intuimos que girarán los acontecimientos. Sin esta visión, la esperanza anticipadora y la determinación de lo sucesivo resulta inalcanzable.

La forma tradicional de observar el futuro ha sido mediante la extrapolación del pasado. Pero si este método fuera infalible, más de la mitad de las personas hoy serían sus *mensajeros*. Seguir este enfoque puede hacer transitar al analista por el sendero y la dirección erróneos. Hay que reflexionar de forma holística, con métodos que articulen los diferentes caminos que pueden existir en el futuro y desarrollar los movimientos apropiados en la dirección correcta, en el momento adecuado. Todo ello exige definir alternativas comprendiendo el impacto en el mañana.

Los seres humanos siempre nos hemos fascinado con la predicción. Los oráculos de la Grecia clásica, el calendario mariano o las enigmáticas predicciones de Nostradamus han tratado de comprender lo venidero para ganar entendimiento y anticiparse al futuro. El mundo de la belleza no es diferente y trata de observar el horizonte, despejarlo y determinar los conceptos que la caracterizarán.

Niels Bohr, Premio Nobel de Física en 1922, sostuvo que «la predicción es muy compleja, especialmente la del futuro». Esta irónica sentencia expresa perfectamente lo que se siente al iniciar la visualización del futuro. La más sencilla predicción sobre belleza, y probablemente la más acertada, es que la mayoría de los pronósticos serán incompletos. Los valores, percepciones y aspiraciones de la sociedad están cambiando tanto (y lo seguirán haciendo en los próximos años) que reforzarán nuevas tendencias con efectos e influencias permanentes.

El viejo y conocido adagio atribuido a Isaac Asimov, «lo único constante es el cambio», parece correcto y oportuno para entender, evaluar los nuevos movimientos sobre belleza, el impacto que ejercen las nuevas tecnologías en su desarrollo, y aquellos conocimientos necesarios para enfrentar los nuevos hábitos. Más importante aún: para poder anticiparse y crear tendencias es necesario hacer realidad el dicho: «La mejor forma de entender el futuro es creándolo».

¿Cómo intuir los constructos imaginarios que caracterizarán a la nueva belleza? ¿Qué aspectos de la vida moderna deberían observarse para realizar los pronósticos? Evidentemente, necesitamos de rigor intelectual y científico para, cautelosamente, evitar equívocos y predicciones erróneas; de hecho, el trabajo para dar la respuesta correcta al ultimátum de la beldad del mañana tendría que haber comenzado ayer.

La primera fuente *deconstructora* del futuro de la belleza es la demográfica, incluyendo niveles culturales, estilos de vida y, muy especialmente, la expectativa de vida esperada, que en las sociedades de alto nivel de salubridad se pronostica que se situará en 100 años. Todo indica que dos tendencias con impacto muy significativo en el concepto de belleza se manifestarán intensa y aceleradamente: concentración de la población en ciudades (urbanización) y aumento de la longevidad (con buen estado de salud y calidad de vida).

La urbanización supondrá que las minorías culturales convivirán con otras *codo a codo*, mimetizándose, emulando estilos de vida y creciendo imperceptiblemente en el caos de las ciudades modernas, crisoles de la globalización. El aumento del cosmopolitismo provocará urbanitas con nuevos cánones de belleza, consecuencia de la pluralidad de alternativas estéticas y de las formas de interacción social.

¿Dónde vivirán los creadores de opinión? ¿En Nueva York? ¿París? ¿Londres? ¿Tokio? ¿Dubái? ¿Sídney? ¿Cuáles serán los referentes culturales? ¿Qué tipo de identidades serán las aspiracionales? Habría cierto consenso sobre que en el futuro seremos el resultado de una deliberada autohibridación que desplegará significativas y personalizadas visiones de belleza.

Otra fuente *deconstructora* del futuro de la belleza surge de la tecnociencia. La revolución digital solo ha explorado una mínima parte de las posibilidades que ofrece la realidad virtual. Los nuevos descubrimientos permitirán desarrollar multitud de nuevas ideas, imágenes y sonidos más allá de nuestro propio control, accesibles instantánea y simultáneamente en todos los rincones del planeta.

Nuevas interfaces conectadas a este increíble caleidoscopio otorgarán a las personas posibilidades ilimitadas para reinventarse. Las barreras entre realidad y espacio virtual se están derrumbando, fenómeno conocido como *aparición de lo nuevo, del nuevo mundo*.

Pronto podremos proyectarnos a espacios múltiples, según los propios caprichos y fantasías, y no habrá límites para la autoinvención. La búsqueda de felicidad y autorrealización precipitará la concepción de nuevas técnicas para transformar el cuerpo con facilidad, dando paso a un hipernarcisismo. Claramente, el futuro impondrá un culto al cuerpo superior al actual y una exigencia de nuevos cánones de belleza a todos los objetos que nos rodean en la vida cotidiana, también mayores a los actuales.

En la conceptualización de esta nueva trayectoria de la belleza trabajan artistas, diseñadores, expertos de moda, científicos, profesionales de marketing y las mentes creativas más destacadas. Una serie de factores estimulan la nueva modernidad, las innovaciones de productos y las ideas frescas, impulsoras de dinámicas de la vida cotidiana[1]. Especialmente, sobresalen:

Simplificación. La experiencia más interesante es la que se asocia con singularidad e intensidad. No solo se trata de minimalismo sino de *pureza,* de dar valor al concepto de beldad, que sea funcional y que represente la modernidad. La paradoja es cómo lograr simplificación sin perder complejidad.

Nuevas reglas. Exige la sensibilidad para proponer nuevos formatos, colores, aromas y experiencias que enriquezcan los atributos físicos de los productos. El desafío es desarrollar un rigor orquestado y contrastes cuidadosamente planificados.

Pasión por los detalles. Los pequeños detalles suelen contribuir a ensalzar la beldad y deberían constituir una práctica estética permanente. La atracción por la sorpresa y la belleza intencionada promueve un fenómeno consolidado y en pleno auge.

Relación intensa. El aumento de la preferencia por productos *a la medida* o *personalizados* que incluyan sofisticadas propuestas de beldad se ha convertido en natural, permitiendo que las personas expresen sus propias identidades y estilos. En este contexto, belleza y experiencia de uso deben converger armoniosamente.

Lujo maxiligero. El lujo ha experimentado diversos ciclos en los últimos años, desde lo formal a lo excéntrico, desde lo frívolo al placer personal. El nuevo lujo se plantea como una mezcla de esos papeles, cohabitando para convertirse en personal o irónico, pero siempre caracterizado por innovación. Esta dimensión macro del lujo involucra diversos sentidos y debe ser considerada para inspirar las nuevas formas de belleza.

Materiales novedosos. Los resultados de las investigaciones científicas han favorecido la aparición de nuevos materiales que están revolucionando el diseño, el estilo y la estética de los productos. La oportunidad de utilizar materiales sorprendentemente innovadores como estímulos provocadores se ha convertido en una cuestión estratégica para numerosas marcas.

Sin embargo, la libertad que deberemos a las nuevas tecnologías no nos distanciará de la naturaleza y del ecologismo, que, paradójicamente, trataremos de cuidar e integrar aún más en nuestras vidas. Viviremos en un mundo tanto real como virtual y nos trasladaremos de uno al otro con identidades múltiples, con consecuencias notorias para las nociones de belleza. Seguiremos fascinados por ella, por su misterio y apasionados por disfrutarla.

COSMOPOLITISMO

Las megaciudades, con sus mezclas heterogéneas de población, propiciarán nuevas concepciones de belleza, modificando hasta las reglas de la propia apariencia. Las megaciudades permitirán a las personas intentar experimentos ambiciosos y modificar los códigos de belleza, que se convertirán en plurales tanto en las proposiciones estéticas como en las modas. Incorporarán un nuevo orden: diverso, matizado y múltiple.

El poder de la fantasía, la circulación global de la información, imágenes y representaciones colaborarán para hacer realidad estos nuevos códigos y formatos. La belleza se expresará de forma policromática y con riqueza de atributos, inaugurando una beldad de tipología diversa, con imágenes interpuestas como nunca hemos experimentado. Un cosmopolitismo sin precedentes se está engendrando con la confluencia de lo real y de lo virtual[2].

OMOTE

Omote es una palabra japonesa que significa «cara» o «máscara». El rostro es considerado el espejo que refleja el alma humana, una disgregación entre *omote* (exterior) y *ura* (interior). En diversas obras musicales, los artistas usan máscaras *omote* para expresar una multitud de emociones dramáticas. *Omote* se vincula a las imágenes que una persona, una empresa, o cualquier institución desean proyectar a su audiencia específica, o al público en general. Y como toda imagen, *omote* se compone de una mezcla de realidad, de mito, y de ficción.

Ha sido presentado recientemente en los medios sociales, mostrando a tiempo real la proyección del trazado de un mapa experimental sobre un rostro. El experimento mostró como la luz puede aplicarse al maquillaje, transformando el rostro de la modelo incorporando efectos visuales futuristas y abstractos. El trabajo ha sido liderado por Nobumichi Asai, uno de los mejores *media artist* y productor de trazado de mapas, junto a un equipo de diseñadores digitales, expertos en CGI, y artistas de maquillaje. Asai ha sido aclamado en todo el mundo por realizar el trazado de mapas en el rostro de Lady Gaga en los Grammys 2016, por su trabajo *Connected Colors* para la campaña global de Intel, el holograma láser *Light of Birth* exhibida en la Triennale de Milano, y *Ghost in Shell Virtual Reality Diver*.

Asai y el equipo de creativos visualizaron el trazado y la proyección de mapa del rostro a tiempo real imaginando el futuro de la decoración del rostro. Superpuesto a los rostros de dos modelos sentadas en el centro de un pequeño escenario, surgieron vibrantes rayos luminosos y crearon un mapa proyectado en 3D, que rápidamente cambiaba en sus geometrías, estilo y tamaño.

Motivos esqueléticos, mecanismos robóticos y glamurosos maquillajes de muñeca se aplicaron tecnológicamente a sus rostros, que se transformaron en una completa nueva reinterpretación del formato humano. Mediante la fusión de tecnología y arte, tanto virtual como real, Asai ha descubierto la potencialidad de la reescritura digital de lo que podría constituir el nuevo entendimiento del rostro.

Mediante el maquillaje artístico electrónico, este trabajo incorpora la idea de que esta belleza natural contiene un conjunto de valores estéticos y un sentido de identidad. Además de las tecnologías modernas, el experimento presenta un nuevo proyector 4K/240P que mejora el efecto sobre la piel, el maquillaje y el sentido dinámico del movimiento.

El proyecto, que ha iniciado una nueva era en la conceptualización del maquillaje artístico y del maquillaje tradicional, intenta evocar la belleza, la diversidad y la armonía de los tesoros naturales de Japón. Los seres humanos en el pasado vivieron integrados a la naturaleza, conjugando su vida espiritual con su estética vigorizante.

El mundo inevitablemente será una mezcla de singularidades: habrá que considerarlo como una realidad impactante en las percepciones y asociaciones de belleza. Para entenderlo, la observación se deberá caracterizar por una gran curiosidad intelectual, asumiendo que la información será necesaria pero no suficiente. Conceptos como *mezcla, unión, armonización, combinación, superposición* o *fusión* se asociarán con este marco de referencia en el nuevo universo de la belleza.

Figura 15.1 Ka-cho-fu-getsu (Belleza de la naturaleza) / tracking a tiempo real del rostro y proyección de mapa con efectos especiales. Nobumichi Asai www.nobumichiasai.com. Un rostro puede funcionar como lenguaje comunicacional. El Proyecto OMOTE, según ha sido acreditado, da origen a una nueva era en la conceptualización y percepción de la belleza personal.

La oferta de novedad, placer, experiencias y sorpresa será necesaria para encajar en la zona de libre curiosidad individual, de ostentación personal en épocas de rápidas y constantes innovaciones. Arte, arquitectura, diseño, estilo de productos, conceptualización de interiores en espacios comerciales, estrategias de marketing para enriquecer experiencias de clientes…, todos evolucionarán con cambios significativos e incluso radicales. Impulsarán nuevos códigos que influirán en cómo las personas conquisten la belleza o en cómo el mundo perciba y valore la beldad.

Los criterios de la apreciación estética producirán un nuevo orden (diverso y plural). En paralelo, el poder de las fantasías se caracterizará por una vitalidad, un dinamismo y una morfología singulares. Los hologramas, las pantallas 3D, las imágenes digitales en cuatro dimensiones *(virtual art life),* el tecnonaturalismo, los *teleports,* la iluminación LED… multiplicarán la magia para las marcas, que destacarán por sus propuestas, que provocarán nuevas emociones y relaciones con los clientes urbanitas.

INMORTALIDAD

La búsqueda de la eterna juventud ha sido un sueño más grande que el mito de la inmortalidad. Si la vida perpetua es imposible de alcanzar, la mayoría se sentiría feliz con poder mantenerse jóvenes toda la vida, aun cuando esta fuera limitada. Los poetas siempre han glosado el goce de la belleza juvenil y las miserias de la vejez.

En la actualidad, y en Occidente especialmente, las personas mayores parecen haber perdido la consolidación del pasado: parte integral de la unidad familiar y consideración respetuosa por su sabiduría y experiencia. Hoy el mundo es de los jóvenes, de los atractivos y de la población en estado productivo. Los mayores, que han perdido su futuro, son privados cada vez más de propósitos en el presente. La dificultad de encontrar trabajo a partir de los 50 años es un claro ejemplo de ello.
Los avances médicos y tecnológicos permiten disfrutar de mejores niveles de salud, mayor longevidad y aumentar la esperanza de vida. El cuerpo debe *durar* más, por lo que se lo cuida con gran esmero. Es posible el trasplante de órganos, uso de prótesis mecánicas o electrónicas y

desafiar al paso del tiempo. Esto lleva a preguntas fundamentales: ¿qué sucederá con los roles sociales tradicionales cuando la edad biológica deje de ser una barrera?, ¿qué efectos producirán estas formas de vida prolongada en la comprensión de la belleza y de su goce?

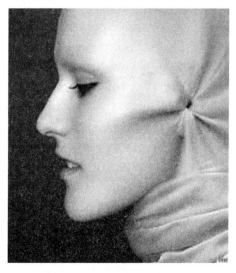

Figura 15.2 Oleg Dou, Escúchate a ti misma «Naked Faces». Sin pelo y con la piel coloreada se pierde el individualismo. Céntrate en tu vida interior.

La evolución tecnológica está marcando el triunfo del presente. Está transformando nuestras vidas en una sucesión de momentos interesantes. Nuestros cuerpos disponen de mejor asistencia y la vejez se pospone continuamente. Ambicionamos ganar la batalla creando cuerpos y entornos que preserven la apariencia, mejoren las imperfecciones y superen las carencias con la ayuda de la ciencia y de la tecnología.

Al prolongar la esperanza de vida, la imaginación social ha asumido que debe extender el periodo de juventud aparente, postergando el momento para aceptar la propia vejez, y para ello ha inventado la tercera, e incluso la cuarta edad. Habría una cierta conjura para provocar imágenes que glorifiquen la eterna juventud y la belleza.

La unión entre la microelectrónica, la nanotecnología y la ingeniería genética está resultando fértil, y nuevas formas de vida algún día podrán crearse *en silicio* tanto como *in vitro*. Nuevos medicamentos (en forma de moléculas hoy desconocidas) y tratamientos preventivos (especialmente los de terapia genética) constituirán posibilidades para la prolongación de la vida.

Algunas preguntas obvias deben formularse: ¿cómo será este ser humano tentado por el deseo de *inmortalidad*?, ¿cómo la apariencia personal y la belleza que lo caracterizan estarán en equilibrio con la tecnología que le permita una presencia más prolongada en el mundo?

Por supuesto, hay quienes desde el punto de vista moral están en desacuerdo con esta idea del deseo de inmortalidad y con la posibilidad de la extensión de la vida por vía tecnológica. Sin embargo, podría haber consenso en que en el futuro la diferencia de edades será un tabú definitivo, la frontera final. En el mundo venidero se podrá ser cualquier cosa, artista, ingeniero, comediante, profesor, transportista..., pero estará prohibido ser viejo. Por supuesto se generarán nuevas dinámicas (*sexy*, joven y saludable) con significativas consecuencias en los gustos, hábitos e interpretación de la belleza.

HIPERNARCISISMO

Durante el siglo XX, la creciente secularización de la sociedad, el triunfo del individualismo y la metamorfosis cultural han ido erosionando continuamente los principios en los que se basaba la moral tradicional. El descubrimiento de nuevos espacios de libertad, la emancipación de la mujer, el crecimiento de las actividades de ocio, la explosión de las comunicaciones y la movilidad personal han provocado que un porcentaje significativo de la humanidad considere como relativos ciertos valores y estándares de belleza, además de distanciarse de sus propias culturas de origen.

En la búsqueda de la realización personal, del disfrute de la felicidad y del goce estético, un cierto relativismo moral impulsa a grandes porcentajes de las sociedades modernas a preocuparse y desarrollar un cierto culto al cuerpo, al que considera como la única realidad tangible.

Un fenómeno actual en auge escenifica perfectamente esta idea. Los teléfonos inteligentes permiten obtener fotografías (incluso del estilo *paparazzi*), y la posibilidad de compartirlas descargándolas en la red a tiempo real populariza la ilusión de emular a las celebridades. Con los selfis colgados en YouTube, o en otras plataformas, muchos intentan hacer realidad la cita de Andy Warhol: «Todo el mundo merece, aunque solo sea, sus quince minutos de fama».

Este tipo de modas favorece el hiperindividualismo, que vive simultáneamente en el mundo real y el virtual, desarrollando versiones del ser concebidas para ser difundidas, e internet colabora eficazmente en su dispersión. Tal es el entusiasmo que despierta que ha sido capaz de provocar el síndrome de «nomofobia» en más del 53% de los propietarios y usuarios frecuentes de móviles, cuyos síntomas son estrés, ansiedad y temor de no tener acceso a la red.

Entre lo material y lo esotérico, entre la preocupación obsesiva por la vida sana y la gestión cuidadosa de la imagen y de la apariencia, una ilimitada fuente de recursos e ideas satisfarán las necesidades personales en el futuro. Este nuevo narcicismo tendrá acceso a prácticas y equipamientos para producir abundantes metamorfosis. Estará dispuesto a probar que controla el destino a través de la práctica asceta del placer.

El mundo *hipernarcisista* se caracteriza por la búsqueda de misticismo, el desarrollo personal y un nuevo tipo de espiritualismo para maximizar logros personales, serenidad y una vida equilibrada. La supervisión y control sobre uno mismo se acompaña de un cierto hedonismo. El imperativo es alcanzar la felicidad, que en parte se logra a través de marcas o productos suministradores de placer y bienestar. El materialismo tradicional deja paso a una demanda y a ilusiones de otro tipo: podemos disfrutar de la felicidad con medios propios, ejerciendo control sobre ellos.

Al mismo tiempo, proliferan los deseos en la búsqueda de placeres sensoriales y estéticos, de calidad de vida y de sensaciones físicas que reflejan una marcada preferencia para el disfrute del ocio y del placer de los sentidos.

El hiperindividualismo se manifestará dualmente: sensual y eficaz, previsor y narcisista, estético y ávido. Una especie de híbrido supermoderno que se beneficiará de las abundantes posibilidades de los dos valores de los tiempos venideros: eficiencia y felicidad[3].

La conceptualización de productos, la promoción de marcas, los medios de comunicación, el ocio y el entretenimiento, el diseño urbano, entre otros, serán planificados y organizados para integrar al máximo a los mensajeros de la nueva belleza.

CIBER SAPIENS

Tras vivir 200.000 años en el planeta como *Homo sapiens,* la observación indica que estamos realizando el tránsito hacia la integración del mundo molecular y el digital, igual que nuestros ancestros lo hicieron al encajar la tecnología con lo biológico. Estas nuevas criaturas en las que nos estamos convirtiendo, parte digital y parte biológica, abren paso a la evolución hacia la especie *Ciber sapiens* (el término *ciber* proviene del griego *kybernetes* y significa «timonel, quien gobierna la nave»).

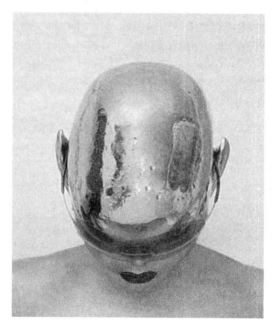

Figura 15.3 Kimiko Yoshida, La Novia Cyber. Auto retrato. La ciencia se prepara para reemplazar a la naturaleza. Una revolución alucinante se está gestando a medida que los seres humanos comienzan a concebir su propia evolución hacia una nueva especie de cyber sapiens.

Los cambios sin precedentes como resultado de la evolución en biotecnología, fotolitografía, neurociencias, neurodinámica, bioinformática, inteligencia artificial, *machine learning* y robótica provocarán impactos muy significativos en nuestro sistema de valores y en nuestra visión del mundo. Los criterios éticos y estéticos del humanismo clásico ya están siendo revisados y muy prontamente nuestros sentimientos, relaciones y comportamientos adquirirán un nuevo significado moral.

La distinción entre sujeto y objeto, entre personas y cosas, perderá su relevancia en beneficio de la naciente modificación genética (posthumanismo), donde los seres vivos y lo artificial estarán totalmente integrados. La fascinante promesa de esta nueva era es la posibilidad de combinar sofisticadas y avanzadas tecnologías (robótica, biónica) con el conocimiento clásico, posibilitando comprender mejor la nueva humanidad. Es justamente esta humanidad, y el potencial que la caracteriza, lo que provoca la nueva belleza.

Estamos transitando e ingresando en lo que el profesor de la Universidad Carnegie Mellon e investigador en robótica Hans Moravec define como era *postbiológica*. Según su concepción del transhumanismo y de la visión artificial, el mundo pronto celebrará el triunfo de complicados, pensantes y eficientes robots que diferirán de los seres humanos solo en su perfección técnica y carencia de cuerpo.

Este panorama se complementa con la proliferación de lo que el filósofo, sociólogo de la ciencia y antropólogo francés Bruno Latour describe como «casi objetos», artilugios híbridos producidos por la colaboración entre la naturaleza y la cultura: plantas y animales modificados por ingeniería genética mediante terapia de genes, seres humanos con implantes cibernéticos o sistemas de agentes inteligentes con programas evolucionados hasta permitir la convivencia con humanos.

En el futuro, todos los objetos electrónicos que ayuden a las personas en cuestiones cotidianas y domésticas estarán dotados de inteligencia artificial y sensibilidad, permitiendo actuar y reaccionar como los organismos vivos. Su autonomía les otorgará una auténtica vida personal, y nuestra relación con ellos será similar a la que desarrollamos con las mascotas. Es lo que los investigadores denominan *electrónica amigable*: los objetos electrónicos se convertirán en verdadera compañía artificial. Su diseño tendrá estilo y elegancia propios.

El experto británico en inteligencia artificial David Levy presenta a los robots como nuestros futuros compañeros, amigos, colegas e incluso parejas[4]. Si la máquina se comporta como algo sensible, la trataremos de igual forma. Según su perspectiva, los que dudan de la posibilidad de incluir vida en ordenadores y robots muestran la misma falta de imaginación que aquellos escépticos con las posibilidades y potencial de la inteligencia artificial en la década de 1960.

Todo ello postula una nueva noción de beldad. Debido a que la belleza sigue un proceso de autotransformación basado únicamente en los valores individuales y experiencias de la realidad, la pregunta relevante sería cómo se formulará la belleza en el futuro mundo *transhumano* y *posthumano*. A través de la perspectiva artística y del diseño, la amplificación humana podrá verse como el rediseño del cuerpo humano y de los objetos que utiliza, tanto en tiempo real como virtual.

Sugiere que artistas, diseñadores, científicos y filósofos desarrollarán exploraciones compartidas en este enorme campo de la estética trans-bioelectrónica con el ambicioso deseo de imitar, definir, reconstruir y transformar las percepciones humanas e identidades. Esta práctica influirá e impactará en las ideas tradicionales de belleza y estilo clásico.

En este contexto tecnológico, la belleza probablemente será menos una cuestión de apariencia para convertirse en un concepto mental vinculado a la fascinación con el *rendimiento*, la *precisión* y con la capacidad de eludir la fragilidad humana o de las cosas materiales. Será un ideal de belleza artificial y dinámica, rodeado de un aura impersonal vinculado a la excepcionalidad tecnológica[5].

Figura 15.4 Matthew Barney, CREMASTER, 4, 1994. El futuro quimérico, orgánico, barroco. Foto: Production Still © 1994 Matthew Barney. Foto: Michael James O'Brien. Cortesía Gladstone Gallery, Nueva York y Bruselas.

La paradoja sobre beldad será más significativa que nunca. Si se convierte en la norma en la era biónica, ¿acaso no requerirá aún de mayor innovación, singularidad, de algo sorprendentemente espiritual, antes de olvidar (o de retornar) a nuestra humanidad original?

Indudablemente la belleza será transformada. Trasladará todos los conceptos sobre atractivo, encanto, sexualidad, sensualidad, *grandeur* y elegancia hacia una imagen nueva de lo que somos y en lo que podremos llegar a convertirnos.

LA BELLEZA ADORNA LA VIRTUD

En la National Gallery of Art de Washington se exhibe la única obra de Da Vinci que hay en los Estados Unidos. Leonardo pintó en el año 1474 el retrato de Ginebra de Benci, una joven y noble florentina, con la particularidad de perfilarlo por ambos lados. En el reverso del cuadro incorporó, sobre un profundo color negro, ramas en oro de enebro, laurel y palma como símbolos de pureza, virtudes intelectuales y morales. Lleva esta inscripción en latín: *Virtutem forma decorat* (La belleza adorna la virtud)), con la palabra *belleza* circunvalando el enebro, recuerda que Ginebra de Benci fue una mujer hermosa, inteligente y virtuosa.

Han transcurrido varios siglos desde que el considerado como más talentoso de todos los hombres reprodujera esta emblemática cita, que aún es relevante y válida; incluso brinda inspiración para entender lo venidero de la beldad.

La nueva cultura seguirá construyendo belleza con sus fuerzas poderosas y subversivas, provocando emociones, cautivando la atención y motivando acciones. El amor por ella, como escribiera el crítico de arte Kennedy Fraser, seguirá siendo «heroico, esperanzador, humano».

Cuando se mira a la beldad con perspectiva, es posible intuir cambios radicales, tanto en cómo se logra la belleza intencionada como en la forma en que el mundo la percibe. En general, es posible intuir que la beldad tradicional será menos valorada y aquella más singular resultará la preferida. Pragmatismo y perfección darán respuesta a las presiones y complejidades incrementales de las nuevas épocas.

Figura 15.5 La Belleza Adorna la Virtud, Leonardo Da Vinci (1474). Leonardo ha sido considerado como el mayor exponente del «Genio Universal» u «Hombre del Renacimiento», individuo de «insaciable curiosidad» y «febril imaginación inventiva». Ampliamente considerado como uno de las personas de mayor talento en la historia de la humanidad.

Indudablemente, en el futuro las dos formas visibles de crear belleza (perpetuar la que existe y originar la venidera) continuarán manifestándose en multitud de expresiones, beneficiando a muchos con el placer somático de su experimentación.

Los avances en neurociencias y en neuroestética permitirán conocer con rigor las consecuencias de la experiencia estética en el cerebro. Sobre todo, la experiencia beldad y su influencia en el instinto, en las sensaciones, en la razón, la intuición, la imaginación y las relaciones. Facilitarán también la posibilidad de decodificar aquellos estímulos que regocijen al cerebro y logren la experiencia perfecta. Potenciar las relaciones recíprocas y las nuevas formas de interacción requerirá de reglas prácticas y sensibles.

Desde la perspectiva de marketing, el complejo diálogo entre ciencia y arte requiere de circunstancias especiales para el intercambio de ideas. El interés de la neuroestética para estudiar desde el punto de vista biológico las percepciones, las emociones, la empatía y la creatividad propicia este nuevo diálogo que ya se manifiesta activamente. El resultado, en el caso del diseño y el estilo de objetos, se evidencia mediante la descripción de la visión del producto (o marca), más que en términos de impresiones subjetivas que produce sobre los sentidos, esto es, en términos de respuestas específicas del cerebro. La belleza es comprendida como destilación de puras experiencias.

La especialidad de la neuroestética emocional se ha movilizado en su intento por combinar la psicología cognitiva y la biología de la percepción, emoción y empatía con el estudio de la beldad. En el futuro, nuevos conocimientos sobre la biología de las percepciones y de las respuestas emocionales y empáticas influenciarán a los creativos, diseñadores y responsables de marketing en la búsqueda de nuevas formas de representación de la beldad.

Este diálogo contribuirá, indudablemente, a comprender mejor los mecanismos que en el cerebro posibilitan la creatividad, ya sea en arte, ciencias o humanidades, y abrirá nuevas dimensiones de la historia del intelecto y en la expresión de la belleza.

El desafío para lograr la belleza intencionada del producto (o marca) invita a explorar y descubrir el verdadero significado conceptual que la represente. En esencia, significa considerar los fundamentos o los sofisticados y cambiantes decorados que la elevan hacia el mito. Esta leyenda, para numerosos productos (o marcas), aún debe construirse.

En palabras de la escritora y poeta George Eliot:

> Reverenciemos y honremos a todo lo divino de las formas bellas. Cultivémoslo al máximo en hombres, mujeres y niños, en los jardines y en los hogares. Pero también amemos otras formas de belleza, las que descansan no solo en los secretos de las proporciones, sino en el secreto de la profunda comprensión humana.

Seamos activos con la belleza, instaurémosla intencionadamente, para adornar las virtudes.

BIBLIOGRAFÍA

1. Franceso Morace (2012): «The Future of Visual and Aesthetic Trends: The Urgent Need for a New Enlightenment». Artscape Magazine, 19 de abril.

2. Gaillard, Francois (2009): *Nomads of Identity*. En: 100.000 Years of Beauty, vol. 4. Edicions Babylone, París.

3. Lipovetsky, Gilles (2009): *Ego Building*. En: 100.00 Years of Beauty, Vol. 4. Edicions Babylone, París. p. 48.

4. Levy, David (2007): *Love and Sex with Robots*. Harper Perennial, HarperCollins Publishers, New York.

5. Le Breton, David (2009): *A Farewell to Bodies?* En: 100.000 Years of Beauty, vol. 4. Edicions Babylone, París, p. 166.

CRÉDITOS DE FOTOGRAFÍAS Y DE ILUSTRACIONES

Parte I

Capítulo 1

1.1: Permiso otorgado por GHDI – German History in Documents and Images http://germanhistorydocs.ghi-dc.org/

1.2: Cortesía Biblioteca Medicea Laurenziana, Florencia

1.3: Permiso otorgado por Art Institute Chicago y Creative Commons Zero (CCO)

1.4: Cortesía Leblon Delienne, Zaha Hadid Architects

Capítulo 2

2.1: Cortesía DaCapo Press (Langsdorff 1813: Plate VII, fp. 119)

2.3: Cortesía Cody Schank, Nature, International Weekly Journal of Science

https://www.nature.com/news/tree-of-life-constructed-for-all-living-bird-species-1.11712

2.4: Cortesía Google

Capítulo 3

3.1: Cortesía Bernd Hopfengärtner, Hello World!, Código Visual para Google Earth

https://berndhopfengaertner.net/projects/hello-world/

3.2: Cortesía NASA, https://www.nasa.gov/, y Agencia Espacial Europea, http://www.esa.int/ESA

Capítulo 4

4.1: Permiso otorgado por Creative Commons, Pixabay License

4.2: Permiso otorgado por Creative Commons – Moderna Museet, Stockholm, fotógrafo desconocido

4.3: Cortesía Patek Philippe

4.4: Permiso otorgado por Creative Commons, Pixabay License

Capítulo 5

5.1: Museo Arqueológico Nacional Wikimedia, España, Creative Commons Attribution – Share Alike 4.0: International License. Photocredit: Ángel Martínez Levas

5.2: Permiso otorgado por Creative Commons, "William H, 'A Statuary´s Yard" por Austin Kleon licenciada bajo CC BY-NC-ND 2.0,

h t t p s : / / s e a r c h . c r e a t i v e c o m m o n s . o r g / p h o t o s / ca0fd9eb-342b-48f0-8d83-c72a837d08d5

5.3: Cortesía ASIMO de Honda – El Robot Humanoide Más Avanzado del Mundo

http://asimo.honda.com/gallery.aspx

Mini Cooper D Clubman (F54) Permiso otorgado por Creative Commons Attribution – Share Alike 3.0, German License

5.4: Museo de Antropología de Xalapa, Veracruz, México – Licencia de documentación libre GNU, versión 1.2, http://www.elorigendelhombre.com/cabezas%20olmecas.html

5.5: Permiso otorgado por Creative Commons, Egyptian Woman, exhibido en el Walter Art Museum, Baltimore, MA, USA – Proporciones de la cabeza, Leonardo Da Vinci (aprox. 1488), Autoretrato con Saskia, Rembrandt 1636, exhibido en el Rijksmuseum, Amsterdam, el Micrómetro de Belleza, cortesía de Max Factor – Coty.

5.6: Cortesía de Dr. Stephen R. Marquardt & Marquard Aesthetic Imaging, Inc.

5.7: Cabeza de Cleopatra© ROMA – SOVRINTENDENZA CAPITOLINA AI BENI CULTURALI, Direzione Musei Archeologici e Storico - Artistici

Parte II

Capítulo 6

6.1: Cortesía Galleria dell´Accademia, Florencia

6.2: Cortesía Gallerie degli Uffizi, Florencia

6.3: Permiso otorgado por Pixabay License

6.4: Permiso otorgado por Pixabay License

6.5: Cortesía Musée Marmottan Monet, París, Permiso otorgado por Creative Commons, PD - US

6.6: Cortesía Statens Museum for Kunst, Dinamarca, Permiso otorgado por Creative Commons

Capítulo 7

7.1: Permiso otorgado por Pixabay License, Cubo de Rubik

7.2: Permiso otorgado por Creative Commons, PD – US, Silla Wassily por Marcel Breuer

7.3: Permiso otorgado por iStock by Getty Images, Credit: Amesy.

7.4: Permiso otorgado por iStock by Getty Images, Créditos: Alena Krauchenco.

7.5: Getty Images, Fotografía de Cindy Ord.

Capítulo 8

8.1: Getty Images, Fotografia de Christian Vierig

8.2: Permiso otorgado por Pixabay License

8.3: Cortesía de "Phone Book Ichiban no oshigoto oyako de tanoshimu oshigoto bukku", 2010, Kodansha Ltd.

8.4: Cortesía elBulli Foundation, Fotógrafo ©F. Guillamet.

Capítulo 9

9.1: Permiso otorgado por Creative Commons, CCO 1.0 Universal Public Domain Dedication, Au Bon Marche (1887), autor anónimo, fuente: Fonds Boucicaut

9.2: Cortesía Barbara Kruger y Mary Boom Gallery, New York. © Barbara Kruger.

9.3: Permiso otorgado por iStock de Getty Images, Créditos: Seastock.

Parte III

Capítulo 10

10.1: Permiso otorgado por Creative Commons, Gibson Girl por Charles Dana Gibson, 1923

10.2: Permiso otorgado por Pixabay License

10.3: Getty Images, Fotografía de Frazer Harrison.

10.4: Cortesía Condé Nast

Capítulo 11

11.3: Permiso otorgado por Creative Commons, Attribution Share, Dr. Albert Schweitzer, fotógrafo anónimo (1955), German Federal Archive; Mohandas K. Gandhi, retrato, autor anónimo; Madre Teresa de Calcutta, retrato pintado por Robert Pérez Palou, 1994; Nelson Mandela, South Africa The Good News, Mayo 13, 2008.

Capítulo 12

12.1: Crédito fotográfico Robert Gallagher, 20th Century Fox/Photofest

12.2: Crédito fotográfico Warner Brothers

12.3: Cortesía Nike, The Postgame

http://www.thepostgame.com/back-future-ii-nike-power-lacing-sneakers

Capítulo 13

13.1: Getty Images, Fotografía de Popperfoto.

13.2: Crédito fotográfico y cortesía de Andrew Cowie, Bertolt Meyer y Rex el primer hombre biónico

https://www.independent.co.uk/news/science/meet-rex-the-1m-bionic-man-with-working-heart-set-of-lungs-and-human-face-8481943.html

13.3: Cortesía Nestlé Japón

https://www.nestle.com/media/news/nestle-humanoid-robot-nescafe-japan

13.4: Cortesía Media Lab, Massachussetts Institute of Technology (MIT)

http://news.mit.edu/2008/nexi-0409

Capítulo 14

14.1: Permiso otorgado por Pixabay License

14.2: Permiso otorgado por iStock de Getty Images, Crédito: Rahadian Perwiranegara.

14.3: Permiso otorgado por iStock de Getty Images, Crédito: ValuaVitaly.

Capítulo 15

15.1: Cortesía Nobumichi Asai

https://www.nobumichiasai.com/

15.2: Cortesía Oleg Dou

http://olegdou.com/about/

15.3: Cortesía Kimiko Yoshida

http://www.kimiko.fr/art/displayimage.php?album=2&pos=17

15.4: Matthew Barney, Crédito fotográfico, Michael James O´Brien, Cortesía Gladstone Gallery, Nueva York y Bruselas

15.5: National Gallery of Art, Washington, Permiso otorgado por Creative Commons, PD - US

Este libro se terminó de imprimir, en su primera edición, por encargo de la editorial Almuzara el 28 de mayo de 2023. Tal día del 1937, en San Francisco (California) se inaugura al tráfico rodado el puente Golden Gate..